학교생활적응을 위한

학교상담의 이론과 실제

Theory & Practice Of School Counselling

정정애 · 윤명강 · 김명희 · 임안숙
최미화 · 김명희 · 김명숙 · 이현주 공저

박영story

　학습자들은 언제 어디서나 성장과 성숙 및 학습을 통하여 발달하고 있습니다. 그 발달과정 중에서 많은 시간을 가정과 학교에서 보내고 있습니다. 학교상담의 이론과 실제는 가정교육과 더불어 학습자의 원만한 학교생활적응과 인격형성을 위하여 중요한 과목입니다. 학습자의 인격형성을 위해서 무엇보다도 우선되어야 할 것은 학습자에 대한 올바른 이해와 배려일 것입니다. 학교생활의 부적응으로 어려움을 겪고 있는 학습자의 학교생활적응을 위해서는 교육자와 상담자의 전문성이 요구되고 있습니다. 전문성 있는 교육자와 상담자라면 가정과 학교생활에서 성장과 적응을 위해 어려움을 겪고 있는 학습자의 독특한 문화와 정서를 이해하고 학습자들이 긍정적인 생활태도를 갖출 수 있도록 도움을 줄 수 있을 것입니다.

　이 책은 학교현장에서 활동하는 많은 교사들과 상담자에게 필요한 전문가로서의 역할과 자질 향상을 위하여 상담의 이론과 실제 부분으로 교재를 구성하였습니다. 제1부는 학교상담의 이해로 상담의 이해, 인간발달의 이해, 개인 및 집단상담의 이해, 위기상담의 이해, 학부모 상담의 이해, 상담자의 자질 및 상담윤리의 이해를 서술하였고 제2부에서는 안정화를 통한 트라우마 단기 치료법에 대한 소개와 학교상담의 학교급별 상담사례 부분으로 유치원생, 초등학생, 중학생, 고등학생, 대학생, 학부모 상담의 사례개념화를 서술하였습니다. 실제 사례들에 대하여는 내담자의 동의를 구하여 객관적인 입장에서 정리하였습니다. 부록에서는 학교현장에서 활용할 수 있는 심리검사를 소개하여 실시와 해석이 가능하도록 하였습니다.

　이상의 구성을 통해서 학습자의 학교생활적응을 위한 학교상담의 이론 및 실제 부분을 강조하였습니다. 특히 학교상담에서는 학습자의 인격을 존중하고 학습자가 건강하고 안전하게 학교생활을 하도록 도움을 주는 데 주력하였습니다. 하지만 아직 미흡한 점이 많아 부족한 점을 지속적으로 연구하여 보완하도록 노력하겠습니다. 그리고 각자의 자리에서 늘 함께 해 주시고 용기를 주신 많은 분들과 학문의 길을 함께 걸어가는 모든 분들께 사랑과 존경과 감사의 마음을 전하고 싶습니다.

끝으로 이 책이 나오기까지 많은 도움을 주신 박영스토리 안상준 상무님과 관련 직원 여러분들에게 깊은 감사를 드립니다. 또한 교재발간을 위하여 좋은 마음으로 의미 있는 일을 위하여 공동집필을 해주신 선생님들께 진심으로 감사드리며 학문적으로 많은 발전을 기원합니다.

2017년 8월
대표 저자 정정애

차 례

Contents

06 위기상담의 이해

07 학부모 상담의 이해

PART 02　학교상담의 실제

CHAPTER

12   중학생 상담의 실제

CHAPTER

13   고등학생 상담의 실제

CHAPTER

14 대학생 상담의 실제

학교상담의 이해

Theory and Practice of School Counselling

학교상담의 이해

01 학교상담의 이해

나, 너, 그리고 우리는 사랑입니다.
보이지 않는 마음은 온기 있는 사랑입니다.

01 학교상담의 개념

1) 상담의 개념

상담counselling이란 무엇인가? 우리는 살아가면서 스트레스를 경험하기도 하고 심리적 고민과 마주하는 상황을 경험하게 된다. 이러한 경험과 마주할 때 누구나 쉽게 상담을 떠올릴 정도로 상담은 대중화 되었다. 그러나 상담에 대하여 긍정적으로 생각하는 사람들이 늘어나고 있으나 아직도 상담을 받는 것에 대하여 자신이 정신적인 문제가 있는 사람으로 취급되지는 않을까, 부족한 사람으로 보여지는 않을까라는 심리적 불편감을 가진 채로 상담기관을 방문하는 사람들이 많다. 그럼에도 상담기관을 찾아 상담을 받고자 하는 사람들은 자신의 문제를 함께 따뜻하게 해결해 줄 수 있는 전문가를 찾게 된다. 여기서 전문가는 상담에 대한 전문적인 훈련을 통해 전문적인 능력을 가진 사람을 의미한다.

상담은 심리적 어려움이 있는 내담자와 상담에 전문적 훈련을 받은 상담전문가 간에 수용적이고 구조화된 관계 속에서 내담자가 자신의 문제를 이해하고 스스로 효율적인 의사결정을 하여 긍정적인 방향으로 변화시키도록 원조하고 내담자가 자신의 자원을 충분히 활용하면서 건강하게 살아가도록 돕는 과정이다.

2) 학교상담의 개념

학교상담school counselling이란 무엇인가? 학교상담을 기관과 장소에 따라 김계현 (1997)은 상담을 운영하는 기관으로 분류하여 학교상담, 대학상담, 사설기업상담, 복지기관상담, 청소년기관상담, 기업상담, 종교기관상담, 정신과상담, 직업상담 등 9개로 분류하고 있다. 또한 장소로 분류하여 '학교에서 이루어지는 상담'을 초·중·고등학교라는 장소에서 이루어지는 상담은 학교상담, 대학에서 이루어지는 상담은 대학상담으로 구분하였다.

마이릭Myrick(2003)은 학교상담을 전문적으로 교육과 훈련을 이수하고 소정의 자격증을 소지한 학교상담자가 개인적, 사회적 또는 기타 관심사를 가지고 개인 또는 집단의 형태로 학생을 돕는 과정이라고 하였다.

오늘날 학교는 학생의 학교생활적응, 학업문제, 또래관계문제, 가정문제, 학생들의 위기관리 등 문제에 대한 예방 및 문제에 대한 사후 대처 기능을 요구 받고 있다. 또한 학생들의 발달상에서 겪게 되는 과업들을 성공적으로 수행할 수 있도록 돕고 학생 개개인이 학교와 가정, 사회에서 최대한의 적응과 발전을 이룩할 수 있도록 자기이해와 자기 결정 및 선택 능력을 배양해주는 조직적인 활동이 필요하다. 따라서 학교에서는 도움을 필요로 하는 학생들에게 전문적 지식과 기능을 합리적이고 현실적이며 효율적인 행동양식으로 증진시켜 스스로 의사결정을 선택할 수 있도록 조력하는 활동으로 상담이 요구되고 있다.

학교상담은 학교라는 장소를 기준으로 붙여진 용어로 초·중·고등학교의 '학교에서 이루어지는 상담'을 지칭한다. 학교상담은 상담 교육과 훈련을 이수하고 소정의 자격증을 소지한 상담전문가가 아동 및 청소년과의 인간적인 만남을 통하여 문제의 발생을 예방하고, 학생의 크고 작은 문제들의 해결, 개인적인 성장을 돕고 학교생활을 잘 적응할 수 있도록 학생, 교사, 학부모를 대상으로 제공하는 일련의 전문적인 활동이다.

02 학교상담의 필요성

오늘날 교육 현장에서는 아동·청소년들의 다양한 문제가 제기되고 있다. 이에 대한 대응책이 시급히 요구되고 있으나 현실적으로 교사들의 수업부담과 업무로 인해 학생들의 다양한 문제를 전문가적 입장에서 상담해 주고 학교생활을 적응해 나갈 수 있도록 도와 줄 수 있는 학교상담이 필요한 실정이다. 이에 우리나라 학교상담은 2005년부터 전문상담교사를 채용하기 시작하고 2008년부터 Wee프로젝트를 시작하여 2016년 2,000여 명의 전문상담교사와 3,000여 명의 전문상담사가 학교상담 현장에 배치되어 있으며 학교상담이 이루어지고 있다.

학교상담이 필요한 이유는 다음과 같이 설명될 수 있다.

첫째, 아동청소년기는 중요한 자아발달의 시기이다. 이 시기에 아동청소년들의 자아개념은 부모의 양육태도와 부모자녀와의 관계, 학교라는 환경에서 또래집단의 영향을 받는다. 특히 아동의 연령이 증가함에 따라 가정보다 또래집단의 영향을 더 크게 받으며 자아개념을 형성한다. 그러나 많은 아이들이 이 시기에 가정이나 학교, 또래관계 내 소외를 경험하고 그 안에 깊은 고독감을 지니며 자아발달에 부정적인 영향을 받는다.

둘째, 청소년기는 심리적 격동기이며 발달과업을 수행해야 하는 시기이다. 아이와 어른 사이로 변화해 가는 과정으로 아이도 아니면서 아이 취급을 당하고 성인처럼 행동하기를 요구받으면서 성인도 아닌 모호한 주변인marginal man의 위치에 있는 청소년이 자의식과 현실 적응 사이에서 고민, 혼돈, 갈등, 외로움, 고립감 등의 감정을 경험하고 이로 인해 긴장과 혼란이 지속되는 시기이다.

에릭슨Erickson은 청소년기의 중요한 발달과제로 자아정체감 형성의 중요성을 강조하며 이 시기에 정체감 요소를 통합하고 갈등을 해결하는 것이 중요함을 강조하고 있다. 청소년기는 자신이 누구이며, 자신의 역할이 무엇인지에 대해 알고자 하며, 타인의 눈에 비친 자기는 누구인지에 대해 관심을 보이게 된다. 이러한 의문에 답을 찾아가며 자아정체감을 형성하게 되는데, 반면 청소년기 자아정체감의 결여는 역할혼란을 초래하게 된다.

셋째, 날로 심각해지는 아동·청소년의 문제이다. 학교폭력, 스마트폰 중독, ADHD, 자살, 비행, 학업중단 등 특정문제들에 대한 대처가 요구된다. 특히 학교폭력의 양상은 매우 다양하고 저 연령화 되고 있다. 학교폭력을 예방하고 폭력발생 시 학생들이 자신의 행동을 인정하고 반성하며 회복하는 과정이 필요하다. 또한 다양한 위기상황에 놓여 있는 학생들을 돌보고, 학생들 스스로 대처하고 긍정적으로 기능할 수 있도록 하는 도움이 필요하다.

넷째, 학교상담에서는 담임교사, 학부모와 협력하여 통합적이고 발달적인 지도가 가능하다. 학생들의 여러 가지 적응과 발달상의 문제를 해결하기 위해서는 통합적인 접근이 필요한데 학교상담에서는 그 역할이 가능하다는 것이다.

다섯째, 학교상담은 장기지도와 추수지도가 가능하다. 학교상담실에 상담자가 상주하여 있으므로 학교활동에서 학생들을 장기적으로 쉽게 관찰하고 변화를 용이하게 확인·평가할 수 있다는 장점을 지니고 있다.

여섯째, 학부모 상담이 가능하다. 학생들은 환경에 영향을 많이 받을 수밖에 없는데 학부모들은 담임교사나 학교의 호출에 보다 쉽게 응하며 이를 통해 학생과 학부모 모두를 상담하기에 적합하며 학부모와 협력하여 학생에게 도움을 줄 수 있다.

03 학교상담의 목표

학교상담의 목표는 학생들이 안전하게 학교생활을 할 수 있는 것을 기본으로 학생의 변화를 이끌고, 학생 개인의 성장과 발달을 촉진하여 그들의 자기실현을 조력하는 것이다. 학교상담의 목표는 위기학생의 문제 중심 예방과 치료, 일반학생의 자기실현으로 구분할 수 있다.

첫째, 위기학생의 문제 중심 예방과 치료이다. 현재 우리나라는 급격한 사회 변동을 경험하면서 크고 작은 문제들이 발생하고 있다. 학생들의 삶 속에 영향을 미치는 위기 요인으로는 가족적 위기(빈곤, 가족해체, 다문화가정 증가 등), 교육적 위기(학습부진, 학업중단 등), 개인적 위기(게임중독, 범죄, 가출, 폭력, 성경험, 자해, 자살, 우울, ADHD 등) 및 사회적 위기를 들 수 있다. 이러한 위기상황에 놓여 있는 학생들은 단일 문제만이 아닌 복합적인 문제를 함께 지니고 있다. 위기학생의 경우 우리가 세상을 살아가는데 가장 든든한 지지 자원인 가정이 정상적인 기능을 못하는 경우가 많으며 심각한 정서, 행동상의 문제를 동반하는 경우가 많다. 이러한 위기상황을 예방하고 대처하여 학생들이 보다 나은 학교생활을 할 수 있도록 도움을 주어야 한다.

둘째, 일반학생들의 자기실현을 돕는 것이다. 학생들이 자신의 참모습을 깨닫고 성장할 수 있도록 도와야 한다.

연문희와 강진령(2002)은 학생들의 자기실현을 위하여 학생상담의 중간 목표로 다음과 같이 일곱 가지 측면에서 제시하고 있다.

첫째, 학생이 자기자신을 올바르고 정확하게 이해할 수 있도록 돕는다. 학생 개개인이 자신의 생각, 감정, 행동에 대해 통찰하고 자신을 이해하고 수용하며 자기가 처한 상황에 대해 보다 효율적으로 판단하고 선택할 수 있도록 도와야 한다.

둘째, 잠재능력의 개발이다. 학교현장에서 학생들이 자신의 발달가능성을 충분히 인식할 수 있도록 도와야 하며 학생 자신이 환경과의 상호작용 속에서 개인의 호기심, 흥미, 적성과 능력 등을 발견하여 최대한 성장 발달할 수 있도록 도와야 한다. 따라서 학생 개개인의 성장 가능성을 깊이 인식하고 진로상담의 활성화로 개인이 지니고 있는 잠재력을 발휘할 수 있도록 도와야 한다.

셋째, 사고와 행동의 변화이다. 학생 개개인의 사고와 행동을 변화하도록 도와 문제 행동을 감소시키거나 제거시키고, 긍정적이고 합리적인 사고를 할 수 있도록 하여 효율적이고 생산적인 행동을 증가시키는 것이다.

넷째, 문제해결능력의 신장이다. 삶에서 누구에게나 문제가 생길 수 있음을 인식하고, 자신들이 문제가 있다는 생각이 든다면 자기를 비난하거나 부족하다고 판단하기보다는 학생들이 스스로 문제를 해결할 수 있도록 조력하여 문제해결능력을 신장시키는 것이다.

다섯째, 의사결정능력 개발이다. 우리의 삶은 끊임없는 선택을 요구하고 있다. 학생 스스로 선택하고 결정하기 위해 필요한 정보를 제공하고, 그 결과로 자신이 책임져야 할 것이 무엇인지를 지각하도록 조력하여야 하며 바람직한 선택을 하기 위한 합리적인 의사결정능력을 배양해야 한다.

여섯째, 인간관계능력을 향상시킨다. 우리가 산다는 것, 살아간다는 것은 타인과의 관계를 맺는 것이며 일생 동안 사회적 장의 구성원으로 살아간다는 것이다. 우리는 나 혼자 살지 못한다. 나라는 존재, 나라는 주체는 어떤 대상이 있으므로 내가 있는 것이다. 특히 개인의 삶보다 또래문화가 중요시 되는 청소년의 시기에는 친구들과의 관계 형성과 원만한 관계유지가 매우 중요하다. 왜냐하면 원만한 또래관계를 통해 학교생활의 즐거움, 소속감 및 애정, 안정감을 얻을 수 있기 때문이다. 원만한 친구관계는 타인을 이해하고 자기를 통찰하면서 자기신뢰와 자아존중감이 발달하게 된다.

일곱째, 적응능력 신장이다. 학교라는 공간에서 학생들은 입시 위주의 교육환경에서 경쟁과 긴장에 놓이게 된다. 학생들은 짧은 시간 안에 많은 정보를 소화해 내고 새로운 기술과 지식을 습득해야 하며 새로운 행동방식이나 생활태도에 익숙해져야만 살아남을 수 있는 사회에 살고 있다. 주변 환경의 변화가 급속하게 일어나는 현대사회를 살아가면서 학생들은 유연성을 기르고 적응능력을 신장할 필요가 있다.

04 학교상담의 과정

학교상담은 도움을 필요로 하는 내담자가 상담을 신청하면서부터 시작되며, 상담자와 내담자는 서로 협력하여 내담자의 문제를 해결하기 위해 상담 목표를 설정하고 상담을 진행하며, 그 목표가 달성되면 상담을 종결하게 되는 과정을 거치게 된다.

학교상담의 일반적인 과정은 도움요청, 접수면접, 신뢰관계 형성, 내담자의 이해와 목표설정, 문제해결 단계, 그리고 종결 단계, 추수상담 단계로 나눌 수 있다.

1) 도움요청

학교상담에서 학생들의 자발적인 도움요청과 교사나 학부모 의뢰에 의한 비자발적인 요청으로 구분된다.

학생들이 자발적으로 상담을 요청한다는 것은 중요한 의미를 지닌다. 이런 경우는 학생 자신이 자신의 문제를 인식하고 있을 뿐만 아니라 자신이 상담 받으러 온 책임을 지고 또한 자신의 문제를 해결하기 위해 노력한다는 것을 의미한다.

그러나 학생이 상담을 원하지 않았으나 교사나 학부모에 의해 의뢰가 되는 경우 학생 자신의 문제에 대한 인식이 없을 수도 있으며 스스로가 변화에 대한 마음의 준비가 되어 있지 않은 관계로 상담에 부정적 인식으로 반감을 나타내거나 참여를 꺼릴 수 있다. 이런 경우, 상담자는 기본적인 상담기술을 이용하여 학생의 신뢰를 얻고 상담관계를 설명하고 학생의 관심사에 진정한 관심을 보이는 등의 노력을 기울여야 한다.

2) 접수면접

상담자는 접수면접을 통해 도움을 필요로 하는 학생으로부터 다양한 정보를 입수하게 된다. 접수면접을 통해 학생의 개인정보, 어떤 문제를 갖고 왔는지, 그 문제는 얼마나 심각한지, 학생이 가진 강점과 약점은 무엇인지, 학생이 얼마나 상담에 대하여 관심과 동기가 있는지, 학생이 처한 상황은 어떤 위기에 있는지, 정신병리의 정도, 타인과 관계를 맺는 양식과 개인적 자질 등을 평가하여야 하며 상담을 통해 변화하고자 하는지의 동기를 확인해야 한다.

이 과정에서 상담자는 학생이나 의뢰자가 호소하는 내용을 구체적으로 이야기하도록 요청하여야 한다. 상담자도 구체적인 용어를 사용함으로써 모호함을 피해야 한다. 또한 내담자가 자신의 문제를 털어놓을 수 있도록 따뜻하고, 수용적인 태도를 유지하며 상담에 대하여 긍정적인 느낌과 문제 해결에 대한 희망을 가질 수 있도록 전문가답고 책임감 있는 태도를 유지하여야 한다.

3) 신뢰관계의 형성

상담자와 학생과의 관계에서 신뢰관계를 형성한다는 것은 상담 효과에 영향을 미친다. 특히 학교 상담실을 찾는 비자발적인 학생들은 상담자가 학생들의 변화에 노력을 기울일수록 방어와 저항이 크다. 따라서 학생들의 특성을 잘 고려하여 학생과 신뢰관계를 형성하여야 한다.

라포rapport형성의 과정에서 상담자는 학생에게 신뢰감을 줄 수 있어야 한다. 상담실을 찾아 올 때 불안하고 불편한 감정이 높을 수 있고, 학생들은 발달상 자기중심적이고 교사나 부모와 같이 기성세대에 대해 부정적인 생각과 태도를 지니고 대면할 가능성이 크기 때문에 상담자는 온화하고 존중과 수용의 태도로 학생들을 만나야 한다.

학생들과의 첫 만남에서 학생들의 행동과 태도, 현재 상태에 대해 민감한 관찰과 탐색이 필요하다. 상담이 가르치고 훈계하는 과정이 아니라 좀 더 적응적인 변화로 자아실현을 위해 성장하기 위한 과정임을 이야기하고 상담을 받으러 온 이유에 대하여 자연스럽게 이야기 할 수 있도록 도와야 한다.

또한 상담자가 한 인간으로 학생들에게 관심을 가지고 존중하려는 태도를 표현할 필요가 있다. 그러기 위해서 상담자는 학생들 쪽으로 표정이나 자세 등 온몸으로 그들에게 경청하고 있다는 것을 표현해야 한다. 그리고 질문을 했을 때는 학생들이 생각을 정리하여 대답할 수 있도록 충분히 기다려 주어야 한다.

상담자는 학생들의 이야기를 적극적으로 경청해 줄 뿐 아니라 학생들에게 자신을 지지해 주고 안정되고 신뢰성 있는 사람으로 여겨지도록 해야 한다. 신뢰 있는 상담 관계는 여러 번의 만남을 필요로 한다. 편안하고 자연스러운 관계를 통해 학생들의 사적인 생각과 감정의 세계 속으로 상담자는 초대될 수 있다.

상담 초기에 이루어지는 관계 형성은 학교상담 장면에서 촉진적이고 신뢰 있음을 바탕으로 협력하는 관계를 형성하고 상담 과정의 변화를 경험하고 체험을 유도하여 학생들의 성장과 성숙을 이끈다.

로저스Rogers는 성공적인 상담의 필수요건으로 상담자의 공감적 이해, 무조건적 긍정적 존중, 그리고 진실성을 들었다.

(1) 공감적 이해

'공감이란 다른 사람의 내적인 준거 틀을 정확하게, 감정적인 요소와 거기에 관련된 의미를 자신이 그 사람인 것처럼 지각하는 상태'라고 설명한다.

공감적 이해는 상대방의 내면세계에 대해 역지사지(易地思之)하는 자세로 그를 보다 깊게 이해하고 소통하는 것으로서 상담자는 학생과 상호작용하는 과정에서 학생의 경험들과 감정들을 민감하고 정확하게 이해하려고 노력한다.

공감적 이해는 학생이 사용하는 낱말들의 개념에 대해 정확히 이해하는 것이다. 이를 위해 상담자는 학생에게 과감하게 물어 보아야 한다. 아무리 보편타당한 사항이라도, 아무리 잘 알려진 내용일지라도 학생이 그에 대해 부여한 의미가 무엇인지, 학생이 어떻게 해석하고 있는지 확인하고 넘어가야 한다. 또한 학생의 논리에 대하여 옳고 그름, 좋고 나쁨을 판단, 평가하지 않는다.

(2) 무조건적 긍정적 존중(수용)

무조건적 긍정적 존중은 학생에 대해 평가·판단하지 않고 학생이 나타내는 어떤 감정이나 그 밖의 행동 특성들도 그대로 수용하며, 독특한 개성을 지닌 인격체로서 소중히 여기고 존중하는 태도를 말한다. 수용은 긍정적이고 밝은 측면보다는 부정적이고 어두운 측면과 연관되어 더 많이 쓰인다. 사실 자신의 좋은 측면, 바람직한 측면, 내세우고 싶은 측면을 수용하지 못할 것은 없다. 문제는 무엇인가 부족하고 모자라고 피하고 싶은데도 그것을 받아들여야 한다는 데 있다. 무조건적 수용은 학생의 행위의 옳고 그름, 좋고 나쁨에 상관없이 학생을 하나의 인격체로 인정하고 받아들이는 것이며 학생이 기본적으로 선한 의지를 가지고 자신에 관한 의사결정을 스스로 행할 수 있는 능력을 지닌 가치 있는 사람이며, 긍정적인 방향으로 인간적 성장을 할 수 있는 사람으로 대하는 것이다.

(3) 진실성

상담자는 기본적으로 학생을 정직하고 성실하게 대해야 한다. 학생에 대한 진지한 관심과 순수한 자세가 선행되어야 한다. 상담자가 권위를 갖는 것이 아닌 자신의 느낌에 대한 개방된 태도를 지니고, 거짓 없이 솔직하게 자신을 드러내며, 학생이 믿고 의지할 수 있는 신뢰감을 심어주는 것을 말한다. 상담자는 자신의 신념과 가치관을 면밀히 파악하여 상담과정에서 학생에게 미칠 수 있는 영향력에 대해 주의를 기울여야 한다.

4) 내담자의 이해와 목표설정

(1) 사례개념화

사례개념화는 상담에 있어서 큰 틀을 마련하고 방향을 제시하는 중요한 부분이다.
사례개념화는 상담의 목표를 달성하기 위해 학생의 상황을 정확하게 파악하고 학생에 대한 다양한 정보의 종합적 평가를 통해 적절한 상담 전략과 계획을 세우는 것이다. 학교상담 장면에서 사례개념화는 상담의 목표 및 방향, 개입방법을 제시함으로써 상담이라는 직접적인 서비스 외에 자문, 조정의 간접적인 서비스까지 의미 있는 역할을 수행할 수 있도록 한다.

표 1.1 학교상담 사례 개념

	상담 외적 요인	상담 내적 요인
	◆ 내담자의 인적 사항 − 내담자의 기본 정보 − 내담자의 특수한 상황	◆ 상담 경위 − 상담 계기 − 의뢰 경위
정보탐색	◆ 개인 심리적 특성 − 교사, 학부모가 보고한 내담자의 특성 − 상담자의 행동관찰 − 심리검사 결과	◆ 상담 태도 및 요구 − 상담 관련 태도 및 정서 − 상담에 대한 기대 및 요구

	◆ 가정적 특성 – 가족관계 특성 – 성장과정	◆ 현재 문제 – 교사, 학부모의 관점에서 본 문제 – 내담자의 주호소 문제 – 문제유형
	◆ 학교·또래 특성 – 학교 적응 행동 – 또래와의 관계	◆ 위기 진단 – 위기 수준 평정
상담계획	◆ 문제의 원인 추론 – 개인·심리적 요인에 근거한 문제의 원인 추론 – 가정적 요인에 근거한 문제의 원인 추론 – 학교·또래 요인에 근거한 문제의 원인 추론	◆ 핵심 문제 – 종합적 이해를 바탕으로 상담자가 파악한 핵심 문제
	◆ 자원 및 위험·보호요인 – 내담자의 강점 및 자원 – 가정·학교·또래·지역의 위험요인 – 가정·학교·또래·지역의 보호요인	◆ 상담 목표 – 중장기(최종) 상담 목표 – 단기(과정) 상담 목표
	◆ 지원체계 – 목표달성에 필요한 학부모·가족 지원 – 목표달성에 필요한 교사·학교 지원 – 목표달성에 필요한 전문기관 (사회·복지·의료·법률) 지원	◆ 상담계획 – 상담전략 및 개입방법 – 상담과정에 대한 전반적 계획

출처: 성혜숙(2010). 전문상담교사를 위한 학교상담 사례개념화 도구 개발. p. 88.

(2) 목표설정

상담이 대화와 다른 점은 상담 목표를 세우고 그 목표를 달성하도록 돕는다는 것이다. 상담에서 목표가 분명하다는 것은 상담에서 좋은 안내자가 있음을 의미한다. 상담자는 내담자의 호소 문제를 명료화하고 문제해결을 위한 구체적인 목표를 설정해야 한다.

구체적인 상담 목표가 설정이 된다는 것은 상담을 잘 진행하고 종결시점에 대한 결정을 하게 해 주며, 상담자와 내담자가 나아가야 할 방향을 제시해 준다.

목표 설정의 과정을 단계별로 제시하면 다음과 같다.

1단계: 상담 목표 설정의 목적과 필요성에 대해 내담자가 납득할 수 있도록 자세히 설명한다.

2단계: 해결하고자 하는 구체적인 문제를 선정하고 목표를 설정한다.

3단계: 내담자가 세워진 목표에 합의하는지 확인해 본다.

4단계: 목표 달성이 가져다줄 이점과 손실을 검토하고 목표 달성에 장애가 될 수 있는 요인을 정확하게 파악한다.

5단계: 필요한 경우 목표 실행 과정에서 원래 정한 목표를 수정하여 새로운 목표를 설정한다.

5) 문제해결 단계

문제해결 단계에서는 학생이 자신의 문제에 대해 탐색하고 수립한 상담목표 달성을 위해 노력하는 상담의 핵심단계이다. 이 단계에서 상담자는 학생의 문제 해결을 위해 학생에게 적합한 구체적인 전략을 수립하여 문제해결과 심리적 성숙 과정을 돕는다. 학생들은 자신의 문제에 대한 통찰을 직면함과 동시에 변화에 대한 저항을 불러일으킬 수도 있다. 학생들이 그들의 일상생활 속에서 습관화된 행동 패턴이나 사고방식을 변화시키기는 매우 어려운 일이다. 따라서 상담자는 학생의 현실에서 실천할 수 있는 행동 계획을 수립하고 구체적인 행동으로 옮기도록 격려하여야 하며 실천과정을 함께 점검하고 도와야 한다.

6) 종결 단계

상담 종결시기에는 학생의 불편한 문제들이 사라졌다고 판단이 들면 상담종결에 대하여 학생과 논의하여 정확한 종결시기를 결정한다.

학생 스스로 자신의 문제가 해결되었다고 이야기하고 상담자가 판단하기에도 종결할 시기가 되었다고 생각되면 종결해도 된다.

상담은 상담자와 내담자와의 만남이라는 과정 속에서 진행되어, 자신의 문제에 대해 협력과 지지를 해 주던 상담자와의 이별이 힘들고 어려울 수 있다. 특히 학생들의 경우는 아직 미성숙하므로 상담자에게 의존적인 경우가 많아 종결에 따른 분리불안을 경험할 수 있다. 따라서 종결시점이 다가오면 미리 이러한 감정을 다루어 주어 학생 스스로 설 수 있도록 지지한다. 상담이 종결된 후에도 상담이 필요하면 다시 상담할 수 있음을 안내하고 학생이 심리적 안정을 유지할 수 있도록 도와야 한다.

7) 추수상담

상담을 종결한 후 추수상담을 할 수 있다. 추수상담은 학생들의 적응여부, 행동변화에 대한 점검 및 강화, 부족한 점은 보완하고 적응 지지를 도울 수 있다. 나이가 어린 학생의 경우 발달상의 변화가 크고 변화에 대한 영향을 쉽게 받을 수 있다는 점을 감안하여 한두 달 이내에 추수상담을 실시하는 것이 좋다.

또한 상담자의 개입이 적절하였는지에 대한 임상적 통찰에도 도움을 준다는 점에서 의미가 있다.

05 학교상담의 기법

학생들은 자신의 고민이나 사적인 이야기를 다른 사람들과 나누는 것을 어려워한다. 학생들이 상담을 요청할 때에는 상담자가 안전하고 자신을 이해하고 따뜻하게 포용해 주기를 바란다. 특히 심리적 어려움을 경험할 때 다른 사람들의 태도에 더욱 민감한 반응을 보인다. 상담자가 비수용적인 태도를 보이면 학생들은 상담자에게 가졌던 의구심을 확인이나 한 듯 바로 마음의 문을 닫고 만다. 상담자는 학생의 인간적 성장을 돕기 위하여 학생들을 이해하고 수용하는 대화, 상담기술이 필요하다. 학생상담에 필요한 상담기법을 살펴보면 경청, 관심 기울이기, 재진술, 명료화, 감정 반영, 자기 개방, 직면, 해석, 질문기법을 들 수 있다.

1) 경청

경청active listening은 학생의 말과 행동에 주목하여 주의 깊게 귀담아 듣는 태도를 말한다. 상담자는 학생의 말을 잘 들어야 그들이 현재 겪는 어려움과 감정, 생각을 이해할수 있다. 그러므로 학생의 이야기 내용이나 감정을 적극적으로 경청하는 것이 중요하다.

적극적 경청은 상담자가 학생이 매우 중요하고 가치 있는 사람임을 나타내는 반응으로 학생들이 하는 이야기나 내용의 깊은 뜻을 주의 깊게 정성을 들여 듣는 태도를 말한다. 말의 내용은 물론 내재된 감정도 이해했음을 보여주는 반응이다.

적극적 경청을 통해 상담자는 학생의 심리적 내면에 귀 기울일 수 있고 학생이 자신의 문제와 감정표현을 말하게 하고, 그의 감정과 정서를 정화시켜 주며, 자신의 문제를 스스로 책임지게 하고, 자기 자신의 근본적인 감정을 탐색할 수 있도록 돕는다. 그런 과정에서 학생이 상담자에게 자신의 문제를 이해 받을 수 있고, 보살핌을 받고 있다는 느낌과 자신의 어려움을 이해 받았음을 느낄 수 있다.

고든Gordon(1970)은 효과적 경청에 필요한 태도를 다음과 같이 제시하였다.

- 상대방이 말해야 하는 것을 정말 듣고 싶어 해야 한다.
- 상대방의 문제를 진심으로 돕고 싶어 해야 한다.
- 상대방의 의견, 감정이나 가치가 자신의 것과 다르더라도 존중할 수 있어야 한다.
- 감정은 일시적인 것임을 인식해야 하고, 아동이나 성인이 분노나 슬픔과 같은 강한 감정을 표현할 때 두려워하지 말아야 한다.
- 사람들이 자신의 문제를 해결할 수 있다는 것을 믿어야 한다.
- 조력과정을 촉진시키는 경청의 강한 효과를 믿어야 한다.
- 모든 조력관계에서 필수적인 것으로 고려되는 세 가지 태도 — 진실성, 존중, 공감(Rogers, 1980) — 를 보여야 한다.

2) 관심 기울이기

관심 기울이기는 상담자가 학생을 대하는 비언어적 태도를 말한다. 소통에서 비언어적 측면이 언어적 측면보다 더 많은 메시지가 전달될 수 있다는 점에서 관심 기울이기는 학생상담에서 매우 세심하게 신경 써야 할 부분이다.

상담자는 학생을 정면으로 마주보고 자연스럽게 주의를 집중하고 있음을 전달하기 위한 시선접촉을 한다. 학생이 부담스럽지 않게 자연스럽게 이해하고 수용하는 눈빛으로 마주한다. 자세는 학생 쪽으로 향하여 약간 앞으로 기울이고 팔과 다리를 꼬지 않아야 한다. 상담자가 몸이 이완된 상태에서 편안하고 자연스러운 자세를 유지함으로써 학생의 이야기에 온전히 주의 집중할 수 있어야 한다. 또한 학생의 말에 온화한 표정과 적절한 끄덕임, 부드러운 말로 반응하여야 한다. 이러한 관심 기울이기는 학생의 자세와 기타 비언어행동에 보조를 맞추는 것이 관계를 보다 촉진한다. 예를 들면 학생이 다리를 꼰 상태로 편안하게 앉아 있다면 상담자도 이와 비슷한 자세를 취하는 것이다.

상담자는 학생의 언어적 메시지와 비언어적 메시지의 불일치에 주목하여야 한다. 학생들은 침묵이나 비언어적 행동을 통해 많은 메시지를 전달한다. 상담자는 이에 대한 치료적 개입으로 "학생은 지금 괜찮다고 말하면서 눈물을 흘리는데 눈물의 의미는 무엇인지 궁금하네요"라고 물어 볼 수 있다. 또한 상담초기에 상담자와 눈맞춤이 어렵고 시큰둥하던 학생이 상담회기가 진행되면서 눈맞춤이 잘 이루어지고 편안한 자세로 변화하는 모습이 있다면 그 변화에 대하여 읽어 주어 학생 스스로가 자신의 변화를 인식할 수 있도록 도울 수 있으며 이는 상담효과의 지표가 되기도 한다.

3) 재진술

재진술paraphrase은 학생의 이야기 중 어떤 상황, 사건, 대상(사람, 동물, 사물), 생각에 대한 내용을 상담자가 자기의 말로 바꾸어 말해 주는 기술이다. 이것은 학생의 이야기를 상담자가 정확하게 이해했는지 확인하여 전달되는 과정이며 학생이 자신의 말의 내용에 주의를 기울이도록 도와 스스로를 어떻게 생각하고 있는지 인식시켜 주는 것이다.

효과적인 재진술에는 다음의 네 가지 요소가 있다(Bolton, 1979).

첫째, 재진술은 이야기하는 사람의 메시지의 핵심을 다시 말해준다. 이야기하는 사람이 말한 것 중에서 덜 중요한 부분은 생략되며, 듣는 사람이 새로운 생각을 덧붙이지 않는다.

둘째, 재진술은 말하는 사람의 감정보다는 생각에 초점을 맞춘다. 즉, 재진술은 말하는 사람의 메시지 중에서 사실적 내용에 관심을 둔다.

셋째, 효과적인 재진술은 짧고, 요점을 다룬다. 이것은 말하는 사람의 핵심적 메시지를 요약하는 것이지 그가 말한 모든 것을 요약하는 것이 아니다.

넷째, 재진술은 말한 사람이 사용한 단어들을 반복하는 것이 아니라 듣는 사람 자신의 말로 이루어진다. 효과적인 재진술은 말한 사람에게 친숙한 언어로 표현된다.

4) 명료화

명료화clarification는 학생들이 하는 모호한 이야기에 대하여 전달하고자 하는 진정한 의미를 확인하기 위해 사용되는 질문이다. 학생들은 자신의 고민에 대하여 모호하거나 분명하지 않은 추상적인 언어로 표현하기도 하고 상황에 대하여 전체가 아닌 일부분만을 전달하기도 하고 지나치게 자신의 입장에서만 판단하거나 특정 상황의 경험을 '늘' 또는 '항상'과 같은 모든 상황에서 그런 것처럼 표현하기도 한다.

명료화를 사용하는 목적은 학생이 보다 구체적으로 명확하게 말하도록 돕고 상담자가 학생의 진술 내용을 정확하게 들었는지 확인하며, 모호하거나 혼동되는 진술 내용을 정확하게 밝히기 위함이다.

이러한 명료화는 학생들이 전달하고자 하는 자신의 문제에 초점을 맞추도록 하며 학생 자신의 혼란스런 상황과 감정들을 이해할 수 있도록 돕고 자신이 사용하고 있는 언어적 습관 및 생각을 검토해 볼 수 있는 기회를 제공한다.

5) 감정반영

감정반영feeling-reflection은 학생이 말한 내용 이면에 있는 정서적인 감정을 파악하고 그것을 상담자의 말로 학생에게 전달하는 것을 말한다. 학생들은 자신의 문제와 관련된 강한 정서를 지니고 있고 정서에 대하여 알아차림이 부족하거나 외면하는 경향이 있어 학생들의 감정을 반영해 주어야 한다.

감정을 반영하는 것은 학생의 언어적, 비언어적으로 전하고 있는 감정을 가능한 자세하게 피드백하는 것이다. 감정에 초점을 맞추어 공감적으로 이해한 학생의 감정을 거울처럼 비추어 주는 섬세한 작업이다.

감정반영의 목적은 학생이 자신의 감정을 보다 잘 표현하도록 돕고 학생이 이해받는 느낌을 갖게 하며 자신을 압도하고 있는 감정을 인식하고 표출할 수 있도록 도와 학생 자신이 감정을 효과적으로 관리할 수 있도록 돕는 데 있다. 정서emotion가 자극에 대한 반응이라면 감정은 자극의 유무에 상관없이 비교적 지속되는 복합적인 느낌이다(강진령, 2017).

6) 자기개방

자기개방self-disclosure은 상담자가 자신의 생각, 가치, 느낌, 태도 등 여러 가지 정보를 학생에게 드러내 보이는 것이다. 상담자가 학생의 이야기를 경청 반응으로만 일관한다면 학생과의 상호작용에서 전문가로서만의 입장으로 보일 수 있다. 이때 상담자가 자신의 개인적인 경험을 드러낼 때 학생으로 하여금 혼자가 아니라는 느낌과 삶의 과정에서 다른 사람도 유사한 경험을 한 적이 있다는 것을 전달할 수 있다. 상담자도 역시 학생이 경험하는 비슷한 감정과 느낌을 가진다는 것을 표현함으로써 이를 통해 학생의 개방을 촉진할 수 있도록 하며 상담자가 학생을 이해하고 있다는 감정을 증진시킬 수 있으며 학생에게 변화의 가능성과 도전을 위한 용기를 불어넣어 준다.

자기개방을 위한 지침은 다음의 다섯 가지 요소가 있다(강진령, 2016).

첫째, 상담 주제와 일치되는 내용이어야 한다.

둘째, 상담의 맥락에서 당시의 사정이나 요구에 맞게 타이밍이 적절해야 한다.

셋째, 자기개방의 수준이 적당해야 한다. 자기 개방은 아주 높지도 않고 아주 낮지도 않은 중간 정도가 좋다.

넷째, 상담자의 자기 개방은 간결해야 하며 시간 길이가 적당해야 한다. 상담자의 자기 개방의 시간이 길어지면 내담자의 자기 개방이 그만큼 줄어든다.

다섯째, 상담자는 내담자의 특성과 경험, 그리고 문제상황에 따라 자기 개방의 수준을 조절하여 자기 개방이 내담자에게 부담이 되지 않도록 해야 한다.

7) 직면

직면confrontation은 학생의 언어적 진술, 비언어적 진술에서 상담자가 보고 느낀 것 중에서 모순되거나 비일관성이 있거나 불일치가 있을 때 학생에게 언어적으로 되물어 주는 것이다. 직면은 학생의 불일치, 비일관성, 혼합메시지 등을 드러내어 주어 직시하게 하고 상황에 대해 다른 지각으로 확대, 탐색하도록 돕는다.

직면은 학생의 건강한 변화를 위해 통찰을 촉진하기 위한 것으로 학생의 특성이나 상태에 맞게 적절한 시기에 사용하여야 한다. 학생이 받아들일 준비가 되었다고 판단되었을 때 따뜻한 태도와 부드러운 어조로 공감과 수용을 기반으로 사용하여야 하며 학생의 약점보다 강점에 초점을 맞춘다. 무리하게 학생을 직면시킬 경우 학생의 저항으로 상담의 진행을 방해 받을 수 있다.

8) 해석

해석interpretation은 학생의 대인관계 패턴 사이의 연관성, 행동들 사이의 관계, 사고, 의미, 동기, 감정 등 학생이 명확하게 의식하지 못하는 것에 대하여 여러 가지 형태의 원인에 대한 가능한 설명이다.

해석은 상담자가 학생의 발달사, 언어와 비언어적 행동, 대인관계 패턴, 과거, 현재의 경험에 대한 이해, 문화적 배경 등을 종합하여 학생이 보이는 문제의 원인에 대하여 추론하여 가설형식으로 설명한다. 학생이 문제행동에 대하여 파악할 수 있게 해주어 스스로 통제할 수 있도록 돕고 변화를 목적으로 한다.

해석은 학생이 상담자가 안전하다고 느끼고 라포형성이 이루어졌을 때 학생의 전반적인 측면에서 설명되어야 하며 학생들이 이해할 수 있도록 쉬운 언어로 구체적이고 명확하게 표현되어야 하고 나이가 어리거나 지적 능력이 낮은 학생들에게는 자제한다.

9) 질문

질문questioning은 학생에 관해 알고자 하는 정보를 수집하고 학생의 생각이나 감정을 탐색하기 위해 묻는 것이다. 상담자가 학생이 경험하고 있는 문제와 관련하여 알고 싶은 정보에 대하여 묻는 것으로 상담자 중심으로 진행되는 특징이 있다.

질문에는 개방형 질문과 폐쇄형 질문이 있는데 학생의 대답이 '예, 아니요'로 대답할 수 있는 질문을 폐쇄형 질문이라고 한다. 폐쇄형 질문은 구체적인 정보를 수집할 때 하는 질문이지만 대화가 단절될 수 있고 상담자가 권위적으로 비추어 질 수 있어 학생과의 촉진관계를 저해할 수 있다. 반면 개방형 질문은 6하 원칙의 질문의 형태로 학생의 다양한 탐색을 독려하거나 폭넓은 정보를 수집할 때 사용되며, 학생의 생각, 행동, 느낌을 자유롭게 표현하도록 하여 자신의 문제에 대한 탐색을 확대시키는 역할을 한다.

폐쇄형 질문과 개방형 질문은 다음과 같다.

표 1.2 폐쇄형 질문과 개방형 질문

폐쇄형 질문	개방형 질문
어머니가 많이 원망스러운가요?	어머니를 떠올리면 어떤 느낌이 드시나요?
문제 해결을 위해 상담을 받은 적이 있나요?	문제 해결을 위해 어떤 노력을 해 보셨나요?
그 문제로 화가 많이 나셨나요?	그 문제로 무슨 일이 있었는지 이야기 해 주실래요?

C / H / A / P / T / E / R 02

인간발달의 이해

CHAPTER 02 인간발달의 이해

발달심리학developmental psychology에서 '발달'이란 일생을 통하여 일어나는 변화, 즉 수태의 순간에서부터 사망에 이르기까지 각 연령별 단계에서 나타나는 모든 변화의 과정을 말한다. 발달은 신체, 성격, 지능, 언어, 정서, 사회성, 도덕성 등과 같은 측면 모두를 포함한다.

또한 학생의 심리적 구조와 행동을 이해하기 위해서 신경생물학적인 측면을 간과할 수 없다. 신경생물학적으로 인간에게 가장 중요한 기관은 뇌brain이다. 신경생물학적 관점에서는 인간의 사고, 행동, 정서, 꿈 등이 신경계와 그 중추적인 역할을 담당하고 있는 뇌의 활동결과라고 본다. 따라서 이 관점에 의하면 인간의 모든 심리적 사건은 뇌의 활동 및 여러 신경계통의 활동과 밀접한 관련이 있다.

뇌는 전뇌(前腦), 중뇌(中腦), 후뇌(後腦)로 구분되는데, 이 중 전뇌는 대뇌피질, 시상, 시상하부, 변연계, 기저핵으로 구성되어 있으며, 기억·사고·언어·학습 등의 지적 기능 등 인간의 온갖 정교한 정식작용을 관장하는 부분이다. 특히 대뇌피질 안쪽 둘레를 따라 분포하는 구조물로서 진화론적으로 볼 때 가장 최근에 발달한 '변연계'는 해마, 편도체, 중격, 대상회로 구성되는데, 이 중 편도체는 정서와 공격성에 관여하며, 해마(海馬)는 학습과 기억에 관여하는 것으로 알려져 있다. 그리고 인간의 정서는 인간의 인위적인 의도에 의해 조절할 수 없는 신체내부기관을 관장하는 신경계인 자율신경계와 밀접한 관련이 있으며, 신경절(시냅스)에서 방출되는 화학물질인 신경전달물질 중 도파민, 노아에피네프린, 세로토닌 등은 인간정서와 밀접한 관련이 있는 것으로 알려져 있다.

그림 2.1 신경계의 구조와 기능 – 중추신경계(전뇌)

중추신경계(전뇌)

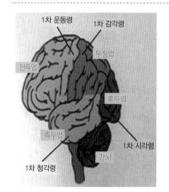

▶ 전두엽
연합 영역 중 가장 큰 부분으로 섬세한 운동을 통제하며 **개인의 성격, 사회적 활동, 취향 등을 관장하고 감정표현을 조절하는 곳**

▶ 두정엽
신체 대부분의 촉각, 신체 부위들의 위치, 움직임과 같은 신체지각을 담당함. 또한 수학이나 물리학에서 필요한 입체, 공간적 사고와 인식 기능, 계산 및 연상 기능을 수행함

중추신경계(전뇌)

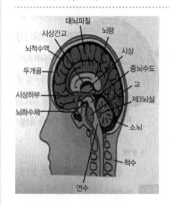

▶ 전뇌
· 종뇌 – 대뇌피질, 기저핵, 변연계
· 간뇌 – 시상, 시상하부

▶ 대뇌피질(cerebral cortex)
대뇌를 둘러싸고 있는 부분을 말하며 사고, 판단 등 고도의 정신활동이 이루어지는 곳으로 전두엽, 두정엽, 후두엽, 측두엽으로 나뉜다.

출처: 정미경 외(2009). 심리학개론. 양서원.

이와 같이 신경생물학적 관점에서는 인간의 정서상태, 기억 및 사고, 언어발달 및 학습, 정신장애, 기타 심리적 현상을 생물학적 요소와 관련지어 설명하려 하고 있으나, 지금까지 밝혀낸 것은 빙산의 일각에 불과할 뿐이다. 인간의 뇌세포는 120억 개나 되고, 그것은 무수한 상호 연합과 회로를 갖고 있기 때문이다(조화태 외, 2010).

개인의 정서와 성격의 문제는 변연계와 전두엽의 발달 및 활성화와 관련이 있는 것으로 밝혀졌다. 인간의 뇌는 크게 3층 구조로 중심부의 원시뇌(구뇌)는 파충류의 뇌로서 인간의 생리적인 욕구와 본능에 관여하고 중간에 위치한 포유류의 뇌인 변연계는 감정과 사랑, 소속의 욕구 및 안전의 욕구를 주로 담당한다. 뇌 가장자리에 위치하는 대뇌피질부위의 전두엽은 뇌의 작전사령부로서 자기실현의 욕구를 담당하고 인간의 이성과 합리적인 사고, 감정과 스트레스의 조절, 판단기능, 논리적인 사고의 통합, 공감, 배려의 능력에 관여한다. 뇌의 발달은 개인의 어린 시절 양육의 질과 많은 경험에 의해 개인차가 있다. 전두엽은 자신의 감정을 인정받고 수용, 공감의 경험을 하면서 발달한다.

인간을 인간답게 살도록 하는 대뇌피질 내 전두엽은 20세 전후로 가장 늦게까지 발달하고 개인에 따라 발달 상태와 정도가 다르다고 본다. 전두엽의 평수가 넓을수록 감정조절이 잘되고 자존감이 높고, 자기실현을 잘 할 수 있게 된다. 즉, 감정코칭과 관심, 애정을 잘 받게 되면 전두엽의 평수를 넓힐 수 있게 되어 감정조절이 잘되고 자존감이 높고, 자기실현을 잘 할 수 있게 되는 것이다. 반대로 무시와 차별을 당하고 인정받지 못하면 감정변연계 내의 편도가 활성화 되어 전두엽이 손상을 입을 때 공격적이고 분노가 많으며 반사회적인 행동을 일으키게 된다. 상담을 통한 학생들에 대한 이해와 감정코칭은 전두엽을 회복시켜서 자존감을 높여주고 좋은 행동을 하도록 동기유발을 시켜 준다.

개인의 발달은 개인 내적인 성향과 환경과의 상호작용을 통해 성장과 성숙과 학습을 통하여 이루어진다. 같은 형제·자매의 경우에도 동일한 부모환경에서 동일한 가정환경과 양육환경을 제공받지만 개인에 따라 성격과 적응과정이 다를 수 있다. 또한 사회문화적인 요소도 간과할 수 없다. 우리 사회가 빠른 성장과 변화를 겪으면서 학생들의 인지·정서·행동은 과거와는 많은 차이가 있음을 알 수 있다. 유아에서 시작하여 대학생들까지 이루어지는 학교상담에서 학생들을 효과적으로 이해하기 위해서는 심리학적인 접근(인간행동과 정신과정을 과학적으로 연구)이 필요하고 이를 통하여 학생들의 성격발달과 행동특성의 이해를 돕고자 한다. 발달적 측면에서는 성격발달, 도덕성발달, 인지발달, 직업관발달에 대하여 살펴보고 학습적 측면에서는 4가지 학습이론에 대하여 살펴보고자 한다. 발달이론에 대하여 권형자(2009)의 교육심리학을 참고하였다.

01 성격발달의 Freud 정신분석 이론

프로이드Freud는 1896년에 '정신분석'이라는 용어를 처음으로 소개하면서, 개인의 마음은 의식 세계, 전의식 세계, 무의식 세계와 본능적 자아id, 자아ego, 초자아superego 의 세 가지 요소로 구성된다고 하였다.

Freud의 정신분석은 인간의 정신 세계, 즉 성격의 발달을 연구한 학문이다. Freud 에 의하면 인간정신(성격)은 무의식이 형성되는 생의 초기에 기본틀이 만들어진 이후 아동기·청소년기를 통하여 개인의 성격이 발달한다는 주장이다. 특히 어린 시절의 욕구결핍과 갈등, 성욕 등의 미해결된 과제가 무의식 중에 내재하게 되면 현재 의식 의 부분에서 많은 왜곡이 발생할 수 있고 대인관계가 어려우며 부적응적 패턴을 유지 하게 된다는 주장이다. 그러므로 Freud의 성격발달 이론을 통하여 병사들의 성격특성 및 부적응 행동을 이해하는 데 도움을 주고자 한다.

1) 정신적 에너지

인간의 정신적 활동에 작용하는 에너지는 생의 본능과 죽음의 본능으로 구분할 수 있다.

(1) 생의 본능Eros: 생명을 유지·발전시키고 사랑을 하게 하는 본능, 인간은 에로 스 때문에 생명을 지속하며, 종족을 보존한다.

(2) 죽음의 본능Thanatos: 생물체가 무생물체로 환원하려는 본능, 이것 때문에 생명 은 결국 사멸되고 살아있는 동안에도 자신을 파괴하거나 처벌하며, 타인이나 환경을 파괴하는 공격적인 행동을 하게 된다.

2) 리비도(libido)

생물학적인 힘이 아닌 정신적인 힘으로 성적 본능의 에너지를 뜻한다.

3) 의식의 구조

Freud는 인간의 의식 수준을 의식, 전의식, 무의식으로 구분하였다.

(1) 의식consciousness은 평소에 알거나 느낄 수 있는 모든 행위와 감정을 뜻한다.

(2) 전의식preconsciousness은 이용 가능한 기억, 즉 생각해 보면 알 수 있는 것을 뜻 한다.

(3) 무의식unconsciousness은 의식적 사고와 행동을 전적으로 통제하는 힘으로, 전의
식과는 달리 전혀 의식되지 않는다. 그러므로 사고, 감정, 행동을 자기가 알지
못한다.

4) 성격의 요소

Freud의 성격연구의 공헌점 중에 하나는 성격의 요소에 관한 이론이다.

Freud에 의하면 성격을 구성하는 요소를 원초아본능, id, 자아ego, 초자아superego로
보고 개인의 성격이 각기 다른 이유는 이들 세 요소의 발달과 비율이 다르기 때문으
로 본다. 원초아본능, id, 자아ego, 초자아superego의 기능과 특징은 다음과 같다.

(1) 원초아(본능, id)

원초아는 인간의 본능적인 욕구들이 자리 잡고 있는 곳으로서 사람이 태어나는
순간부터 존재한다. 먹고, 마시고, 자고 하는 본능들은 모두 원초아에 의한 것이다. 이
러한 본능적 욕구들은 삶의 본능이라고 불린다. 삶의 본능 중 Freud가 특히 중요하게
생각한 것은 성적 본능이다. 즉, Freud는 성적인 쾌감을 얻고자 하는 것이 인간을 움
직이게 하는 가장 중요한 원동력이라고 보았던 것이다. 또한 원초아에는 이러한 삶의
본능들과 더불어 파괴적인 본능, 즉 죽음의 본능이 있다. 원초아에 자리 잡은 본능적
욕구들은 한 가지 독특한 원리에 따라 작동하는데 그것이 바로 '쾌락의 원리'이다. 본
능적 욕구들을 무조건적으로 충족시키려 하는 것이 바로 쾌락의 원리이다. 결과적으
로 충족되지 못한 욕구는 무의식 속에서 억압될 수밖에 없고, 무의식화된 욕구들은
숨겨진 채로 사람들의 의식적인 삶에 영향을 미치게 된다.

(2) 자아(ego)

원초아와 현실과의 매개역할을 하며, 원초아에 자리 잡은 본능적 욕구들과 외적인
현실 세계를 중재하는 역할을 한다. 즉, 자아는 '현실원리'에 따라 욕구를 충족시키거
나 다른 것으로 대치하게 한다. 현실원리의 목적은 욕구를 만족시키는 적당한 대상이
나 환경조성이 성취될 수 있을 때까지 본능적 만족을 지연시켜 개체의 안전을 보장하
는 것이다. 예를 들어, 성적인 욕구는 자아에 의해 적당한 대상과 적절한 조건이 성숙
될 때까지 지연된다.

(3) 초자아(superego)

사회적 규범이나 가치관 등을 내면화하는 과정에서 발생하는 일종의 도덕적 힘이

다. 즉, 무엇이 옳고 그른지, 어떤 일을 해야 할지, 말아야 할지 등을 판단하는 것이 초자아의 임무이다. 초자아는 '도덕적 원리'를 추구하여, 도덕이나 가치에 위배되는 원초아의 충동들을 견제하고, 자아의 현실적 목표들을 도덕적이며 이상적인 목표로 유도하려 한다. 이러한 초자아에는 두 가지 측면, 즉 양심과 자아이상이 있다. 양심은 잘못된 행위에 대하여 처벌이나 비난을 받은 경험에서 가치체계가 내면화된 것이다. 자아이상은 잘한 행위에 대하여 칭찬이나 보상을 받은 경험이 기초되어 이상적인 자아상을 형성하게 되어 이를 추구하는 것이다.

5) Freud의 심리성적 성격발달

Freud는 신체부위에서 리비도libido의 이동에 따라 쾌감을 추구하는 신체부위와 방법이 달라지는 것으로 발달단계를 구분하였다. 각 단계에서 어떤 경험을 하느냐에 따라 개인의 성격이 형성되며, 각 단계별로 아동이 추구하는 성적 쾌감을 충분히 느끼지 못하거나 지나치게 몰두하면 고착fixation현상을 일으켜서 다음 단계로의 발달이 순조롭지 않다고 보았다.

(1) 구강기(oral stage, 1~2세)

아기가 태어나서 처음으로 성적 쾌감을 느끼는 곳이 구강이다. 그러므로 이 시기의 아기는 빨고, 삼키고, 깨물면서 리비도를 형성해 나간다. 이 시기의 주요한 발달과업은 수유와 이유이다. 이 시기에 빨고, 깨무는 등의 활동들을 통해 성적인 쾌감을 얻을 수 있는 것은 자기의 의지가 아닌 타인, 특히 어머니에 의해서이다. 그러므로 이 시기의 영아에게 어머니는 의미있는 타인의 역할을 하게 된다. 어머니의 적절한 보살핌을 받지 못하고 추구하는 쾌감을 얻지 못하거나, 반대로 과잉충족되면 성격적 결함이 나타난다. 이 시기에 성격이 고착되면 성인이 되어도 구강적 성격을 지닌 흡연, 과음, 과식 및 손가락 빨기 등으로 나타나게 된다.

(2) 항문기(anal stage, 2~3세)

성적 에너지가 항문에 집중되는 시기이다. 이 시기에 유아는 배변훈련을 통하여 항문 근육의 자극을 경험하게 되고 이러한 경험을 통하여 성적 쾌감을 느끼게 된다. 유아는 괄약근이 발달하면서 배변을 마음 내키는 대로 배설하거나 보류할 수 있다. 이 때에 부모는 유아가 적절한 때 적절한 장소에서 배설을 하면 보상을 주나 그렇지 못하면 규제를 한다. 즉, 유아는 태어나서 처음으로 배변훈련을 통해 외부의 통제를 경험하게 된다.

Freud는 배변훈련이 인성발달에 매우 중요한 것으로 보았다. 고착된 항문기의 강박적 성격은 고집이 세고, 인색하며, 복종적이고, 시간을 지나치게 엄수하며, 흑백논리를 강조하는 특징을 지닌다. 반대로 지나치게 관대하면 유보된 항문기의 공격적 성격은 잔인하고 난폭해지며 소유욕이 강한 특징을 보인다.

(3) 남근기(phallic stage, 3~5세)

성적 에너지가 아동의 성기에 집중되는 시기이다. 남아는 어머니에게 애착을 느껴 아버지에게 적대감을 느끼며 거세불안을 갖는다. 이 과정에서 오이디푸스 콤플렉스 Oedipus complex를 느낀다. 반면에 여아는 처음에는 어머니를 좋아하다 자기에게는 남근이 없음을 알고 이를 부러워하는 남근 선망을 갖는다. 여아는 아버지에게 성적 욕망을 갖는 엘렉트라 콤플렉스Elecktra complex를 느낀다. 이러한 콤플렉스를 극복하는 과정에서 동일시와 모방현상이 나타난다. 남근기에 고착된 남자는 경솔하고, 과장이 심하며 야심이 강하다. 여자는 경박하고 유혹적이거나 남성을 능가하고 지나치게 자기중심적일 수 있다.

오이디푸스 왕 이야기

옛날에 테베라는 나라가 있었는데, 그 나라의 왕이 결혼하여 사내아이를 낳았다. 왕은 그 아이의 미래가 어떻게 될 것인가를 알아보기 위해 점을 쳐보았다. 그런데 점괘는 아이가 장차 아버지를 죽이고 어머니와 결혼한다는 것이었다. 왕은 그런 비극을 막기 위해 부하를 시켜 아이를 나무에 매달아 죽여 버리라고 명령하였다. 왕은 아들을 죽였다는 죄책감으로 국정을 돌보지 않고 부하들과 방랑의 길을 떠났다. 그런데 아이를 죽이라는 명령을 받았던 부하는 차마 자기 손으로 그 아이를 죽일 수 없어, 아이를 나무에 매달아 죽이라 했지 목을 매달아 죽이라는 구체적인 언급은 없었던 점에 착안하여 다리를 매달아 놓고 돌아와 시키는 대로 하였다고 보고하였다. 그리고 마침 지나가던 이웃나라 양치기가 나무에 매달려 죽어가는 아이를 발견하여 구했고, 아이의 이름을 오이디푸스라고 지었다. 그 양치기는 코린토스라는 나라 사람으로 그 아이를 데리고 자기 나라로 돌아왔다. 그런데 코린토스의 왕은 아이가 없던 지라 그 아이를 양자로 삼았다. 그리하여 오이디푸스는 코린토스의 왕자로 잘 자랐다. 청년이 된 오이디푸스는 자신의 운명에 대한 호기심으로 점을 쳤는데, 점괘가 아버지를 죽이고 어머니와 결혼한다는 것이었다. 코린토스의 왕과 왕비를 친부모로 알고 있던 오이디푸스는 그런 비극을 막기 위해서 영원히 왕국을 떠날 것을 결심으로 방랑길에 오른다. 좁다란 산길을 가고 있던 오이디푸스는 마침 사냥을 하고 있던 남자들과 시비가 붙어 그 중 우두머리를 포함한 3명을 죽였고, 한 사람은 도망갔다. 오이디푸스는 테베왕국으로 들어갔고, 거기서 괴롭히는 스핑크스라는 괴물을 지혜로 물리쳤다. 그 공으로 우여곡절 끝에 왕이 사냥길에서 죽어 홀로 된 왕비와 결혼을 하여 테베왕국의 왕이 되고 안티고네와 엘렉트라라는 두 딸을 낳고 행복하게 살았다. 그러나 결국 자기가 테베왕국의 왕자였고, 코린토스의 왕과 왕비는 양부모라는 사실을 알게 된다. 그리고 산에서 시비가 붙어 죽인 사람이 바로 자기 친아버지이고 현재의 부인이 자기 어머니라는 사실을 알게 된다. 이 사실을 알게 된 오이디푸스의 아내이자 어머니는 자살하고, 오이디푸스는 스스로 눈을 파내어 장님이 되어 방랑생활을 하였는데 그런 그를 끝까지 따라다니며 보살펴준 인물이 엘렉트라였다.

(4) 잠복기(latency, 6~11세)

아동이 초등학교에 다니는 시기로 성적 에너지가 억압 또는 잠재된 시기이다. 원초아는 약해지고 자아와 초자아가 강력해진다. 리비도의 지향대상은 동성의 친구에게로 향하고 에너지는 지적인 활동, 운동, 친구에게 집중된다. 사회 속에서 자기의 역할을 배우고 논리적으로 사고하여 타인의 입장을 고려할 수 있게 된다. 잠복기에 고착되면 성인이 되어서도 이성과의 관계를 회피하거나 정상적인 애정관계를 맺지 못한다.

(5) 생식기(genital stage, 12세 이후)

아동은 사춘기에 접어들면서 진정한 사랑의 대상을 찾아 만족을 얻고자 하는 성적 욕구가 다시 생긴다. 생리적 변화가 특징인 원초아가 우세해지면 사회적으로 용납될 수 없는 욕구나 충동을 강하게 느끼고 초자아의 압력으로 불안이 심해진다. 이 시기는 성격발달 단계 중 가장 긴 시기이며, 사춘기에서 노년기까지의 오랜 기간이 포함된다. Freud는 사춘기 이후의 주요과업을 '부모로부터 독립'이라고 하였다.

Freud는 생의 초기에 형성된 기본 성격틀을 제 1의 성격으로, 청소년기 형성되는 성격을 제 2성격이라고 보았다. 성격에 어려움이 있을 경우 제 2성격 개선기에 자신의 노력과 부모, 선배, 이웃, 상담의 도움으로 개선할 수 있는 기회가 있다고 주장한다. 그러나 이 시기를 효과적으로 이용하지 못한 발달시기가 진행될 경우 학교나 공동생활에서의 욕구좌절 및 욕구불만은 촉발요인으로 작용하여 위기 상황을 초래할 수 있으므로 이런 경우는 상담으로 도움을 주어야 한다. 학생 개인의 문제는 학교의 문제로 확대될 뿐만 아니라 학교생활의 위기감을 조장할 수 있으므로 부적응학생을 이해하고 돕는 일은 학생의 정신건강의 개선 뿐만 아니라 이후 건강한 사회생활을 하는 데 기여할 것으로 본다. 다만 개인의 성격상 문제와 유발요인을 수정하는 것은 많은 시간을 필요로 하므로 지속적인 관심과 지도가 선행되어야 할 것으로 보인다.

Sigmund Freud(1856-1939)

Freud는 1856년 5월 6일, 당시 오스트리아 - 헝가리 제국의 일부였던 모라비아의 소도시 프라이베르크에서 출생했다. 그의 아버지는 모피상인이었고, 중산층 유태인 가정에서 두 번째 부인의 맏아들로 태어났다. Freud가 태어난 후 얼마 되지 않아 아버지의 사업이 어려워지기 시작하여 그의 가족은 비엔나로 이주하였으며 1938년 영국으로 옮겨갈 때까지 비엔나에서 살았다.

유년시절, 어려운 형편에도 그의 아버지는 셋째 아들인 Freud의 교육에 남다른 관심을 가졌다. Freud 역시 총명하였으며 수석을 놓친 적이 없을 만큼 아주 열심히 공부하였다. 그러나 Freud는 유태인이었기 때문에 의학과 법학을 제외한 다른 직업을 가질 수 없었다. 그러므로 마음에 내키지 않는 의학을 전공하기로 결심하고 1873년 비엔나 대학의 의학부에 입학하여 1881년 박사학위를 받았다. 하지만 Freud는 의학보다는 신경학의 연구에 관심을 가졌다.

1885년 신경질환 치료로 유명한 파리의 살페트리에르 병원의 Charcot 밑에서 히스테리에 관해 연구하는 기회를 갖게 되었다. 이 몇 개월의 시기는 Freud에게 실로 혁명적 변화를 가져오게 하였다. 당시 Charcot는 히스테리와 최면술에 관심을 쏟고 있었는데, 비엔나에서는 이미 그런 주제들이 거의 고려할 가치가 없는 것으로 여겼지만 Freud는 이 일에 몰두하였다. 이것이 Freud에게는 인간의 정신 탐구를 향한 첫 걸음이 된 것이다. 이 시기에 그는 신경학자에서 정신병리학자로 전환하였다.

1886년 비엔나로 돌아온 Freud는 신경질환 상담자로서 개인 병원을 개업한 뒤, 오랫동안 미루어 왔던 베르나즈와 결혼식을 올렸고 세 딸과 두 아들을 두었다. 딸 중의 하나인 안나 프로이드Anna Freud는 후에 유명한 아동분석학자로 알려졌다. 이즈음 Freud는 비엔나의 유명한 외과의인 Breuer와 공동연구를 시작하였는데, Breuer는 환자가 불안과 징후를 이야기함으로써, 그것들을 제거시키는 방법인 카타르시스(정화법)를 발견한 사람이다. Freud와 Breuer는 1895년 「히스테리에 관한 연구」라는 책을 공동으로 집필하였다. 그러나 그들 사이의 우정은 Freud가 성욕이 히스테리의 주요 원인이라고 주장한 것을 Breuer가 강력히 반대하였기 때문에 오래 가지는 않았다. Freud는 고집을 꺾지 않고 1896년 비엔나 의사회에서 사퇴하였다.

1890년과 1900년 사이 Freud는 고독한 시기였으나 많은 업적을 낳았다. 계속된 연구 결과 그 과정과 저변에 깔린 이론 전반에 변화를 일으키기 시작했고, 마침내 Freud는 자기가 이루어 낸 모든 사상 체계의 궁극적인 발전에 정신분석학이라는 이름을 붙였다. 그 때부터 생을 마감할 때까지 Freud의 모든 지성적인 삶은 정신분석학의 발전과 광범위한 학문의 이론적이고 실제적인 영향을 탐구하는 데 바쳐졌다.

1900년 가장 위대한 저서라고 평가되는 「꿈의 분석」이 나왔다. 처음에 이 걸작은 정신병리학회에서 무시되었으나 1901년부터 일반대중 뿐 아니라 전 세계의 의료인 사이에서도 그의 명성은 높아졌다. 다음 해에 비엔나 정신분석학회가 창립되었으며 이 학회는 그를 숭배하는 헌신적인 학자들 집단에게만 개방되었다.

의학계에서 Freud에 대해 편견을 가지고 있었던 이유는 그가 발견한 것들의 본질 때문만이 아니라, 비엔나의 관료계를 지배하고 있던 강한 반유태인 감정의 영향 때문이기도 했다. 그가 대학 교수로 취임하는 일도 정치적 영향력 탓으로 끊임없이 철회되었다.

1902년 즈음 점차 Freud 주위로 몇몇 문하생들이 모여들었다. 중요한 인물로는 Adler와 Jung이 있었고, 이후 정신분석학이 점차 확산되기 시작했음을 알 수 있다. Freud의 저서들이 여러 나라 언어로 번역되기 시작했고, 특히 미국의 클라크대학에서 강연을 하는 등 정신분석학을 미국에 보급하였다. 그러나 정신분석학의 발전에 장애가 없지는 않았고 1911년 비엔나의 저명한 지지자인 아들러Adler와 융Jung이 견해 차이로 결별했다. 뒤이어 제1차 세계대전이 발발하자, 정신분석의 국제적인 확산은 중단되었다.

그리고 얼마 되지 않아 곧 가장 중대한 개인적 비극이 닥쳤다. 딸과 손자의 죽음, 그리고 삶의 마지막 16년 동안 그를 쫓아다닌 악성 질환의 발병이었다. 그러나 어떤 질병도 Freud의 관찰과 추론의 발전을 막을 수는 없었다. 그의 사상 체계는 계속 확장되었고, 특히 사회학 분야에서 더욱더 넓은 적용 범위를 찾았다. 그 때쯤 그는 세계적인 명사로서 인정받는 인물이 되어 있었는데, 1936년 그가 여든 번째 생일을 맞던 해에 영국 학술원의 객원 회원으로 선출되는 기쁨을 가졌다. 그 후 Freud는 어쩔 수 없이 비엔나를 떠나 가족들과 함께 영국으로 건너갔고, 1년 뒤인 1939년 9월 23일 런던에서 세상을 떠났다.

02 성격발달의 Erikson 심리사회성 이론

1) 주요개념

에릭슨Erikson은 개인의 성격은 생애에 걸쳐 8개의 심리학적 단계를 거치면서 발달한다고 보았다.

각 단계에는 해소되어야 할 위기, 갈등이 있으며 해소에 실패하면 스트레스와 불안을 유발하며 발달을 지연시키기도 한다. 그는 자아는 본능적 자아와 관계없는 성격에서 독립된 부분이며, 부모뿐만 아니라 사회 및 역사적 영향을 받으며, 생애에 걸쳐 발달한다고 보았다.

즉, 개인의 성격형성에 있어서 문화, 사회 및 역사적인 영향을 강조하였다. Erikson은 발달의 점성적 원리를 주장하였는데, 즉 인생주기의 각 단계는 이 단계의 과업이 우세하게 출현하는 최적의 시간이 있고, 그리고 모든 단계가 계획대로 전개될 때 완전한 기능을 하는 성격이 형성됨을 암시한다.

2) 심리사회적 발달단계별 특징

(1) 신뢰감 대 불신감(출생~1세)

영아와 엄마의 상호작용을 통한 사회적 관계는 유아가 세계를 신뢰하느냐 그렇지 않으면 불신의 태도를 보이느냐를 결정하게 된다. 영아는 자신의 모든 것을 타인에게 의존하며, 이때 신뢰감이나 불신감을 경험하게 된다. Freud의 구강기와 비슷하며, 안전, 생존, 애정 등에 어머니의 양육태도가 절대적인 시기이다. 불신감이 형성되었을지라도 나중에 교사나 친구의 사랑에 의해서 극복될 수 있다.

(2) 자율성 대 수치심(2~3세)

이 시기에 아동은 스스로 일을 수행해야 하는 도전에 직면한다. 부모는 이 시기에 아동의 자발적인 행동에 칭찬을 하거나 신뢰를 표현하여 용기를 줄 필요가 있다. 독립성이 조장되면 자율감이 발달하는 데 비해 과잉보호를 받거나 금지로 인하여 자신의 능력과 의지를 시험해 볼 기회가 주어지지 않으면 회의와 수치심을 느낀다.

(3) 주도성 대 죄책감(4~5세)

자율성의 증가로 왕성한 지적 호기심을 보인다. 신체 및 정신기능이 발달하여 자율적, 자기주장적, 공격적이 되고 솔선하여 새로운 것을 추구하고 계획하며 무엇인가를 혼자서 해보려고 한다. 이때 부모가 심하게 제지하거나 벌하면 죄의식을 유발하며 성장 후 솔선성이 약해진다.

(4) 근면성 대 열등감(6~11세)

초등학교를 다니는 시기로 학교에서의 성공과 성취가 아동의 근면성을 발달시킨다. 따라서 교사와 또래 친구들의 영향력이 매우 중요하다. 부모와 교사의 건설적이고 지도적인 칭찬과 강화는 근면성을 기르며, 비난, 거부, 조롱, 어려운 도전으로 인한 실패는 열등감을 유발한다.

(5) 자아정체성 대 정체감 혼란(12~18세)

청소년기에 나타나는 심리, 사회적 문제는 긍정적 측면에서 자아정체감을 갖고 부정적 측면에서는 역할혼미 현상이 일어나는 것이다. 이 시기에는 급격한, 신체 성적인 성숙, 고도의 인지능력, 상충된 사회적 요구에 대한 갈등 등으로 종종 혼란에 빠진다.

(6) 친밀감 대 고립감(19~24세)

사회에 참여하게 되고 자유와 책임을 가지고 스스로의 삶을 영위하기 시작하는 시기로서, 자기 자신의 문제에만 몰두하는 것에서 벗어나, 직업 선택, 배우자 선택, 친구 선택 등의 다양한 문제를 경험하게 된다. 자아정체감이 뚜렷하면 자신을 잃지 않은 상태에서 자신과 남을 통합할 수 있으나 위기해결에 실패하는 사람은 정서적으로 고립되게 된다.

(7) 생산성 대 침체성(25~54세)

자녀양육과 지도를 통하여 다음 세대로 문화를 전달, 발전시키는 성숙한 시기이다. 다음 세대를 가르치는 데 만족을 얻지 못하는 사람은 침체되고 지루해 하며, 무관심과 이기심을 갖게 된다.

(8) 자아통합감 대 절망감(54세 이상)

자신의 삶에 후회가 없으며, 열심히 살았고 가치 있었다고 생각하는 시기이며, 한편으로는 후회와 좌절, 분노 및 절망감에 빠지기도 한다.

Erik Erikson(1902-1994)

Erikson은 독일의 프랑크푸르트에서 출생했다. 정체감 위기란 개념으로 유명한 Erikson은 스스로도 인생 초기에 여러 위기를 거치면서 성장하였다. 즉, 그의 이론은 자신의 경험을 반영한 것이라고 말할 수 있다. 실제로 그의 부모는 덴마크 사람들이었으나, Erikson이 출생하기 전 이혼하였고 그의 어머니는 친구들이 있는 프랑크푸르트에 와서 아기를 낳았다. 그 후 Erikson이 세 살 때에 유태인 소아과 의사인 Homburger와 재혼하였다. 이러한 이유로 Erikson에게는 계부의 성이 주어졌다. 37세까지 Homburger란 이름을 사용했으며 1939년 미국 시민이 되면서 Erikson으로 개명하였다. 덴마크계의 혈통을 가지면서 유태계 계부 밑에서 성장하게 된 Erikson은 운명적으로 자아정체감의 문제가 매우 심각하게 형성되었다.

Erikson의 또 다른 정체감의 위기는 학교생활에서 그의 신체적 외모 때문에 비롯되었다. Erikson은 덴마크 혈통임에도 불구하고 자신을 독일인이라고 생각했다. 그의 급우들은 그의 아버지가 유태인이기 때문에 Erikson을 가까이 하지 않았으며, 동시에 유태인 또래들은 그의 신체적인 특성 때문에 유태인이 아니라고 그를 따돌렸다. 이러한 사실에 Erikson은 "오래 전에, 나의 급우들은 나를 유태인이라고 했지만, 유태인 집단에서는 나를 이방인으로 취급하였다"라고 기술하였다. Erikson의 정체감을 위한 몸부림은 후에 심리적 문제를 유발하였다. 그리고 이러한 몸부림을 통해 Erikson은 정체감 위기에 대한 예리한 통찰력을 획득하였다.

Erikson의 학교 성적은 중간 정도였으나 예술적 재능은 뛰어났다. 자신의 정체감을 찾고자 하는 욕구는 고등학교를 졸업했을 때 최고조에 이르렀다. Erikson은 의사가 되라는 계부의 독려가 있었지만 이를 거절하고 대신에 예술가가 되고자 결심했고 몇 년 동안 여행하면서 방황했다. 그러다가 여행 중 비엔나를 가게 되었고 거기서 정신분석학자인 Freud의 딸 Anna Freud를 만나게 되었다. Erikson은 1927년 Freud가 운영하던 학교에서 아이들을 가르치게 되었다. Erikson은 자신이 결코 알지 못했던 아버지에 대한 탐구를 하면서 부분적으로 Freud에게 매력을 느껴 정신분석에 관심을 갖게 되었다. 그 후에 정식으로 정신분석 훈련을 마친 후 당시에 유명한 비엔나 정신분석연구소의 회원이 되었다. 집을 떠난 후에 몬테소리 교사 자격증을 획득한 것과 Anna Freud와 함께 한 정신분석 훈련이 그가 받았던 유일한 정규교육이었다.

1929년 미국의 미술가이며 작가와 결혼해서 가정을 이루었고, 히틀러의 반 유태 정책을 피하여 미국으로 이주하였다. 그는 하버드 의과대학에서 심리학 연구자로 일했으며, 그 후 3년간은 예일대학교의 인간관계연구소에서 일했다. 후에도 미국의 유명한 대학에 초빙되어 강의와 연구를 했다. Erikson은 Freud와 마찬가지로 그의 탁월한 통찰력으로서 인간의 발달과정을 이론화하였다. 기본적으로는 Freud의 이론을 바탕으로 하여 새로운 이론을 전개했다. Erikson은 인간의 발달은 개인의 세 가지 요소, 즉 생물학적 요소, 자아, 사회의 집단 구성원에 의해 일어난다고 보았다.

Erikson의 가장 중요한 저서는 「아동기와 사회」이며 이 책에서 그는 생애 발달의 8단계를 제시하고 있다. 또 다른 두 개의 저서는 「청년 루터」와 「간디의 진리」인데, 이 저서에서 그는 역사적 자료를 정신분석학적 통찰력으로 조명하고 있다. 20세기의 훌륭한 심리학자로 인간이해를 위해 노력한 Erikson은 92세의 나이로 사망할 때까지 자신의 개인적 및 전문적 발달을 위한 노력을 아끼지 않고 계속하였다.

03 인지발달의 Piaget 이론

피아제Piaget의 인지발달은 학생들의 인지수준을 이해하는 데 도움을 준다. Piaget는 지적능력을 적응의 과정으로 본다. 그리고 적응의 과정은 동화와 조절을 통하여 이루어지며 도덕성도 지적능력과 밀접한 관련이 있다고 주장한다.

즉, 지적능력이 발달함에 따라 도덕성도 발달한다는 개념으로 보고 있다.

1) 주요개념

Piaget는 인지발달을 개인과 환경의 끊임없는 상호작용의 소산물로 보았다. Piaget의 인지발달 이론에서 설명되어지는 도식schema, 적응adaptation, 동화assimilation, 조절accommodation, 평형equilibration의 개념이 중요한 의미를 갖는다. 다음에서 그 구체적인 내용을 살펴보고자 한다(정옥분, 2014).

(1) 도식

도식schema, 정보처리체계 정신구조은 유기체가 가지고 있는 이해의 틀을 말한다. 이 도식은 유기체가 생리적으로 가지고 태어나는 것이 아니라 유기체가 환경에 접촉해서 반복되는 행동과 경험에서 형성되는 것이다. 도식은 사물이나 사건에 대한 전체적인 윤곽을 말하는 것으로 빨기나 잡기와 같은 최초의 도식들은 본질상 반사적이다. 예를 들면, 빨기는 유아가 자라 숟가락을 사용하게 되면 형태상 변화한다. 여기서 빨기 도식은 그 구조상으로는 변했지만 그것을 수행하는 기능면에서는 변한 것이 아니다. 유아는 많은 도식들을 지니고 태어나며 적응의 과정을 통해서 새로운 도식을 개발하고 기존의 것들을 변화시킨다.

(2) 적응

적응adaptation은 환경과의 직접적인 상호작용을 통해 도식이 변화하는 과정이다. 동식물의 세계는 적응의 예들로 가득 차 있다. 홍관조 수컷은 선명한 붉은 색인 반면 암컷은 눈에 잘 띄지 않도록 엷은 갈색조를 띠어 종의 생존에 대한 위협을 줄인다. 봄꽃의 아름다운 색채는 수분작용을 통해서 일어나는 봄꽃의 생식과정에 참여하는 곤충을 유인한다. 이와 같은 적응은 개인의 욕구를 충족시키기 위해 이루어지는 개인 또는 환경의 수정을 포함하는 매우 복잡한 과정이다. 적응은 동화와 조절이라는 두 가지 수단을 통해서 진행된다.

(3) 동화

동화assimilation는 이미 갖고 있는 도식 또는 체계에 의해 새로운 대상이나 사건을 해석하고 이해하는 인지과정이다. 즉, 새로운 환경자극에 반응함으로써 기존의 도식을 사용해 새로운 자극을 이해하는 것을 말한다. 유아가 음식이든 아니든 무엇이나 입으로 가져가는 것은 동화의 한 예이다. 이것은 환경의 요구에 관계없이 하나의 도식을 사용한다는 것을 나타낸다. 이 경우 유아는 자신의 내적 욕구를 만족시키기 위해 환경을 변화시킨다. 따라서 동화는 이미 자기 것으로 되어 있는 도식을 이용해서 외부의 대상을 변화시켜 내부에 받아들이는 작용이다.

(4) 조절

조절accomodation은 환경조건에 유기체를 적응하는 과정으로 도식을 변환시키는 과정이다. 즉, 기존의 도식으로서는 새로운 사물을 이해할 수 없을 때 기존의 도식을 변경하는 것을 말한다. 아동이 조절을 할 때에는 도식의 형태에 질적인 변화가 일어난다. 아동이 사자를 보고 고양이라고 말할 때 누군가가 「아니야, 그것은 사자란다」라고 말해 줌으로써 잘못을 바로잡을 수 있다. 이때 아동은 '사자'라고 불리는 새로운 도식을 형성하게 된다. 따라서 조절은 외부의 대상이 자신의 도식schema으로 원만하게 받아들여질 수 없게 되었을 때 자신의 도식schema을 수정하는 작용이다.

(5) 평형

평형equilibrium은 새로운 상황에서 일관성·안전성을 이루려는 시도를 말한다. 이러한 시도는 동화와 조절의 과정을 통해 이루어진다. 즉, 평형은 동화와 조절의 균형을 의미한다. 여기서 동화, 조절, 평형이 어떻게 작용하는지 예를 들어 보고자 한다. 5세된 아이가 하늘에 날아다니는 물체는 새라고 배웠다고 하자. 하늘에 날아다니는 물체를 볼 때마다 아이는 그 사물이 자기가 가지고 있는 기존 체계, 즉 새라는 것에 자신의 생각을 동화시킨다. 그런데 어느 날 아이는 하늘을 날아가는 비행기를 보게 된다. 이 새로운 사물을 보고 아이는 그가 가지고 있는 기존의 개념인 '새'에 결부시키려고 하지만 모양이나 크기 등이 너무 다르다. 그래서 아이는 기존의 체계를 변경하지 않으면 안 되는데 이 과정이 조절이다. 아이는 이제 불평형 상태에 놓이게 된다. 즉, 이 새로운 물체가 새인지 아닌지 만약에 새가 아니라면 도대체 무엇인지 알 수 없다. 그래서 어머니에게 저 물체가 무엇인지를 물어본 결과 그것은 새가 아니라 비행기라는 답을 듣는다. 그리고 아이는 새와 비행기의 차이를 알게 되는데 이것이 평형의 상태이다.

2) 인지발달의 단계별 특징

(1) 감각운동기(sensorimotor stage, 0~2세)

인지발달의 시초는 반사행동이다. 감각운동은 내면화되어 사고를 형성하여 인지능력으로 발전한다. 이 시기의 아이는 감각과 운동 사이의 관계를 발전해 간다. 이 단계에서 사물이 감각적으로 존재하지 않아도 이 세상에 존재한다는 대상영속성 개념이 형성된다. 또한 아동은 모방능력을 발전시킨다. 신생아의 단순한 반사들이 나타나는 출생에서 시작해서 초기의 유아적 언어가 나타나는 상징적 사고가 시작되는 2세경에 끝난다. Piaget는 이 단계에서 독립적이지만 상호관련된 6개의 하위 단계들을 제시한다. 아동의 행동은 자극에 대한 반응으로서 이 때의 자극은 감각이고 반응은 운동이기 때문에 감각운동기라고 하였다.

(2) 전조작기(preoperational stage, 2~7세)

'전조작'이란 말은 발달의 불완전한 단계를 의미한다. 이 시기의 발달상 특징은 자기중심성, 자신의 조망에 의해서 사물을 지각하므로 타인의 관점에서 사물을 이해할 수 없는 직관적 사고, 집단독백, 생명이 없는 대상에게 생명과 감정을 부여하는 물활론적 사고, 자신이 꾼 꿈의 내용이 실제로 일어났을 뿐만 아니라 실재하고 있다고 생각하는 꿈의 실재론, 행동의 결과 어른들에게 칭찬받으면 옳은 일, 꾸중당하면 나쁜 일로 생각하는 도덕적 실재론 등이 있다. 전조작기가 끝날 무렵이 되면 다른 사람의 시각에서 보는 조망을 추론해 낼 수 있는 조망수용 능력을 가지게 된다. 이 때가 되면 아동의 언어가 급격히 발달하고 상징적으로 사고하는 능력도 증가한다. 그러나 이 단계에서는 논리적인 조작이 가능하지 않기 때문에 전조작기라고 부른다. 조작이란 과거에 일어났던 사건들을 내면화시켜 서로 관련지을 수 있다. 즉, 논리적인 관계를 이룰 수 있는 것을 뜻한다. 전조작기 사고의 특징은 상징놀이, 자기중심적 사고, 직관적 사고를 하는 것 등이다.

(3) 구체적 조작기(concrete operational stage, 7~11세)

이 단계의 아이들은 논리 수학적 사고를 하기 시작한다. 탈 중심적 사고를 하게 되어 다른 사람은 자기와는 다른 사고나 느낌을 가질 수 있다는 것을 깨닫고 상대방 입장에서 생각할 수 있는 능력을 갖게 된다. 그리고 규칙은 권위적 인물의 명령뿐 아니라 대등한 입장끼리의 약속으로 만들어 질 수 있다는 생각을 함으로써 차별과는 상관없이 규칙은 준수되어야 한다는 자율적 도덕의 단계로 접어든다. 또한 전조작기에서 갖지 못한 가역성(可逆性)이라는 특성을 갖는다. 구체적 조작기의 아동은 조작의 순서는 전환될 수 있고, 조작 전 상황의 특성들이 회복될 수 있다는 것을 이해하게 되며, 보존개념의 획득, 유목(類目)포함, 분류화, 서열화를 할 수 있다.

(4) 형식적 조작기(formal stage, 11~15세)

이 단계에서는 주변의 세계를 인식하는 능력이 상당히 진전하면서 자기 나름대로의 이론과 사고의 체계화를 시도하기 시작한다. 이 시기의 주요 발달 과업은 고도의 추상개념 사용, 가설 설정, 미래사건 예시, 모든 가능한 개념의 조합을 할 수 있게 된다. 또한 이 시기는 '상상의 청중'이란 특징을 지니고 있는데 자신이 주위의 집중적인 관심의 대상이 된다고 생각하기도 하고 '개인적 우화'로 자신이 마음먹은 것은 무엇이든 할 수 있다거나 나는 친구들보다 우세하다는 감정을 지니는 자아중심성, 우월감,

전능감 등을 갖게 된다. 삼단논법의 이해가 이루어지는 것도 이 단계에서이다. 또한 문제상황에서 변인을 확인하여 분류할 수 있으며 이를 통제 혹은 제거할 수 있다.

이 때의 주요 특징은,

첫째, 새로운 상황에 직면했을 현재의 경험뿐만 아니라 과거와 미래의 경험을 이용한다는 점이다. 즉, 구체적 조작기의 아동은 현재의 문제만을 다루지만 형식적 조작기의 청년은 시간을 초월하여 문제를 다룬다.

둘째, 체계적인 과학적 사고가 가능하다. 즉, 문제해결을 위해 사전에 계획을 세우고, 체계적인 해결책을 시험한다.

셋째, 추상적 사고가 가능하다. 구체적 조작기의 아동은 눈에 보이는 구체적 사실들에 대해서만 사고가 가능하지만 형식적 조작기의 청소년은 추상적인 개념을 이해할 수 있다.

넷째, 이상주의적 사고를 한다. 청소년들은 이상적인 특성, 즉 자신과 다른 사람들에게 이상적이었으면 하고 바라는 특성들에 대해 사고하기 시작한다. 그들은 이상적인 부모상에 대해 생각하고 이 이상적 기준과 자신의 부모를 비교하며 자신이 생각하는 이상적인 기준에 맞추어 자신과 다른 사람을 비교하기도 한다(정옥분, 2014).

Jean Piaget(1896-1980)

Piaget는 1896년 8월 9일 스위스의 대학도시인 뇌샤텔에서 출생했다. 그의 아버지는 근면하고 비판적인 정신의 소유자로 중세 역사학자였으며, 세심하고 체계적인 사상가였다. 반면에 그의 어머니는 매우 감정적인 여자로서 그녀의 행동은 때로 가족 내에 긴장된 분위기를 조성하기도 하였다. 그러나 아주 지적이었고 독실한 종교인이었다. Piaget는 그의 자서전에서 어머니의 신경증적 기질은 가정생활에 다소간 걱정거리였다고 쓰고 있다. 이러한 부모의 영향으로 Piaget는 어린 시절부터 지적인 활동에 몰두하게 되었고, 자연현상에 대해서 남다른 관심과 탐구의 재질을 보였다. 즉, 기계, 새, 화석 및 바다, 조개껍데기 등에 진지한 흥미를 지닌 소년으로서, 11세에 공원에서 본 알비노 참새에 관한 논문을 썼다. 그 후 뇌샤텔의 자연

역사 박물관장에게 방과 후 박물관장을 도울 수 있는 기회를 얻어 수집한 조개껍데 기에 이름을 붙이는 등 많은 것을 배웠다.

4년이 지난 후 고등학교 때는 연체동물에 관한 연구를 했는데, 이 결과로 제네바 자연 역사 박물관의 관장에 의해 연체동물 수집의 관리자 지위를 제의받았다. 그러나 아직 학생이었으므로 지위를 사양하였다. Piaget는 뇌샤텔 대학에서 자연과학으로 학위를 받았고, 1918년인 21세에 자연과학 분야에서 연체동물에 관한 논문으로 박사학위를 받았다.

청소년기에 Piaget는 철학, 종교 사회학, 심리학에 대해 광범위하게 공부했다. 1920년 Piaget는 파리의 Binet실험실에서 일하면서 영국의 Burt가 제작한 추리력 검사를 프랑스의 어린이들에게 맞도록 표준화시키는 작업을 하면서 아동에 관해 연구하기로 결심하였다. 또한 대학에서 Freud와 Jung의 이론을 접하게 된 이후 심리학에 심취하게 되었다. 이로써 1921년 24세의 젊은 생물학자였던 Piaget의 관심은 동물에게서 어린이에게로 옮겨졌고, 심리학자가 되어 그에게 일생의 과업이 된 인식의 연구에 착수했다.

다음 10년간 Piaget는 "루소 연구소"의 부속 학교인 「어린이 집」의 어린이들과 "제네바 학교"의 어린이들과의 연구에 기초를 두어 몇 권의 책을 출판하였다. 그는 연구소의 학생인 Chatenay와 결혼했으며, 아내와 함께 세 아이(Jacqueline: 1925, Lucienne: 1927, Laurent: 1931)의 출생을 계기로 아동의 인지적 행동에 관한 일련의 연구들을 시작하게 되었다. Piaget가 어린이에 관한 연구를 시작할 무렵인 1920년경 많은 심리학자들은 어린이들도 본질적으로 어른들과 똑같은 방식으로 사고하고 추리한다고 생각했다. 그러나 Piaget는 바로 이 점에 의문을 갖고 반론을 펴게 된다. 즉, 어린이들은 어른의 축소가 아니라고 주장한다. 따라서 사고의 체계도 어른의 사고체계와는 질적으로 다르며, 어린이들은 그들 나름대로의 독특한 방식으로 사고한다고 믿었다. 그는 어린이의 연령이 증가함에 따라 사고의 과정이 어떻게 발달해 가는가 하는 것에 많은 관심을 가지고 연구하였다. 그 이후 세 자녀와 어린이들의 행동을 세심히 관찰하여 아동기 인지발달에 많은 업적을 남겼다. Piaget는 세기의 아동발달 심리학자로서 '지식은 어떻게 구성되어지는가', '어린이들은 어떻게 자기의 세계를 이해하는가'에 관한 연구를 60여 년간 지속하였다. Piaget는 매일 아침 일어나서 글을 썼고 하루 일과는 어김없이 강의, 산책, 사고, 독서 등으로 이어졌고, 이런 엄격한 학문생활은 1980년 9월 16일 84세로 일생을 마칠 때까지 계속되었다.

04 도덕성 발달의 Kohlberg 이론

1) 주요개념

콜버그Kohlberg는 Piaget의 인지발달 이론을 도덕발달 분야에 적용하여 체계화하였다. 그는 인간에게는 반드시 지켜야 할 보편적인 정의의 원리와 도덕률이 있다고 생각하였다. 도덕이란 사회집단이 가지고 있는 행동 규범을, 도덕성이란 본래 가지고 있는 주관적·자율적인 도덕의식을 의미한다. 그는 다음과 같은 'Heinz의 딜레마'라는 상황을 제시하여 도덕성 발달 수준을 판단하였다.

> **Heinz의 딜레마**
>
> 유럽에서 Heinz라는 남자의 부인이 암에 걸려 죽어가고 있었는데, 그 부인을 살릴 수 있는 약이 발명되었다. 그것은 같은 마을에 사는 어느 약사가 발명한 라디움 종류의 약이었다. 이 약은 가격이 매우 높았는데 왜냐하면 약값을 제조 원가의 10배로 책정했기 때문이었다. 즉, 원가는 200달러였으나 판매는 2,000달러에 했다.
>
> Heinz는 돈을 구하려는 모든 노력을 다 하였으나 약값의 절반인 1,000달러 밖에 구할 수가 없었다. Heinz는 약사에게 자기 부인이 죽기 직전에 있다는 것을 설명하고, 그 약을 싸게 팔거나 아니면 일단 외상으로라도 자기에게 팔아 달라고 간청하였다. 그러나 약사는 "절대 안됩니다. 그 약은 내가 발명한 것이니 나는 그 약으로 돈을 벌어야 되겠습니다."라고 매몰차게 거절했다. 절망에 빠진 Heinz는 마침내 부인을 위하여 약을 훔쳤다. 남편은 정당한 일을 하였는가? 만약 정당하다면 왜 그러한가?

2) Kohlberg 도덕성 발달(판단) 단계의 3수준 6단계

Freud에 의하면 도덕성과 양심인 초자아superego 초기 어린 시절에 형성되는 것이라고 주장한다. 도덕성은 지능발달과 성장·성숙과 밀접한 관련이 있는 것으로 본다. 그리고 아동기의 타율적 도덕성에서 점차 자율적 도덕성으로 발달한다. 타율적 도덕성은 일의 결과만을 보고 판단하지만 자율적 도덕성은 동기와 상황을 고려하여 판단하는 능력을 말한다. 개인의 도덕성은 부모의 양육에 의해 많은 영향을 받는다. 즉, 부모의 도덕성과 양심에 의한 교육에 의해서 도덕성이 형성되고 발달하고, 그 이후는 개인의 인지·정서·행동의 수준에 따라 변화발달하게 된다.

Kohlberg 도덕성 발달(판단) 단계이론은 1970년 미국의 중산층 청소년들을 대상으로 Heinz의 딜레마에 대한 반응을 중심으로 실시되었던 실험이다. 실험결과 그 당시 미국의 중산층 청소년들의 도덕성 발달(판단)은 아래 [표 2.1]의 ② 인습적 수준(6~7세)에서 단계 4: 법과 질서유지의 도덕성 수준을 보였다.

표 2.1 Kohlberg의 도덕성 발달(판단) 단계

수 준	특 징	단 계
① 전인습적 수준(4~5세)	도덕, 규칙, 선, 악의 개념은 행위결과나 도덕, 규칙을 강요하는 사람의 힘과 권위와 관련지어 생각함	**단계 1: 처벌−복종에 의한 도덕성** 벌을 회피하고자 규칙을 지키게 됨 **단계 2: 욕구충족의 도덕성** 보상을 바라고 규칙을 지킴 실용적인 인간관계
② 인습적 수준(6~7세)	개인이 가정, 집단, 국가의 기대를 따르는 그 자체를 가치로운 것으로 인정함	**단계 3: 대인관계를 위한 도덕성** 타인의 승인과 비난회피를 위해서 규칙을 따름 **단계 4: 법과 질서유지의 도덕성** 합법적인 권위의 벌을 피하고자 행동을 함
③ 후인습적 수준(10살 이후)	도덕적 가치나 원리가 개인과 집단의 권위와는 무관하게 그 자체로서 타당성을 가진 것으로 생각함	**단계 5: 사회계약정신의 도덕성** 계약에 따라 의무를 규정하고 타인의 권리 침해없이 공공복리 증진을 위한 공정한 견해를 가짐 **단계 6: 보편적 윤리에 의한 도덕성** 옳은 것은 보편적인 윤리적 원리에 맞는 것으로 인간의 존엄성과 평등성을 존중함

Lawrence Kohlberg(1927-1987)

Kohlberg는 미국 뉴욕주 브룽스빌에서 출생하였다. 1945년 엔도버 고등학교를 졸업, 상선에서 근무를 한 후 1948년 시카고 대학을 졸업하고 같은 대학원 심리학과에 진학하였다. 처음 임상심리학에서 관심이 있었지만 곧 Piaget에 흥미를 느끼고 도덕적 문제에 관해 그 결과를 박사논문으로 씀으로써 새로운 도덕성 발달단계이론의 성

립을 보았다. 1958년 시카고 대학에서 박사학위를 취득하였으며, 논문이 나온 이래 20여 년 동안 피험자들을 대상으로 종단연구를 했고, 예일대학교에서 교수생활을 시작하여 하버드대학에서 교육학과 사회심리학을 가르쳤다. 유년기에서 성년기에 이르기까지 도덕발달의 단계들을 확립하는 이른바 도덕성 발달이론을 일관되게 탐구했던 그는 30여 년간 화려한 학문적 공헌을 하였으며, 1987년 59세의 나이로 생을 마감했다. 주요 지서로 「도덕 발달의 철학」, 「도덕 발달의 심리학」, 「교육과 도덕발달」 등이 있으며 Kohlberg는 Piaget의 전통을 이은 학자로서 도덕성 발달 단계이론을 수립하였다. 인지심리학의 기수인 Kohlberg의 도덕교육이론은 인지심리학의 기본명제들에 기초하였다. 그는 교육의 과업을 개인의 심리적·인지적 구조와 사회적 환경의 상호작용에 의해 촉진되는 도덕발달의 자연적 과정을 자극하는 데 있다고 보았다.

05 직업관발달의 Ginzberg 이론

직업선택이란 1회적인 행위, 즉 단일 결정이 아니라 장기간에 걸쳐서 이루어지는 일련의 결정이며, 직업선택 과정은 비가역적이다. 따라서 나중에 이루어지는 결정은 그 이전 결정의 영향을 받게 된다. 직업선택은 4가지 요인인 가치관, 정서적 요인, 교육의 양과 종류, 실제 상황적 여건의 상호작용으로 결정된다. 즉, 이상의 4가지 요인의 상호작용으로 태도가 형성되고, 태도는 직업선택을 결정하게 된다. 특히 직업선택 과정은 바람wishes과 가능성possibility 간의 타협compromise으로 볼 수 있으며, 이와 같은 타협 때문에 직업선택 과정은 비가역적이라는 것이다.

1) 직업선택의 과정

(1) 환상적 직업선택 단계(fantasy period, 6-10세)

이 단계에서는 현실여건, 자신의 능력이나 가능성을 고려하지 않고, 독단적으로 특정 직업을 택해서 그 직업에서 하는 일을 놀이 활동을 통해서 표출하려고 한다. 이 연령층의 어린이들은 현실적인 장애를 의식하지 못하기 때문에 자기가 원하는 것은 무엇이든지 다 할 수 있다고 믿는다.

(2) 시험적 직업선택 단계(tentatative period, 11-17세)

청소년 초기 단계인 이 때부터는 선택과정에서 흥미, 능력, 가치가 고려된다. 그러나 이 시기에는 현실적인 요인들이 고려되지 않기 때문에 시험적 단계라 불린다. 시험적 선택 단계는 다시 네 개의 하위단계로 세분된다.

① 흥미단계interest stage

대략 11~12세가 이 단계에 속하며, 이 연령층의 어린이들은 자신의 흥미에 입각해서 직업을 선택하려는 경향이 있다.

② 능력단계capacity stage

이 단계에 도달하면 자신이 흥미를 느끼는 분야에서 성공을 거둘 수 있는 능력을 지니고 있나 시험해 보기 시작한다. 그리고 이 세상에는 다양한 직업이 있으며, 직업에 따라서 보수도 다르고 필요로 하는 교육이나 훈련의 유형도 각기 다르다는 사실을 처음으로 인식하게 된다. 12세에서 14세가 이 단계에 해당된다.

③ 가치단계value stage

15~16세에 해당하는 이 시기에 와서는 직업을 선택할 때에 고려해야 하는 다양한 요인들을 인정하게 된다. 즉, 특수한 직업선호와 관련된 모든 요인들을 알아보며, 그러한 직업선호를 자신의 가치관 및 생애목표에 비추어 평가해 본다.

④ 전환단계transition stage

이 시기에는 고등학교 3학년인 17~18세 전후가 되는데, 이 때부터는 점차 주관적인 요소에서 현실적인 외적 요인들로 관심을 돌리게 된다.

(3) 현실적 직업선택 단계(realistic period, 18-22세)

청소년 중기에 해당되는 이 단계에서 비로소 현실적인 선택이 이루어지게 된다. 그래서 자신의 흥미, 능력, 가치, 기회 뿐만 아니라 직업의 요구조건, 교육기회, 개인적 요인 등과 같은 현실요인을 고려하고 타협해서 결정에 도달하게 된다. 현실적 직업선택 단계는 정서적 불안, 개인적 문제, 재정적인 풍족함 등의 원인 때문에 늦어지기도 한다.

① **탐색단계**exploration stage

자신의 직업선택을 위해 필요하다고 판단되는 교육이나 경험을 쌓으려고 노력하는 단계이다.

② **구체화 단계**crystalization stage

직업목표를 정하고, 자신의 결정에 관련된 내적·외적 요소를 종합할 수 있는 단계이다.

③ **특수화 단계**specification stage

자신이 한 결정을 보다 구체화시키고, 보다 세밀한 계획을 세우는 단계이다.

06 직업관발달의 Super 이론

수퍼Super는 긴즈버그Ginzberg이론의 미흡성을 비판하고 그의 직업선택 및 직업발달에 대한 지식을 충분히 분석·종합하여 보다 포괄적이고 발전된 이론을 정립하려고 하였다. 특히 Super는 진로발달이 아동기로부터 성인 초기까지만으로 국한된 과정이라고 한 Ginzberg의 초기 이론에 이의를 제기하고 진로발달은 인간의 전 생애에 걸쳐서 이루어지고 변화되는 것이라고 하였다. 또한 직업선택을 타협의 과정으로 본 Ginzberg의 이론을 보완하여 타협과 선택이 상호작용하는 일련의 적응과정으로 보고, 발달이 개인과 환경과의 상호작용으로 인한 결과이듯이 개인과 환경과의 상호작용에 의한 적응과정이라고 하였다.

1) 자아개념

Super 이론의 기저를 이루고 있는 것은 자아개념이다. Super에 의하면 인간은 자아 이미지와 일치하는 직업을 선택한다고 한다. 즉, "나는 이런 사람이다" 하고 느끼고 생각하던 바를 살릴 수 있는 직업을 택한다는 것이다. 직업발달에 있어서 본질적인 역할을 하는 자아개념은 유아기에서부터 형성formation, 전환translation, 실천implementation의 과정을 거쳐서 사망에 이르기까지 계속 발달·보완된다. 그러나 청년기 이후에는 대개의 경우 자아개념에 큰 변화가 오지 않는다.

2) 진로발달 요인과 주요 명제

Super는 진로유형 연구를 통하여 진로발달의 요인을 다음과 같이 11가지로 요약하였다.

① 개인차, ② 다양한 가능성, ③ 직무능력의 유형, ④ 동일시와 모델의 역할, ⑤ 적응의 계속성, ⑥ 생애단계, ⑦ 진로유형, ⑧ 발달의 지도가능성, ⑨ 상호작용의 결과로서의 발달, ⑩ 직무만족

이러한 진로발달 요인을 기초로 Super는 다음과 같은 10가지 명제를 내세우고 있는데, 이는 곧 그의 이론의 중심개념이기도 한다.

첫째, 인간은 능력, 흥미, 성격 등에 있어서 차이가 있다.

둘째, 인간은 이러한 특성의 차이로 인해 특정한 직업들에 대하여 적합성을 지니게 된다.

셋째, 각 직업에는 각기 요구되는 일정 범위의 능력, 흥미, 인성특성이 있다.

넷째, 개인의 직업적 선호와 능력, 생활장면 및 자아개념은 시간의 경과와 경험에 따라 변화한다. 따라서 직업의 선택과 직업에의 적응은 계속적인 과정이 된다.

다섯째, 일련의 생애단계로서의 성장기, 탐색기, 확립기, 유지기, 쇠퇴기의 과정으로 특징지을 수 있다.

여섯째, 개인의 진로유형의 본질은 부모와 사회·경제적 수준, 개인의 정신능력 및 인성특성, 주어진 직업기회 등에 의해서 결정된다.

일곱째, 개인의 발달단계를 통한 성장은 능력과 흥미의 성숙과정을 촉진시키거나 자아개념의 발달을 도와줌으로써 지도될 수 있다.

여덟째, 직업발달 과정은 본질적으로 자아개념을 발달시키고 실천해 나가는 과정이다.

아홉째, 개인의 사회적 요인, 이른바 자아개념과 현실성 간의 타협이란 역할 수행의 하나이며, 이러한 역할은 환상이나 상담, 면접 또는 학급, 클럽, 여가활동, 취업활동 등에서 수행된다.

열번째, 자신의 직업과 인생에 대한 만족은 얼마나 자기의 능력, 흥미, 성격특성, 가치관에 맞는 길을 찾느냐에 달려 있다.

3) 직업발달의 단계

(1) 성장기(growth stage, 0-14세)

이 기간 중에는 가정과 학교에서의 주요인물과 동일시함으로써 자아개념을 발달시킨다. 이 시기의 초기에는 욕구와 환상이 지배적이나 사회참여와 현실검증이 증가함에 따라 흥미와 능력을 중요시하게 된다. 이 단계는 세 개의 하위단계로 구분된다.

① 환상기(4 - 10세)

욕구가 지배적이며 환상적인 역할수행이 중요시된다.

② 흥미기(11 - 12세)

개인의 취향이 곧 활동의 목표 및 내용을 결정하는 요인이 된다.

③ 능력기(13 - 14세)

능력을 보다 중요시하며 직업의 요구조건을 고려하게 된다.

(2) 탐색기(exploration, 15-24세)

학교생활, 여기활동, 시간제 일을 통해서 자아검증, 역할 시행, 직업적 탐색을 행한다. 탐색기는 다시 세 개의 하위단계로 구분된다.

① 잠정기(15 - 17세)

욕구, 흥미, 능력, 가치, 직업적 기회 등을 고려하기 시작하며, 잠정적인 진로를 선택하고 그것을 환상, 토의, 일, 기타 경험을 통해서 시행해 본다.

② 전환기(18 - 21세)

취업을 하거나 취업에 필요한 훈련이나 교육을 받으며, 자신의 자아개념을 실천하려고 함에 따라 현실적 요인을 중요시하게 된다.

③ 시행기(22 - 24세)

자신에게 적합해 보이는 직업을 선택해서 최초의 직업을 가지게 된다.

(3) 확립기(establishment stage, 25-44세)

자신에게 적합한 분야를 발견하고 거기에서 영구적인 위치를 확보하기 위한 노력을 한다.

① 시행기(25 - 30세)

자신이 선택한 일의 분야가 적합지 않을 경우, 적합한 일을 발견할 때까지 몇 차례의 변동이 있게 된다.

② 안정기(31 – 44세)

진로유형이 분명해짐에 따라 그것을 안정시키고 직업세계에서 안정된 위치를 굳히기 위한 노력을 한다.

(4) 유지기(maintenance stage, 45-65세)

이 시기에는 이미 정해진 직업에 정착, 그것을 유지하기 위한 노력을 한다.

(5) 쇠퇴기(decline stage, 65세 이후)

정신적·신체적 힘이 약해짐에 따라 직업전선에서 은퇴하여 다른 활동을 찾게 된다.

4) 직업발달의 과업

(1) 구체화(crystallization, 14-17세)

자신의 흥미, 가치는 물론, 장차 일어날지도 모를 일, 그리고 선호하는 직업을 위한 계획 등을 인식하여 일반적인 직업 목적을 형성하는 지적 과정 단계과업이다. 이 과업은 선호하는 진로에 대하여 계획하고 그 계획을 어떻게 실행할 것인가를 고려하는 것이다.

(2) 특수화(specification, 18-21세)

잠정적인 직업에 대한 선호로부터 특정한 직업에 대한 선호로 옮기는 단계의 과업이다. 직업선택을 객관적으로 명백히 하고, 선택된 직업에 대해서 더욱 구체적으로 이해하여 진로계획을 특수화하는 것이다.

(3) 실행화(implementation, 22-24세)

선호하는 직업을 위한 교육훈련을 마치고 취업하는 단계의 과업이다.

(4) 안정화(stabilization, 25-35세)

직업에서 실제 일을 수행하고 재능을 활용함으로써, 진로선택이 적절한 것임을 보여주고 자신의 위치를 확립하는 단계의 과업이다.

(5) 공고화(consolidation, 35세~)

승진, 지위획득, 경력개발 등을 통하여 자신의 진로를 안정되게 하는 단계의 과업이다.

07 동기 이론

1) 동기의 개념

동기motivation란 사람들의 행동을 자극 또는 유발시키는 내면의 상태를 말한다. 어떤 의미로 심리학의 전 영역은 행위의 저변에 깔려있는 원인의 견지에서 그 행위를 설명하는 것과 관련이 있다. 따라서 동기란 행동을 일으키고, 어떤 행동을 할 것인가를 마음먹고, 그 행동을 지속하게 하는 심리적 기제를 설명하는 가상적인 개념이다. 린즈리Linsdely에 의하면 동기는 어떤 목표를 지향하는 행동을 일으키고, 방향을 잡고, 유지하게 하는 힘의 종합이다. 다시 말하면 동기란 행동을 일으키는 에너지와 방향이다.

동기란 말은 라틴어의 'moveers'에서 온 것으로 '움직인다move'를 뜻한다. 동기란 움직임을 가져오는 과정이며, 이 움직임은 맹목적인 것이 아니고 방향이 있는 것이다. 또한 동기는 행동에 활력을 주며 어떤 목표를 향하도록 방향을 제시할 뿐만 아니라 목표달성을 위해 효과적인 행동을 하도록 강화한다. 동기는 행동을 유발하고 방향을 제시하고 유지하는 신체적, 심리적 상태이다. 배고픔과 같은 특수한 동기는 음식을 획득하기 위한 더 특징적인 목표지향적 행동goal directed activity을 말한다.

이것은 유기체로 하여금 욕구(일차적 동기) 뿐만 아니라 요구(이차적 동기)까지도 만족시키도록 충동을 가하거나 혹은 활력을 부여해 주는 것으로, 목표지향적 행동양상의 역동적 요소를 나타내는 개념인 것이다. 이런 식의 동기는 개인 내에서 비교적 불변적으로 또 지속적으로 존속한다고 가정한다. 이차적 동기는 그것들이 주로 외적으로 유발시키는 자극을 통해 활성화되기까지는 잠재적으로 존재한다. 다음은 동기의 종류에 대해서 구체적으로 살펴보고자 한다. 동기는 1차적 동기와 2차적 동기, 일반동기와 특수동기, 내재적 동기와 외재적 동기로 분류할 수 있다.

2) 동기의 기능

동기는 여러 가지가 복합적으로 결부되어 표현되고 있으나, 사람의 행동을 결정해준다는 면에서 크게 3가지의 기능을 한다.

(1) 동기는 유기체의 행동에 에너지를 부여하며 이를 조정한다

유기체 내부의 불균형은 선이나 신경 또는 근육의 운동을 일으키며, 외적 자극은 유기체의 내적 조건과 결부되어 새로운 적응행동이 일어나게 되는 것이다. 예컨대, 배고프다는 것은 위의 수축 운동을 일으키고, 구심성 신경에 자극을 주어 에너지를 촉발하며 음식물이 유인되어 식욕을 유발시키기도 한다. 다른 사람이 성공한 것을 보면 나도 성공하고 싶은 충동을 느낀다.

또한 유기체의 내적 조건과 외적 자극에 의해서 유발되는 동기의 강도는 에너지의 양을 조절한다. 외적 자극이 충격적이며 내적 불균형 상태가 커지면, 촉발되는 에너지의 양도 증대되어 긴장의 정도가 높아진다.

(2) 동기는 선택의 기능을 한다

당면한 사태로 인해서 개체가 느끼는 동기는 개체로 하여금 어떤 형태로 반응할 것인가를 선택하게 한다. 예를 들면, 애정의 욕구가 생겼을 때는 우선 통찰과 선택적 행동을 통해서 여러 가지 반응 형태 중에서 어떻게 행동할 것인가를 결정하게 된다. 그래서 애정을 추구하는 행동이 나타나게 된다. 또한 힘의 욕구를 충족시키고자 하는 학생의 경우 자신이 원하는 것과 할 수 있는 것, 해야 하는 것들을 고려한 후에 공부를 하기로 결정을 하게 된다. 이와 같이 인간의 행동은 내적 동기를 실현시키고자 하는 선택을 한 후에 이루어지는 것이라고 할 수 있다.

(3) 동기는 행동하게 하고 행동을 방향 지어준다

개인의 동기를 이용하여 기대 수준까지 행동하게 하고, 목표를 지향한 행동을 하게 한다. 즉, 근로자들의 동기를 이용하여 생산율을 올린다든지, 학습자에게 상이나 벌, 흥미, 또는 명예욕 등의 동기를 부여하여 성적을 향상시킬 수 있다.

3) 동기유발

(1) 동기화

동기화motivation는 개별적 동기와 상황조건의 일시적 상호작용에 의한 활성화 정도를 말한다. 즉, 동기화는 어느 일정한 상황에서의 행위경향의 강도와 관련성을 맺고 있다. 어느 행위를 실현시키는 동기화는 동기의 강도, 성공확률성과 목표나 보상의 값어치로 구성되는 그때그때마다의 산물의 함수로, 대개의 경우 이차적 동기와 연관되어 사용된다. 바람직한 어떤 행동의 기초가 되는 심리적 과정을 활성화시키는데 필요한 외부 자극작용의 과정을 두고 동기유발이라고 한다.

(2) 동기유발 방법

인간의 행동이 욕구에서 출발한다면 동기유발은 행동으로 진행하는 에너지라고 볼 수 있으므로 학생들의 동기유발의 방법을 교사가 숙지하는 것은 매우 바람직한 부분이다. 특히 학교장면에서의 모든 성취효과는 동기유발과 관련이 있는 것으로 보고된 바 있으므로 학생들에게 적용하는 것도 예외는 아닐 것으로 본다.

① 보상 또는 칭찬과 벌

"칭찬은 공개적으로, 질책은 개인적으로 은밀하게"라는 말은 근거가 있는 중요한 내용이다. 일반적으로 보상을 주는 것이 주지 않는 것 또는 무관심한 것보다 효과가 크다고 하는데 공개적인 칭찬, 개인적인 질책, 공개적인 질책, 개인적인 조롱, 공개적인 조롱의 순으로 효과가 있다고 한다. 허얼록Hurlock은 결과에도 개인차가 있는데, 개인적인 벌은 우수한 학생에게, 공개적인 칭찬은 열등한 학생에게 보다 효과적이며 질책은 남자에게, 칭찬은 여자에게 더 효과적이라고 한다.

② 경쟁과 협동

경쟁이 협동보다 더 좋은 성적을 올리는 경향이 있다. 경쟁은 어린이나 청소년의 경우, 남녀 간의 경쟁이 동성보다 더 효과적이고 집단경쟁보다 개인경쟁이 더 효과적이라고 한다. 그러나 경쟁이라는 것도 전 인류에게 보편적인 것은 아니다.

③ 개인과 집단

작업은 혼자서 하는 것보다 여럿이 함께 집단적으로 할 때 더 효과적이다. 이것은 집단 내에서 남으로부터 작업시간의 통제를 받으며, 집단 내에서의 개인적 경쟁성이 작용하기 때문이다.

④ 성공감

어느 정도 자기의 목표에 대해서 성공감을 지니면 동기가 유발되고 성취의 욕구를 만족시키는 것이 된다. 기대수준이 너무 높아 실패를 자주 경험하게 되면 욕구좌절을 일으키게 되고 용기를 감소시킨다. 따라서 개인에게 주는 문제나 욕구를 능력에 맞게 마련하여 주는 것이 필요하다.

⑤ 목적과 결과의 인지

행동의 목적을 안다는 것이 욕구를 유발시키는 원동력이 된다. 자기의 일이 무엇 때문에 하는 것인지, 학습의 목표가 무엇인지를 모르면 동기유발이 되지 않아 의욕을 잃게 되며 성과가 오르지 않는다. 결과의 인지도 작업의 효과에 영향이 크다. 학업 성적을 매 시험마다 알려준 집단과 마지막에 알려준 집단 간에는 전자가 더 효과가 컸다고 한다. 반대로 자기의 요구 수준에 학습의 결과가 훨씬 미달될 때, 오히려 열등감과 좌절에 의해서 효과가 감소될 수도 있다. 이러한 작업 결과에 대한 지식은 예기되는 결과에 대한 지식 또는 편견에 대해서도 영향을 받는다.

08 행동주의적 관점

행동주의behaviorism의 창시자는 왓슨Watson이다. Watson은 심리학 연구에서 내성주의內省主義, introspectionism를 비판하면서 행동주의를 창시하였다. 내성주의란 인간의 마음의 세계를 주관적인 관찰에 의해 알아낼 수 있다고 주장하는 관점인데, 행동주의적 관점에서는 마음의 세계에 대한 주관적인 관찰은 신뢰할 수 있는 방법이 아니라고 주장한다. 따라서 행동주의자들은 유기체를 자극stimulus에 반응response하는 존재로 보고 직접적으로 관찰, 측정할 수 있는 겉으로 드러난 행동만을 과학적 연구대상으로 삼는다.

행동주의적 관점에서는 인간을 동물과 한 연속선상에 있는 존재라고 가정하고, 인간행동을 설명하기 위한 법칙을 발견하기 위하여 하등동물을 연구대상으로 하였다. 파블로프Pavlov, 손다이크Thorndike, 스키너Skinner 등 모든 행동주의 심리학자들은 하등동물을 연구대상으로 하여 밝혀낸 법칙을 인간에게 적용하고자 하였다. 이렇게 함으로써 인간을 대상으로 실험하고 연구할 때 발생할 수 있는 윤리적인 문제로부터 안전할 수는 있었지만, 이러한 행동주의의 기본 가정은 다른 관점의 학자들로부터 비판의 대상이 되기도 하였다. 하지만 그들이 밝혀낸 인간행동을 설명하는 법칙(예: 강화와 벌의 작용)은 오늘날까지도 그 영향력을 행사하고 있다.

이와 같이 행동주의적 관점에서는 엄격한 과학적 연구의 필요성, 동물연구의 주요성을 강조하고 있으며, 우리 안에 내재하는 자아, 무의식, 혹은 내면의 가상적 실체(예: 욕구, 동기 등)의 존재를 인정하지 않기 때문에 인간행동을 내적인 것으로 근거하여 설명하는 것을 단호히 부정한다. 즉, 행동주의 심리학에서는 관찰할 수 없는 정식적인 개념으로 인간행동을 설명하려 하기보다는 측정과 관찰이 가능한 인간행동의 원인들에 관심을 갖고 있다고 할 수 있다. 많은 심리학자들은 인간의 복잡한 행동들도 강화를 통해 학습된 결과로 볼 수 있다는 행동주의적 관점에 찬성하기도 하였으나, 한편으로 한 개인의 모든 행동이 강화에 의해 학습된 것이라는 것을 증명하는 것은 현실적으로 불가능하다는 한계도 함께 지적하고 있다.

행동주의 학자들에게 있어서 학습이란 연습과 훈련에 의해 일어나는 비교적 영속적인 행동의 변화이다.

1) 파블로프(Pavlov)의 고전적 조건화

관련 속담으로 '자라 보고 놀란 가슴 솥뚜껑 보고 놀란다'가 있다. 아래의 [그림 2.2]는 파블로프Pavlov의 고전적 조건화 실험의 과정이다(민윤기 외, 2015).

그림 2.2 Pavlov의 고전적 조건화

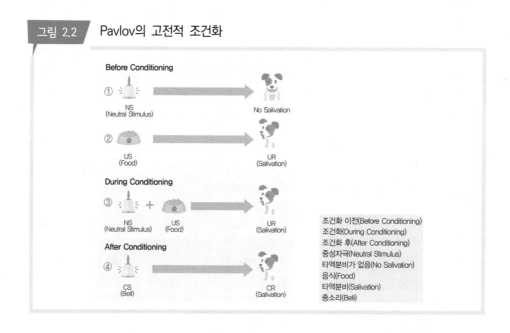

이 실험은 러시아의 생리학자 Pavlov의 개의 타액연구에 관한 실험으로 배고픈 개에게 음식US을 주었을 때 침UR을 흘리던 상황에서 훈련을 통해 개에게 종CS소리만 듣고도 침CR을 흘리게 되는 의미 없는 중성자극이었던 종소리NS가 연습과 훈련에 의하여 조건자극 종소리CS로 조건화되는 실험이다. 이 실험에서 Pavlov는 개가 종소리에 반응을 할 때 비슷한 종소리에 반응을 하는 것으로 일반화의 개념을 끌어 냈으며(자라보고 놀란 가슴 솥뚜껑 보고 놀란다), 종소리의 길이와 강도를 구분하게 되는 변별화의 개념을 추가하였다.

Pavlov의 고전적 조건화 실험에서 시사하는 점은 자극에 해당하는 환경의 중요성이다. 학생들의 행동특성은 이전의 가정환경, 부모의 양육태도, 학교환경, 사회환경에서 받은 자극들이 개인 내적 특성과 상호작용으로 빚어낸 결과로 볼 수 있다. 즉, 유치원이나 학교생활 이전 가정과 학교와 사회에서 다양한 학습이 이루어진 후에 입학을 하였으므로 새로운 환경적응에 어려움이 따르는 것으로 볼 수 있다.

2) 스키너(Skinner)의 조작적 조건화

스탬프 10개면 커피 한 잔이 공짜 혹은 포인트 활용 등을 예로 들 수 있다. [그림 2.3]은 스키너Skinner의 조작적 조건화 실험의 과정이다(민윤기 외, 2015).

| 그림 2.3 | 스키너의 조작적 조건화 |

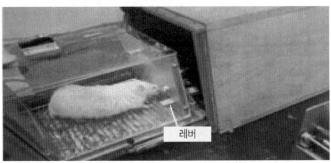

· 동물의 지속적인 행동을 분석하기 위해 조작 행동을 사용함
· 유기체의 반응이 환경에 조작을 가한다는 의미에서 사용되었으며, 이러한 종류의 학습을 조작적 조건화라 불렀음
· 스키너 상자 – 레버를 누른 이후의 결과를 변화시켜서 쥐의 지속적인 행동이 어떻게 수정될 수 있는지를 연구하는 데 효과적인 장치임

미국의 심리학자 Skinner의 조작적 조건화는 실험상자 안에 있는 쥐가 스스로 움직임을 방출operatation하여 먹이를 얻어내고 그 효과로 문제해결을 점점 쉽고 빠르게 하게 되는 실험이다(민윤기 외, 2015). 이 실험은 Pavlov의 고전적 조건화에서처럼 자극을 통한 지속적인 연습과 훈련이 아닌 유기체의 움직임이 먼저이고 결과에 따른 보상의 효과에 따라 그 이후의 행동이 강화를 받게 되는 과정을 보여준다(민윤기 외, 2015).

Skinner의 조작적 조건화에서 시사하는 점은 바로 보상reward과 강화reinforcement이다. 보상reward은 긍정적인 행동을 했을 때 강화물을 제공하여 강화행동을 가져오게 한다.

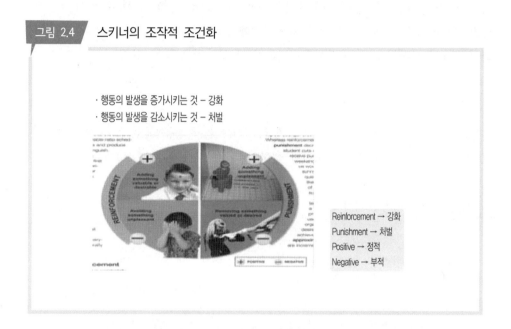

그림 2.4 스키너의 조작적 조건화

· 행동의 발생을 증가시키는 것 – 강화
· 행동의 발생을 감소시키는 것 – 처벌

Reinforcement → 강화
Punishment → 처벌
Positive → 정적
Negative → 부적

강화reinforcement는 강화물의 효과로서 긍정적 행동의 양적, 질적 증가를 말한다. Skinner에 의하면 강화reinforcement는 행동의 발생을 증가시키는 것이고, 처벌Punishment은 행동의 발생을 감소시키는 것이다. 즉, 처벌Punishment은 부정적 행동을 멈추게 하는 데 효과적이고 보상reward은 긍정적 행동을 유발하고 긍정적 행동을 유지시키는 데 효과적이다. 그러므로 병사들의 선행 및 긍정적 행동에 처벌보다는 보상을 주는 방법이 효과적일 수 있다는 이론적 근거를 Skinner의 조작적 조건화이론에서 찾을 수 있다.

09 인지적 사회학습 관점

관련 속담으로 서당개 삼년에 풍월 읊는다. 부전자전 모전여전, 콩 심은 데 콩나고 팥 심은 데 팥난다, 윗물이 맑아야 아랫물이 맑다, 일벌백계—罰百戒 등이 있다.

반두라Bandura(1977)의 인지적 사회학습이론에서는 행동과 환경뿐만 아니라 인지도 인간발달에 있어서 중요한 요인이 된다. 사회학습이론은 사회적 환경과 아동의 인지 능력이 학습과 발달에 미치는 중요성을 강조한다. 이 이론은 아동행동의 갑작스런 변화는 고전적 조건형성 또는 조작적 조건형성을 통해서가 아니라, 다른 사람의 행동을 관찰함으로써 학습되어 나타난다고 주장한다.

사회학습이론은 관찰학습observational learning, 즉 다른 사람의 행동을 관찰함으로써 발생하는 학습에 초점을 맞추는데, 이것을 모방imitation 또는 모델링modeling이라고도 한다.

[그림 2.5]는 Bandura의 공격성에 대한 모방을 실험한 과정이다(민윤기 외, 2015).

Bandura의 사회학습(보보 인형 실험)

· 관찰, 모방, 모델링으로부터 초래되며, 관찰자에게 관찰 가능한 어떤 행동을 수행할 것을 요구하지 않고 관찰 가능한 어떤 보상을 제공받을 것을 요구하지도 않음
· 이를 관찰학습 또는 대리학습이라고 함

1) 절차

한 방에서는 아동에게 그림 그리기를 하도록 하였고, 다른 방에서는 성인에게 큰 보보 인형을 10분간 발로 차고 주먹으로 때리고 고함치도록 했다. 어떤 아동은 다른 방에 있는 성인의 행동을 볼 수 있었고 나머지 아동은 보지 못했다. 잠시 후 각 아동이 약간의 좌절 상황에 처하도록 만든 다음 그들을 보보 인형이 있는 방으로 옮기고 관찰했다.

2) 결과

모델이 보보 인형에게 가하는 공격적인 행동을 관찰한 아동은 역시 보보 인형을 발로 차고 주먹으로 때리고 고함을 지르는 등 공격행동을 보였다. 이와 비교하여 모델의 공격적인 행동을 관찰하지 않은 아동은 공격을 가하지 않았다.

3) 결론

아동이 강화가 없이 단지 살아 있는 모델의 행동을 관찰하는 것만으로도 특별한 공격 행동을 학습할 수 있다는 것을 시사한다.

Bandura(1977)는 아동이 공격성을 모방하는 순서를 4단계로 설명하였다.

(1) 주의집중과정

주의집중과정은 모방하려는 모델의 행동에 주의를 집중하는 과정으로 관찰대상의 특징은 물론 관찰자 자신의 특징에 의해 영향을 받는다. 관찰대상의 성별, 연령, 존경도, 지위, 힘, 매력 등이 주의집중에 영향을 미친다. 또한 주의집중과정에 영향을 미치는 관찰자 자신의 특징으로는 자신의 능력에 대한 지각, 감각적 능력, 각성 수준 등이 있다. 주의를 받는 자극의 특수성, 복잡성, 그 자극이 제시되는 속도 등도 주의집중에 영향을 준다.

(2) 파지과정

파지과정은 관찰된 내용을 기억하는 과정으로 그 내용이 기억되기 위해서는 모델의 행동에 주의를 집중함과 동시에 그 행동의 사실적 혹은 분석적 표상이 형성되어야한다. 모방할 행동을 말로 바꾸어 표현한다든지 심상으로 그려보는 경우가 그렇지 않은 경우보다 학습이 빠르게 일어난다.

(3) 재생과정

모방하려는 행동은 잘 기억하는 것만으로 충분하지 않으며 실제 실행에 옮겨봄으로써 학습의 효과를 높일 수 있다. 이 과정이 재생이다. 즉, 교사가 시범을 보이는 경우인데 수학문제의 경우 해결과정이나 복잡한 운동의 동작 등을 학습하기 위해서는 관찰만 하고 있을 것이 아니라 실제 실행해 보는 것이 중요하다.

(4) 동기화과정

관찰을 통해서 학습된 행동은 그 행동이 강화를 받을 때에만 지속적으로 일어난다. 만일 그 행동이 벌을 받는 결과를 초래한다면 그 행동이 일어나는 비율은 감소한다. 따라서 이 과정은 강화를 통해서 행동의 동기를 높여주는 단계이다.

이런 의미에서 사회적 학습이론은 강화나 벌에 대해서 조작적 조건형성이론과 비슷한 견해를 가지고 있다. 그러나 Skinner의 조작적 조건형성이론과 Bandura의 사회학습이론은 차이가 있다. 그 차이는 첫째, 강화나 벌이 조작적 조건형성이론에서는 학습의 필수적인 요소이지만 사회학습이론에서는 강화가 없이도 관찰을 통해서 학습이 일어난다고 보며, 강화는 단지 동기에 영향을 주는 요인일 뿐이라고 생각한다. 둘째, 사회학습이론에서는 직접적인 강화나 벌 뿐만 아니라 간접적인 것도 비슷한 효과를 가져온다고 본다. 간접적인 강화나 벌은 다른 사람의 행동이 어떤 결과를 가져오는가를 관찰함으로써 일어난다. 예를 들어, 형제가 있다고 할 때, 형이 학교에서 좋은 성적을 받아와서 칭찬을 받는 것을 보고 동생도 자기가 직접 당하는 것과 마찬가지로 비슷한 효과를 나타낸다는 것이다. 이와 같은 경우를 대리강화라고 한다.

Bandura는 학습이론가들과는 달리 행동이 외적 환경의 인과적 배열에 의해 통제되기보다는 행동은 주로 자기 자신에 의해 통제된다고 보았다. 이러한 행동의 자기조절과정에서 영향을 미치는 중요한 두 가지 요인은 자기평가self-evaluation와 자아효능감self-efficacy이다. 자기평가란 자기가 스스로 설정한 수행 기준에 따라 자신의 행동이 만족할 만하다고 평가되면, 그 사람은 내적 강화를 받게 된다. Bandura는 자기 평가로부터 오는 내적 강화는 남들이 제공해 주는 외적 강화보다는 훨씬 더 영향력이 크다고 믿는다. 사실, 외적 강화가 어떤 일에 관여하려는 동기를 감소시키는 경우는 상당히 많이 발견된다.

자기평가의 기준은 직접적 또는 간접적 경험을 통해서 형성되는데, 아동이 높은 수준의 수행수준을 설정하는 경우에는 높은 수준의 행동결과에만 스스로가 보상을 하지만 낮은 수준의 수행수준을 설정하는 경우는 낮은 수준의 수행의 행동결과에 대해서도 스스로를 강화한다. 개인의 수행기준이 너무 높으면 개인적인 고통의 원인이 될 수 있다. 심하면 우울증, 만성적인 무가치감, 목적의식의 결여 등의 증상을 나타내기도 한다. 따라서 적당한 곤란도를 가진 비교적 단기적인 목표들이 가장 만족스럽게 동기를 증가시킨다.

또한 자기가 지각한 자아효능감도 행동의 자기조정에 중요한 역할을 수행한다. 자아효능감이란 자기가 무엇을 잘 할 수 있다는 신념을 말한다. 자아효능감은 모든 과제에 대해 일반화된 것이기보다는 과제에 따라 달라지는 특징이 있는데 예를 들면,

국어과목에 대한 자아효능감은 높지만 수학 과목에 대해서는 낮을 수 있다. 자아효능감은 여러 가지 원천에 의해서 형성되는데, 자신의 성패경험, 타인의 성패에 대한 관찰, 설득 등이 그것이다. 자아효능감이 높은 사람은 낮은 사람보다 더욱 열심히 일에 집중하고, 일을 오랫동안 계속하며 성취에서 앞서게 되며 공포감이 덜하다. 즉, Bandura에 의하면 자아효능감이 높은 사람은 환경에 있는 사실들을 보다 더 잘 통제하며, 불확실성을 덜 경험하게 된다.

Bandura(1977)에 의하면 누군가를 공격하는 행위는 모방에 의하여 학습된다는 결과를 보여준다. 그러므로 Bandura(1977)의 사회학습이론은 학생들의 자신과 타인을 공격하는 행위 뒤에는 공격과 폭력에 노출되었던 경험이 학습으로 발생하는 경우가 대부분임을 시사해 준다.

Theory and Practice of School Counselling

C / H / A / P / T / E / R 03

상담이론의 이해

01 학교 상담이론에 대한 기본 이해

학교상담의 목표는 학교상담을 할 때 상담자가 기본적으로 필요로 하는 상담이론의 기본 지식을 갖도록 하는 데 있다. 상담자가 상담에 대한 이론 정립이 제대로 되어 있지 못할 경우 자신의 가치관이나 성격 등으로 상담에 영향을 줄 수 있는 위험이 있기 때문이다. 따라서 상담이론을 제대로 이해하는 것은 상담자로서의 가장 기초가 된다. 본 장에서는 상담이론의 전반적인 이해를 강조하기보다는 학교상담에서 기초가 되고 필요로 하는 관점에서 간략하게 살펴보고자 한다. 따라서 각각의 상담이론 발전과정, 기본철학, 배경, 이론 등은 생략하고 학교상담에서 기본이 되는 관점에서 상담이론에 대한 일반적인 내용을 살펴보고 상담과정에서 요구되는 상담목표, 상담자의 기능과 역할, 상담 기법을 중심으로 접근하였다.

이러한 각각의 이론은 상담자가 만나는 모든 내담자가 다양한 다른 문제와 인격이기 때문에 상담자는 다양한 관점의 이론적 토대가 반드시 갖추어져야만 상담을 제대로 진행할 수가 있다.

특히 학교상담자는 상담을 처음 접하는 내담자를 만날 가능성이 많기 때문에 그 역할이 매우 중요하다고 할 수 있다. 학교상담자의 초기상담은 상담의 전반적인 방향을 제시하기도 하며 추후 내담자가 다른 상담 기관과 상담을 진행할 때 많은 영향을 주기도 한다. 따라서 상담이론에 대한 기본지식을 제대로 갖추고 있는 상담자는 각각의 내담자를 만날 때 이를 적절하게 상담에 반영하여 자신의 관점이 아닌 보다 객관적이고 합리적인 상담을 할 수 있게 된다. 또한 학교 상담으로 종결할 것인지 아니면 좀 더 추수 상담이 필요할지에 대한 선택에도 영향을 준다.

학교상담에서는 내담자의 문제를 학교 상담에서 단기간에 해결하기보다는 문제를 장기적인 관점에서 앞으로 어떻게 해결할지 학교상담자를 중심으로 하여 담임, 학부모, 내담자, 지원자 등과 함께 총체적으로 논의하는 기회가 되도록 하여야 한다.

상담에 필요한 이론은 여러 관점이 있지만 본 장에서는 학교상담에서 필요한 여섯 가지의 상담이론을 다음과 같이 살펴보고자 한다.

첫 번째 '정신분석 상담'은 내담자의 과거와 무의식을 이해하는 근거가 될 수 있으며 상담의 목표는 부적응적인 무의식적 갈등을 의식화시킴으로써 적응적인 방식으로 대처할 수 있도록 하는 데 있다.

두 번째 '인간중심 상담'은 내담자 스스로 자신의 문제를 찾을 수 있도록 도와주는 역할을 하는 상담으로 내담자가 자신의 왜곡된 지각을 수정하고 현실적인 조화를 통하여 자아실현을 촉진하는 데 있다.

세 번째 '행동수정 상담'은 반복된 행동에 따른 부적응적 요인을 효과적으로 감소하도록 하는 데 있다.

네 번째 '인지적 상담'은 내담자가 가지고 있는 잘못된 정보와 오류를 수정하여 세상과 자신에 대한 왜곡되고 역기능적인 신념을 기능적으로 변화시켜 효과적으로 문제를 해결하도록 하는 데 있다.

다섯 번째 '게슈탈트 상담'은 내담자가 자신의 삶이나 경험에 대하여 회피하거나 왜곡하지 않고 자각하여 책임감을 갖도록 하기 위하여 자신의 욕구를 충족하고 타인과 환경요인을 인식하여 주체적이고 성숙하게 살아가도록 하는 데 있다.

여섯 번째 '현실치료 상담'은 내담자가 지혜롭고 만족스러운 삶을 살아가도록 자신의 기본욕구를 충족하고 타인의 욕구를 충족하며 이를 스스로 선택하는 방법을 배우도록 하는 데 있다.

이러한 학교상담을 위하여 본 장에서는 여섯 가지의 이론들을 제시하여 상담과정의 기초가 되는 이론적 견해를 먼저 살펴보고 상담과정에서 필요한 상담목표, 상담자의 기능과 역할, 상담이론에 따른 상담기법을 간략하게 제시하였다.

02 정신분석 접근 상담

정신분석적 상담은 프로이드Freud에 의해 창안된 인간의 본성에 관한 철학이며 성격발달의 기본 이론으로 심리상담의 중요한 기초 방법으로 다양한 역할을 제공한다. Freud는 신경계통 전공의사로서 사람에게서 나타나는 이상증상은 정신적 갈등에서 비롯된다고 하였다. 그는 히스테리 환자를 통하여 잠재된 욕망을 자유연상, 꿈의 해석, 아동기 때의 경험, 가족관계 분석의 치료기법으로 개발하였다. 이러한 정신분석 치료는 인간에 관하여 크게 무의식과 결정론이라는 두 개의 개념을 기본으로 가정하는 이론이다.

정신분석적 상담에서는 어려서 형성된 무의식적 갈등을 자유연상이나 꿈 해석의 방법, 그림으로 나타내기 등의 방법을 통하여 의식화시킴으로써 내담자가 자신에 대하여 통찰하는 과정으로 정신분석적 상담이 이루어진다.

이러한 Freud의 정신분석적 이론에 영향을 받은 아들러Alder, 융Jung 등은 Freud에서 독립하여 자신의 이론들을 각각 발전시켰다. Freud는 인간본성에 대한 다양한 시사점을 주었지만 오이디푸스 콤플렉스Oedipus copmplex, 엘렉트라 콤플렉스Electra copmplex, 성격고착과 같은 개념은 증명이 어려우며, 민족이나 문화가 다를 경우에 따른 적용의 문제점, 비정상적인 사람들의 성격발달을 정상적인 사람에게도 적용하는 데에는 다소 무리가 따른다는 의견이 있다. 또한 과거의 회상으로 얻어진 결론에 대한 오류, 과학적 기초가 미약하다는 비판도 제시되고 있다(권오균 외, 2011).

신정신분석학파는 이러한 정신분석에 대하여 의문점과 반대론을 제시하고 있는데 인간행동은 결정론과 무의식 이외에 사회적·문화적·대인 관계적 요인들이 포함되어 있음을 강조하고 있다.

따라서 정신분석적 상담에서는 내담자의 심리적 요인을 이해하기 위해서는 각각의 발달의 기본 개념을 이해하고 거기에 근거하여 영유아기를 경험한 무의식을 탐색하는 상담과정이 매우 중요하다고 할 수 있다.

이러한 인간의 성격발달은 크게 삶의 본능eros과 죽음본능thanatos에 의해 이루어지고 삶의 본능은 주로 성욕으로 이루어져 있고 죽음본능은 공격욕으로 되어있다고 본다. Freud는 성격은 5세까지 거의 형성되고 그 이후에는 기본적인 성격구조가 마무리된다고 보았다.

1) 상담과정

(1) 상담목표

정신분석적 상담의 목표는 내담자의 성격구조를 건강하게 변화시킴으로써 부적응적인 무의식적 갈등을 의식화하여 적응적인 방식으로 대처할 수 있도록 하는 데 있다. 정신분석적 상담에서는 의식화되지는 않았지만 마음 속에 존재하는 갈등이 해소되지 않을 경우 여러 가지 부적응 행동 증상으로 나타난다고 본다. 이러한 부적응 행동의 근원에는 불안이 있는데 불안은 현실적 불안, 신경증적 불안, 도덕적 불안 등의 다양한 갈등상황으로 나타난다.

대부분의 정신장애나 부적응 행동은 어린 시절에 경험한 다양한 좌절에 근거를 두고 있다. 정신분석적 상담은 이러한 무의식적인 갈등을 내담자가 자각하고 의식화할 때 해결점을 찾을 수 있다는 것이다. 즉, 무의식적 갈등을 의식화하면 자아의 통제하에서 부적응적인 문제를 통제가 가능한 상태로 조절할 수 있게 된다. 즉, 내담자의 자아의 기능을 강화함으로써 비합리적인 원초아를 제어하게 하는 것이다.

정신분석적 상담에서는 어린 시절을 포함한 인생 전체의 경험을 재구성함으로써 무의식적 갈등을 자각하고 자기이해를 할 수 있게 된다. 이러한 정신분석적 상담을 성공적으로 수행한 내담자는 자신의 무의식적인 증상의 의미를 이해하고 타인과의 관계에서 반복적으로 나타나는 부적응 행동에 대한 관계패턴을 통찰함으로써 부적절한 방어기제를 알아차릴 수 있다. 따라서 이러한 내담자는 불안으로 인한 부적응 행동에서 적응적인 행동을 함으로써 대인관계가 개선되어 건강하고 성숙한 성격으로 변화한다(McWilliams, 1999).

따라서 정신분석적 학교 상담목표는 내담자의 발달에 적합하게 무의식적 불안과 갈등을 자유연상, 꿈 분석, 그림 등의 상담 기법을 통하여 표출하고 의식화하여 통합적으로 변화를 나타낼 수 있도록 하는 것을 목표로 제시할 수 있어야 한다.

(2) 상담자의 기능과 역할

상담자 기능과 역할을 수행하기 위해서는 Freud의 성격이론의 주요개념인 성격의 구조적 모형으로 제시한 원초아, 자아, 초자아의 개념을 이해하고 있어야 한다. 또한 성격의 지형적 모형인 의식, 전의식, 무의식, 심리성적 발달단계에 대한 기본 개념과 다양한 방어기제인 동일시, 억압, 반동현상, 퇴행, 취소, 투사, 승화, 합리화, 부정, 보상 등에 대한 전반적인 개념도 이해하여야 한다.

상담자의 기능은 이러한 기본개념을 갖추고 있는 상태에서 내담자의 과거 경험과 감정을 상담자에게 나타내는 다양한 기법이 필요하다고 할 수 있다. 상담자는 먼저 내담자가 자신에 대하여 다양한 방법으로 나타낼 수 있도록 하는 분위기를 조성하고 라포를 형성하여야 한다. 내담자가 나타내는 여러 가지 의미와 상징에 민감하게 관심을 기울여야 하며 특히 반복적으로 나타내는 단어, 그림, 태도 등을 반영하여 내담자가 스스로 자신의 문제점을 이해할 수 있도록 도와주는 것이 상담자의 기능과 역할이다.

(3) 상담기법

정신분석적 상담에서 상담자는 내담자가 자기의 무의식적인 갈등과 관련한 정보를 내어놓을 수 있도록 하기 위하여 중립적인 태도를 취하여야 한다. 즉, 내담자가 무의식적인 사건에 대하여 반응하는 상황에서 상담자의 영향력을 최소화 하고 내담자의 다양한 감정을 이해하고 자유연상할 수 있도록 격려하는 상황과 분위기를 만들 수 있는 기법이 요구된다. 특히 내담자의 모든 반응에 주의를 기울임으로써 내담자가 자신에 대하여 자연스럽게 나타낼 수 있는 기법을 사용하여야 한다. 이러한 태도를 상담자가 유지하고 내담자가 의식화 하도록 하는 기법으로는 자유연상, 꿈 분석, 전이분석, 저항분석, 해석, 훈습 등이 있다.

① 자유연상 기법

내담자가 누워 있는 편안한 상태에서 억제, 논리적 판단이 없이 떠오르는 생각을 이야기하는 방법으로서 이러한 상태는 억압된 무의식 내용이 자유롭게 떠오를 수 있다는 점을 이용한 기법이다. 이러한 자유연상을 위하여 내담자와의 눈 맞춤을 피하도록 머리맡에 앉아서 내담자의 이야기를 경청하면서 내용과 함께 감정, 목소리, 침묵 등과 같은 다양한 반응을 잘 관찰한다. 특히 아동기의 과거 경험에 대해 자유연상을 통하여 억압된 감정을 말할 수 있는 기법이다. 상담자는 자유연상에서 나타난 내용과 다른 자료들을 통합하여 내담자의 무의식적 갈등을 통한 부적응 행동을 이해하고 해석하는 데 활용하는 기법이다.

② 꿈 분석

내담자의 꿈에 나타난 반복되는 주제나 내용을 분석함으로써 무의식적인 갈등을 발견하는 방법이다. Freud는 꿈을 '무의식에 이르는 왕도'라고 하였는데, 즉 꿈을 통하여 내담자의 무의식 활동에 관한 정보를 얻을 수 있게 된다. 이는 수면 상태에서는 의식의 억제가 약화되어 억압되었던 무의식적 내용들이 의식에 떠오르게 되는데 꿈에 나타나는 증상은 수용되기 어려운 욕구와 기억들이 상징적으로 표현되기 때문이다. 꿈 분석은 내담자의 미해결 문제에 대하여 통찰을 얻을 수 있도록 내담자의 꿈을 통하여 의미를 추출함으로써 무의식에 접근하는 기법이다.

③ 전이분석

내담자가 상담과정에서 상담자에게 나타내는 독특한 감정과 관계 패턴으로 나타나는 현상을 분석하는 것으로 정신분석적 상담의 핵심적인 요소가 된다. 상담자가 중립적인 태도를 취하는 상태에서 내담자는 전이를 나타내는데 이는 내담자가 어린 시절 부모에게서 느꼈던 감정이나 관계 패턴을 상담자에게 나타냄으로서 내담자의 무의식적 갈등을 이해할 수 있다. 따라서 상담이 효과적으로 진행되기 위해서는 전이관계가 형성되어 이를 분석하고 내담자의 무의식적인 갈등과 방어기제를 자각할 수 있다. 또한 상담자가 내담자에게 나타내는 역전이 현상이 나타날 수도 있는데 이를 치료적으로 잘 활용하는 방법도 제시되고 있다.

④ 저항분석

상담과정에서 내담자가 나타내는 저항으로 비협조적인 행동에 대한 의미를 분석하는 기법이다. 즉, 치료시간에 늦게 오기, 꿈을 기억해오지 않기, 상담전반에 반응하지 않기, 자유연상이 되지 않는 것, 상담 회피 등의 형태로 나타난다. 상담자는 이러한 저항행동이 상담활동을 방해하지만 내담자의 무의식적인 갈등을 나타내는 것이기 때문에 이러한 저항을 분석하여 내담자의 무의식적인 갈등을 관찰하면서 무의식적인 의미를 깨달을 수 있는 기회가 되기도 한다.

⑤ 해석

내담자가 상담과정에서 자신의 무의식적인 갈등에 대한 통찰을 얻을 수 있도록 한다. 그러나 통찰에 이르는 수준은 내담자에 따라서 각각 다르므로 상담과정에서 상담자는 무의식적인 갈등에 관한 자료들을 종합하여 이를 해석해 줄 수 있어야 한다. 그러나 이때 내담자가 수용할 수 있는 인식 상태에서 해석을 해주는 것이 바람직하다고 할 수 있다. 이러한 해석은 내담자의 수용 상태에 따라서 역효과를 낼 수 있으므로 상담자가 매우 유념해야 할 기법이다.

⑥ 훈습

내담자가 무의식적인 갈등을 깨닫고 부적응 행동에서 어떻게 적응적 행동으로 실천할 수 있는지 검토하는 과정을 말한다. 상담자는 내담자에게 무의식적인 갈등이 내담자의 생활에서 어떻게 부적응 행동으로 나타나고 있는지를 알고 실천하도록 격려한다. 이러한 훈습은 정신분석적 상담에서 마지막 단계로서 내담자가 어린 시절 경험의 무의식적 갈등 에너지를 성숙하고 건강하게 하는 데 사용하면서 적응적인 행동으로 나아가게 되는 기법이다.

이러한 과정을 통하여 내담자의 내면에 자리 잡은 무의식적인 사랑과 증오, 신뢰와 불신, 독립과 의존과 같은 다양한 양가감정을 회상하고 내담자를 분석하는 상담과정을 통하여 무의식을 의식화 하도록 지지하는 것이 정신분석적 상담 기법이다.

정신분석적 상담은 일반적으로 장기간에 걸쳐서 진행되며 내담자에 따라서 매우 다양한 반응을 일으킨다. 이러한 정신분석적 상담은 정신과 의사 및 심리치료 등에서 장기적으로 사용하는 기법이기도 하다. 그러나 학교 상담 현장에서는 학부모 상담 및 연계 상담 등의 상황에서 정신분석 상담의 기본이 되는 지식이 필요하며 이는 정신분석적 상담이 요구되는지를 판단할 수 있는 상황에 학교상담자가 대처 방안을 제시 할 수 있기 위해서이다.

03 인간중심 접근 상담

인간중심 상담은 로저스Rogers에 의해 창시된 심리 상담기법으로 인간은 자신의 길을 스스로 발견하고 성장해 나갈 수 있는 잠재적인 능력이 있다는 것이 기본철학이다. 이러한 인간을 구체적으로 설명하기 위하여 가상적인 최종 목표, 열등감 극복과 우월감 추구, 생활양식, 사회적 관심, 출생순서와 가족구조, 성격유형론에 관한 주요 개념과 성격이론을 강조한다.

인간중심 상담에서의 최종 목표는 인간의 삶을 목적론적 관점에서 이해하는 것이다. 결정론을 부인하지는 않았지만 인간의 모든 행동은 구체적이든 포괄적이든 어떤 목표를 지향하고 있는데 이러한 목표는 유전이나 환경이 아닌 자유롭고 창의적인 자신의 선택의 산물이다. 개인의 성격을 이해하기 위해서는 내담자가 지닌 허구적인 이상, 즉 가상적 최종 목표를 인식하는 것이 중요하다. 이러한 가상적인 최종 목표는 아동기에 형성되는데 아동기의 자신은 지각하지 못하는 상태의 무의식 수준에서 작용할 수 있다. 이러한 아동기의 목표는 성격통합과 개인의 삶에 영향을 준다.

열등감은 모든 정신 병리에서 일차적 원인이 되기도 하지만 극복하고 보상하려는 긍정적인 측면의 원동력이 될 수도 있다. 그러나 열등의식을 회피하거나 숨기려고 하면 적응하고 성장할 수 없어서 열등 콤플렉스inferiority compiex가 되기도 한다. 열등 콤플렉스의 과잉보상인 우월 콤플렉스superirity compiex는 이상적 자기와 현실적 자기를 혼동하는 것으로 열등 콤플렉스를 보상하려는 과정에서의 노력으로 현실적인 적응을 악화시키고 부적응을 초래하며 필요한 능력 습득을 방해한다. 따라서 학교 상담에서는 내담자가 열등감을 극복하려고 하는지 그것을 회피하려고 하는지를 구별할 수 있어야 한다.

생활양식은 내담자가 가지고 있는 일상적인 사건에 대해서 느끼는 감정과 그것에 반응하는 행동방식을 말하는데, 이러한 생활양식은 내담자의 어린 시절 가족경험, 상호작용, 형제자매에 의해서 영향을 받고 발달한다. 생활양식은 성격과 유사하지만 개인의 독특한 신념, 사고, 감정, 행동을 의미하므로 학교 상담자는 내담자의 이러한 생활양식을 이해할 수 있을 때 부적응적인 신념과 행동을 수정하고 변화를 이끌어 낼수 있어야 한다.

사회적 관심은 정신건강의 중요한 지표로서 공동체감 또는 공동체 의식이라고도 하는데 개인의 내면적인 인식의 체계를 사회적인 환경적 요구와 조화를 이루도록 하는 심리적 태도를 의미한다. 학교상담에서는 내담자가 이러한 조화를 이루기 위하여 타협하고 협동하려는 태도를 파악하여 이를 상담에 적용할 수 있어야 한다.

성격유형론에서는 교육적인 목적을 위해서 타인과의 관계를 맺는 개인의 태도를 네 가지 유형으로 나누어 제시하였다. 지배형, 의존형, 회피형은 사회적 능력과 의지가 결핍되어 있어서 타인과의 갈등이나 문제를 겪게 되며 부적응 상태가 되며, 사회적 공헌형은 타인에게 도움이 되는 방식으로 문제를 해결하는 방식을 나타낸다. 즉, 궁극적인 목표는 개인은 사회적 맥락 속에서 사회적 관심에 근거한 대인관계가 정신건강의 지표가 된다고 할 수 있다고 보았다.

그 외에 인간중심 상담에서는 대부분의 부적응적인 증상은 자기 이해 부족에서 나타나는데, 즉 초기의 열등감에서 시작하여 다양한 부적응적인 방향이 결핍으로 정신 병리를 유발할 수 있다. 정신병리 증상으로는 불안장애, 강박증, 우울증, 중독, 범죄, 정신분열 등의 증상이 나타난다. 학교상담에서는 이러한 부적응적인 요인과 원인으로 상담을 원하는 내담자에게는 적합한 상담 방법을 모색하여 적응적 삶을 살도록 안내해야 한다.

1) 상담과정

(1) 상담목표

인간중심 상담 목표는 상담자가 분위기를 조성하여 내담자가 자신의 문제를 스스로 내어놓음으로써 자신의 문제를 파악할 수 있도록 돕는 데 있다고 할 수 있다. 이러한 분위기에서 내담자는 자신의 왜곡된 지각을 수정하고 현실적인 조화를 통하여 자아실현을 촉진한다.

인간중심 상담에서 상담자는 내담자의 생활양식을 이해하고 내담자의 문제인 부정적인 목표와 신념이 무엇인지를 알고 사회적인 관심을 갖도록 하여 적응적인 목표와 생활양식으로 변화하는 것이다. 이러한 상담목표를 위하여 학교 상담자는 내담자를 존중하고 협력적인 관계를 형성하는 것이 매우 중요하다.

내담자가 생활 속에서 추구하는 목표를 위해서 어떠한 행동을 하는지를 살펴보아야 하며 자신에 대한 불만족, 좌절감, 열등감을 탐색하기 위한 자기 탐색을 하도록 하여야 한다. 또한 공동체 생활에 대한 사회적 관심을 갖고 생활에 참여하는 과제를 효과적으로 수행할 수 있도록 도와주어야 한다. 이러한 목표를 위하여 학교상담자는 유용한 정보를 제공하여 새로운 삶을 살도록 해야 한다.

즉, 인간중심 상담은 내담자의 부정적인 가치관과 태도를 교정하고 사회적 일원으로서 협력하여 살아가는 방식을 가르치는 재교육 과정이 상담의 목표라고 할 수 있다.

(2) 상담자의 기능과 역할

인간중심 상담에서 상담자의 기능과 역할은 내담자에게 영향을 주는 것은 상담자가 가지고 있는 이론이나 상담기법 지식이 아니라 내담자에 대한 상담자의 태도이다. 상담자는 인간으로서의 친밀감을 내담자와 유지하면서 내담자의 치료적인 부분을 촉진하고 성장할 수 있는 분위기를 만들 때 내담자는 방어적인 태도에서 자신을 정직하게 탐색할 수 있는 과정으로 들어올 수 있게 된다. 이러한 환경에서 내담자는 자신에 관하여 스스로 알아차리고 자기이해로 들어갈 수 있다.

따라서 내담자 자기 스스로가 인식하는 자기상과 현실적으로 나타나는 자기가 서로 일치하지 않는 상태를 알아차릴 수 있도록 하는 것이 인간중심 상담에서 상담자의 역할이다. 일반적으로 갈등이나 부적응 문제의 내담자는 생각이나 태도에서 자신의 감정을 알아차리거나 융통성 있는 사고가 다소 결여되어 있으며 자신의 내면세계에 대하여 스스로 탐색하기를 어려워한다.

무조건적 긍정적 존중은 상담자가 내담자를 한 인간으로서 존중하고 그에 따른 부적응적인 행동이나 사고를 평가하거나 판단하지 않고 그대로 받아들이는 상태를 말한다.

이와 같은 상황에서 내담자는 스스로 자신이 이해 받고 있다는 느낌을 갖게 되며 상담자에게 자신의 있는 모습 그대로 드러내 보이는 과정에서 자기이해와 탐색의 길로 들어서게 되고 타인 이해와 타인 탐색을 통하여 자신의 부적응 요인을 적응적으로 승화할 수 있다. 인간중심 상담에서 공감적 이해는 내담자를 동정이나 동일시하는 것이 아니라 상담자가 내담자의 관점에서 공감하고 이해하는 것이 가장 중요한 상담자의 기능과 역할이다.

(3) 상담기법

인간중심 상담에서 Adler는 부적응 문제를 병리적인 것으로 여기지 않았는데 부적응 문제를 가지고 있는 대상은 치료의 대상이라기보다는 교육을 통하여 바로 잡아야 할 것으로 여겼다. 이러한 이유로 Adler의 인간중심 상담은 개입방법이나 치료에 대하여 명칭을 밝히지 않았다. 그러나 그의 동료들은 내담자 개인의 부적응적인 문제해결을 위해 적용했던 개입방법에 명칭을 부여하였다.

인간중심 상담에서는 솔직성, 무조건적 긍정적 존중, 공감적 이해의 상담자의 태도를 강조하면서 반영·명료화·공감적 반응 등을 상담자의 기법으로 사용하고 있으면서 변화하고 발전하고 있다. 이러한 상담기법의 이론들이 발달하는 과정에서 역점을 둔 접근에 대하여 시대적으로 발달한 과정을 살펴보면 다음과 같다.

1단계는 '비지시적 접근 단계'로서 허용적인 분위기에서 간섭을 하지 않고 내담자의 감정을 수용하면서 명료화 해주는 접근 방법이다.

2단계는 '반영적 접근 단계'로서 내담자의 감정을 거울에 비추는 것과 같이 민감하게 반영하고 반응해주는 접근 방법이다.

3단계는 '감정 경험 강조의 접근 방법'으로 내담자와의 관계에서 느끼는 상담자의 감정을 직접적으로 표현하면서 적극적으로 융통성을 가지는 상담을 통하여 상담자의 인격의 중요성에 대하여 부각되는 단계이다.

4단계는 '공감적 경험의 접근'으로 상담자의 솔직성·무조건적 존중이나 배려·심층적 이해의 중요성을 상담에서 공감적으로 경험하는 과정을 중요시 하였다.

이와 같이 내담자가 어떠한 부적응 요인이든지 상담자의 공감적 태도는 상담에서 내담자가 변화할 수 있는 가장 기본적인 요인이라고 보았다. 이와 같이 인간중심 상담은 시대적으로 변화과정을 통하여 다양한 접근 방법으로 발달하였다.

인간중심 상담에서 Adler의 공헌 중에 특히 상담 시 구체적인 개입방법을 제시하여 심리치료와 다양한 교육활동과 집단프로그램을 통하여 내담자의 변화를 이끌어 낼 수 있는 열 가지 방법은 다음과 같다.

① 생활양식 분석

생활양식의 분석을 위해 가족구도, 가족분위기, 가족가치, 성역할 지침, 가족역할, 초기 발달적 경험 등의 정보들을 수집하여 내담자에 관한 보고서를 작성한다. 상담자는 보고서를 바탕으로 내담자의 신념, 목표, 동기, 행동규칙을 점검한다. 이러한 생활양식을 분석하는 목적은 내담자 자신의 부적응적인 요소의 변화를 위하여 의식화 하는 상담방법으로 활용할 수 있기 때문이다.

② 격려

인간중심 상담 시 가장 보편적으로 사용하는 상담 개입방법으로 내담자에게 용기를 주는 과정으로 개인이 고난과 역경에 처했을 때 그것을 견뎌내는 능력과 의지를 발달시키고 자신이 존중 받는 존재라는 인식을 통하여 공동체감과 자신감을 촉진시키는 요인이 된다.

③ 마치 ~인 것처럼 행동하기

내담자가 성취할 수 없는 행동을 할 수 있는 행동처럼 해보는 방법이다. 즉, 불가능한 것을 가능한 것처럼 행동함으로써 자신의 신념이나 문제의식에 대하여 통찰하고 새로운 행동을 시도할 수 있는 신념을 갖도록 하는 것이다. 또한 상담자는 내담자에게 이러한 과정을 통하여 자존감을 높이고 새로운 목표를 재정립할 수 있도록 돕는다.

④ 수렁피하기

내담자의 자기 파괴적인 행동에 대하여 새로운 방식을 제안하여 난처한 상황을 피하도록 하는 기법이다.

⑤ 자신을 포착하기

내담자가 부적응적인 행동을 반복적으로 하는 것을 자각하게 하는 문제행동이 나타나는 것을 예고하는 징후를 밝혀서 내담자가 스스로 자제하는 행동을 하도록 하는 기법이다.

⑥ 단추 누르기

내담자가 자기의 감정을 통제할 수 있도록 하는 기법으로 유쾌하고 불쾌한 감정에서 어떤 감정을 선택할 것인지 결정하여 부적응 행동을 절제할 수 있도록 돕는 기법이다.

⑦ 스프에 침 뱉기

내담자의 반복적인 자기파멸적 부적응 행동을 유발하는 내면적 동기에 침을 뱉어서 혐오감을 갖게 함으로써 행동의 반복을 억제하는 기법이다.

⑧ 즉시성

상담에서 상호 작용 시에 일어나는 사건을 통하여 내담자의 부적응 행동임을 즉시 자각하여 감추어진 동기를 외면하지 못하고 자각함으로써 부적응 행동으로부터 자기 자신을 분리시켜서 깨닫도록 하는 기법이다.

⑨ 직면

자신의 잘못된 신념이나 목표를 스스로 자각하도록 하는 것으로 논리나 합리화, 신념과 태도, 사적 목표, 파괴적 행동에 대하여 자신의 감정과 행동을 변화시킬 수 있는 직접적인 계기를 제공하기도 하나 내담자에 따라서 신중하게 적용되어야 하는 기법이다.

⑩ 과제부여

내담자의 동의 하에 부적응 행동에 대하여 구체적인 과제를 수행하여 문제를 해결하도록 내담자가 과제를 수행하고 수정함으로써 성공적인 방향으로 변화할 수 있는 목표를 설정하도록 돕는 기법이다.

위와 같은 상담의 효과를 위해서 먼저 내담자와의 관계형성을 바탕으로 내담자를 탐색하여 정보를 수집하고 이를 근거로 하여 해석하는 과정을 통하여 마지막에는 재교육과 방향 재설정의 단계를 통하여 행동 변화를 하는 것이다. 이러한 기법의 효과를 위하여 내담자와 상담자의 참여와 협력은 상담자의 능력에 의해서 결정된다.

04 행동수정 상담

행동수정 상담은 한 사람의 역량에 의해서가 아니라 공동의 노력으로 발전하였다. 그러나 학습 원리를 임상적으로 적용하기에는 많은 어려움이 있었는데 이는 복잡한 인간의 문제를 단순하고 기계적으로 적용하려는 데에 있었다.

행동수정 상담은 조건형성의 원리로 야뇨증, 공포증 등의 치료 효과를 거두었으며 아이젠크Eysenck는 인간의 행동과 정서 장애를 치료하고 상담하는 시도를 하기도 하였다. 행동수정은 과학정신에 근거한 행동주의 심리학의 이론 체계에 바탕을 둔 학습 원리를 심리치료에 응용한 것으로 객관적으로 관찰할 수 있고 측정 가능한 행동을 상담대상으로 하기 때문에 상담의 효율성과 성과 정도 등을 객관적으로 평가할 수 있다. 이러한 점에서 정신분석적 상담과 대조적이라고 할 수 있다.

행동주의자들은 대부분의 인간의 행동은 학습된 것으로 보기 때문에 학습 원리를 통하여 인간의 행동을 파악한다. 초기의 행동주의자들은 엄격한 결정론적 입장에서 조건형성의 원리를 이용하여 부적응 문제행동을 수정하고 다루었다. 그러나 현대에서는 내담자의 정서, 인지, 감정, 사고 등을 중요시 하는 인지적 접근과 통합하는 경향을 나타내는 인지행동기법, 행동적인지기법 등의 용어를 사용한다.

이러한 행동수정에서는 부적응 행동이 고전적 조건형성, 조작적 조건형성, 사회적 학습과 같은 학습이론에 의해서 유지된다고 설명한다. 이러한 부적응 행동 제거를 위해서는 행동조성, 역조건 형성, 체계적 둔감법, 노출 홍수법, 사회적 기술훈련을 통하여 적응 행동으로 변화할 수 있다. 현재 행동치료는 독자적인 상담 방법을 하기도 하지만 인지적 상담과 접목하여 인지행동상담으로 변화 발전하고 있는 중이다.

또한 행동주의는 외현적 행동의 변화를 중시하고 현재의 부적응 문제 행동에 단기간의 상담을 선호한다. 따라서 상담 시에는 외현적으로 보여지는 행동에 초점을 맞추어서 목표를 설정하여 상담을 진행한다.

이러한 행동수정 상담은 불안장애에 특히 효과가 있는 것으로 검증되고 있으나 우울증 등의 증상에서는 효과를 보이지 못하고 있다. 그러나 행동수정 상담에서 과학적인 접근으로서의 상담 기법을 제시한 점은 역사적으로 의미가 있다고 할 수 있다.

행동수정은 실험실에서 얻어진 학습 원리를 상담에 적용한 기법 중의 하나이다. 학교상담에서 교사나 상담자가 자주 사용하고 있는 기법들 중의 하나이다. 정신분석학파에서는 근본적인 원인은 제거되지 않는 이상 내담자의 부적응 행동은 다시 나타날 수 있다고 하면서 행동수정 기법에 대하여 비판하고 있다. 그러나 행동수정 추수 연구들에서는 부적응 행동이 부작용 없이 적응적 행동으로 변화될 수 있음을 보여주고 있다. 특히 공포증, 불안신경증, 야뇨증, 약물중독, 알코올 중독 등의 상담에서는 행동수정 상담이 많은 효과를 보고 있다.

행동수정 상담은 구체적으로 나타나는 부적응 행동 요인을 수정하는 데는 효과적이지만, 사회관계영역의 대인관계 등과 같은 부적응 행동 문제에서는 적용이 다소 어렵다고 보기도 한다. 또한 인생 전반의 의미나 자아실현 등에 초점을 두고 하는 상담 또한 부적합하다고 할 수 있다. 그러나 학교상담 현장에서는 정서지능에 기반을 둔 교사와 친구들과의 관계에서 어려움을 보이는 대상자가 많기 때문에 이런 경우에는 문제를 세분하거나 상담회기 중에 간헐적으로 도움을 줄 수 있는 방법을 사용할 수도 있다. 또한 행동수정 상담은 현장에서는 좀 더 구체적이고 심리적으로 접근할 때 반복된 행동에 따른 부적응 행동 요인을 감소하는 데 효과적인 상담기법이라고 할 수 있다. 특히 행동수정 상담은 인본주의적 상담 및 인지적 상담 기법을 적용하면서 상담의 영역을 확대하여 현재는 상담현장에서 다양한 방법으로 발전하고 적용되고 있다.

1) 상담과정

(1) 상담목표

행동수정 상담에서는 내담자의 부적응 행동을 변화시키기 위하여 문제행동을 제거시키고 긍정적인 행동을 습득하도록 돕는 것이 상담의 목표이다. 즉, 성격변화, 인격성장, 자아실현 등의 포괄적인 목표를 추구하기보다는 구체적인 행동의 변화를 하도록 상담한다. 이러한 행동수정 상담에서는 인간의 심리 과정은 객관적으로 관찰이 불가능한 내면적인 현상보다는 측정 가능한 외현적 행동에 초점을 맞추어야 하는데 내담자의 부적응 행동이 환경 요인에 의해서 학습되고 강화되었기 때문에 부적응 행동을 제거하고 상담을 통해서 새로운 적응적 행동을 하는 것이 행동주의의 기본 목표이다.

따라서 행동수정 상담에서는 내담자를 위한 상담 목표를 매우 구체적으로 하여야 한다. 상담자는 상담초기에 내담자가 나타내는 표면적 행동을 명확하게 관찰하여 부적응 행동 요인을 찾고 변화를 이끌 수 있도록 집중해야 한다. 대부분의 경우 내담자는 부적응 행동으로 인하여 상담에 의뢰되므로 상담자, 내담자, 의뢰자, 보호자와 함께 협의하여 부적응 문제에 대하여 논의하고 해결 방법을 모색하여야 한다. 내담자의 행동수정 상담에서는 이와 같이 협의된 부적응 문제 행동을 분석하기 위하여 관련된 선행사건이나 결과를 평가하고 부적응 행동의 요인에 대하여 가설을 세우고 구체적으로 상담계획에 따른 상담 기법을 정한다.

특히 행동수정에서는 성공적인 상담을 위하여 내담자의 협조와 동기가 매우 필요하다. 행동수정에서는 목표를 달성하기 위하여 먼저 내담자가 자기의 감정을 자유롭게 표현할 수 있도록 하는 훈련을 하여야 한다. 이러한 적응 훈련을 위하여 주변 환경요인에서 내담자의 활동에 저해되는 다양한 요인을 찾아서 제거하고 내담자의 일상을 방해하는 내면의 갈등 요소를 해소하도록 도와주는 것도 매우 중요하다.

행동수정 상담에서는 내담자와 함께 구체적으로 상담목표를 정하는데 이때 내담자의 부적응 행동에 대하여 구체적인 계약을 명시할 수도 있다. 상담자는 내담자와의 상담 과정에 따른 목표를 수시로 평가하고 측정함으로써 내담자의 부적응 행동이 어떻게 감소하여 적응해 가는지를 지속적으로 평가한다.

(2) 상담자의 기능과 역할

행동수정 상담 시 상담자의 태도는 의도적·비의도적으로 내담자에게 영향을 미친다. 행동수정 상담자는 내담자의 문제 행동에 대하여 구체적이고 지시적인 역할을 하여야 한다. 행동수정에서 내담자는 상담자의 행동, 태도, 가치관, 신념 등을 자기의 것으로 받아들이기도 하기 때문이다. 상담자는 내담자가 행동수정 상담에 대한 기본을 이해하고 목표설정이나 결정하는 과정에서도 적극적으로 참여할 수 있도록 하여야 한다. 이러한 과정을 위하여 상담자의 지시에 따라 일상생활까지도 적극적으로 확대하여 내담자의 행동을 상담 장면에서 연결할 수 있어야 한다.

또한 행동수정 상담자는 내담자의 바람직한 행동에 대해서는 기능을 발휘하여 적절하게 강화해 주는 것이 상담자의 역할로서 매우 중요하다. 상담자와 내담자 간의 상호관계 형성을 위하여 상담자가 내담자를 이해하고 수용하는 태도는 모든 상담의 기본이다. 행동수정 상담에서도 상담자는 내담자에게 협력하여 유익함을 제공해주는 기능과 역할을 하는 방법이 요구된다고 할 수 있다.

(3) 상담기법

행동수정에서의 상담기법은 다른 상담에 비하여 간결하다. 부적응 문제행동을 제거하고 적응적 행동을 학습함으로써 내담자가 적응하고 개선하도록 하는 것이다. 부적응 문제 행동은 고전적 조건형성, 조작적 조건형성, 모델링 등의 다양한 기법을 통해서 적용된다.

이러한 행동수정의 강점은 다른 상담과 비교해서 매우 구체적이고 다양하다는 것이며 내담자의 부적응 행동의 특성에 따라 체계적으로 계획하여 상담을 계획한다. 행동수정 상담기법은 크게 두 가지로 부적응 행동을 감소시키는 것과 적응 행동을 증진하는 것으로 다음과 같이 나누어 볼 수 있다.

① 부적응 행동을 감소시키는 기법

모든 영역에 영향을 주는 부적응 행동을 약화시키기 위한 상담기법으로는 소거, 혐오적 조건형성, 노출 및 반응방지법, 상호억제, 체계적 둔감법 등이 있다.

ⓐ 소거: 부적응 행동이 반복적으로 나타나게 하는 강화 요인을 제거하는 것으로서 부적응적인 행동은 다양한 보상에 의하여 강화가 되었기 때문에 이러한 강화요인을 찾아서 차단하게 되면 그 행동이 감소된다. 어린 아동의 문제행동은 부모나 교사가 반복적으로 관심을 통해 강화를 받는데 내담자가 기대하는 관심을 차단함으로써 문제행동이 감소하게 된다.

ⓑ 혐오적 조건형성: 보상을 이용하여 내담자와 상담자가 긍정적인 영향을 미치기도 하는데 때로는 문제행동에 따라 불쾌한 경험을 통해서 행동을 변화시키는 기법이다. 학교상담에서는 부적응 행동을 하는 경우 타임아웃time out 등을 사용하기도 한다. 그 외에 금연과 질병을 연계한 방법이나 알코올 중독의 경우 구토유발 약처방을 통해 불쾌경험이나 상상하기 등의 상담기법이 사용되고 있다. 그러나 이러한 기법은 정서적으로 부정적인 영향을 미치지 않도록 하여야 하며 내담자의 권리를 존중하는 가운데 시행되어야 한다. 이러한 혐오적 조건형성 상담은 중독행동치료에서 효과를 나타내는 것으로 보고되고 있다.

ⓒ 노출법: 특히 행동수정 상담에서 중요한 기법 중의 하나이다. 내담자가 두려워하는 상황에 반복적으로 노출시켜서 직면하게 하여 자극상황에서 불안을 감소시킴으로써 둔감화 현상을 가져오게 하는 기법이다. 즉, 자극상황과 문제행동의 연합을 차단하는 기법으로 강박행동 치료에 효과적이다. 이러한 노출법은 실제상황 노출법, 상상적 노출법, 점진적 노출법, 급진적 노출법, 내파법 등이 있는데 이러한 기법은 내담자의 불안감을 높일 수 있으므로 신중하게 사용하여야 한다.

ⓓ 체계적 둔감법: 울프Wolpe에 의해 개발된 공포나 불안장애 등의 내담자에게 효과적인 것으로 알려져 있는 대표적인 기법이다. 이러한 체계적 둔감법은 몇 가지의 단계를 거쳐서 불안, 분노, 천식, 발작, 불면증, 악몽과 같은 문제의 치료에도 활용되고 있다. 또한 바람직한 행동에 대한 상반행동 강화방법, 모방대상 관찰 등을 통한 모방학습이나 역할극 등 다양한 기법이 있다.

② 적응 행동을 증진시키는 기법

적응 행동을 증진시키기 위한 상담기법으로는 행동조성법, 모델링, 활동계획 세우기, 생활기술 훈련, 자기지시훈련, 환표이용법이 있다.

ⓐ 행동조성법: 부적응 행동을 조작적 조건형성의 원리를 이용하여 적응적 행동으로 형성하게 하는 기법이다. 내담자의 부적응적인 행동에 따른 강화물을 제거하고 긍정적인 강화를 해주는 방법으로 긍정적이고 적응적 행동을 나타낼 때 칭찬과 보상으로 강화를 해주고 부적응 행동을 할 경우에는 무시하는 기법이다. 이러한 행동 조성법을 통하여 문제행동을 교정하고 바람직한 행동을 하도록 하는 데 매우 효과적인 기법이다.

ⓑ 모델링: 타인의 적응적 행동을 관찰하고 모방하게 하는 상담 기법으로 몇 가지의 효과를 얻을 수 있다. 모델링을 보면서 적응적 행동이 어떤 것인지 구체적으로 가르칠 수 있으며, 비슷하게 따라하면서 적응적 행동을 실천하도록 유도하며, 모델링의 적응적 행동에 대한 동기를 강화할 수 있으며, 모델을 관찰하고 구체적으로 인식하고 행동함으로써 불안을 줄일 수 있으며, 자신이 하는 문제 행동을 구체적으로 인식하고 습득하여 모델의 역할을 직접 수행하며 부적응 행동을 감소할 수도 있다. 이러한 모델링은 행동치료법과 함께 사용할 수 있으며 특히 대인관계 개선, 자기주장하기, 데이트 행동, 협상기술, 갈등해결 기술 등의 사회적 기술에서 효과적으로 활용된다.

ⓒ 활동계획 세우기: 구체적인 계획을 세우고 실천하도록 하는 방법으로 내담자에게 생활 전반의 방향성과 기대감을 제공하여 무계획적이고 무기력한 생활을 개선하도록 돕는다. 내담자가 계획대로 행동하면서 보상과 성취감을 갖고 정서적으로 안정감을 찾을 수 있게 된다. 습관, 실직, 고립, 우울증 등에서 벗어나도록 도울 수 있는 기법이다.

ⓓ 생활기술 훈련: 적응적인 생활을 하기 위한 여러 가지 기술을 가르치는 기법이다. 발표, 의사소통, 의사결정, 문제해결, 감정표현, 분노, 자녀양육 등과 같은 상황에서 생활기술을 배우며 일상생활에서 적응할 수 있는 수준을 훈련하는 기술이다.

ⓔ 자기지시훈련: 인지 행동적 기법으로서 내담자가 스스로 적응 행동을 하도록 돕는 방법이다. 이 방법은 적응행동을 지속적으로 하지 못하는 내담자에게 도움이 되는 기법으로 귓속말 형태의 자기지시로 동기를 강화하고 이를 실천했

을 경우 행동의 결과에 대하여 자기보상을 함으로써 자기통제능력을 실천하도록 하는 기법이다.

ⓕ 환표이용법: 토큰강화라고 하는데 다양한 기관에서 적용하고 있는 기법이다. 이 기법은 행동에 대한 규칙을 정하고 바람직한 행동을 했을 경우 강화물을 사용하여 보상을 하는 기법이다. 정신병원, 교도소, 학교 등에서 사용되어지고 있다. 이 방법은 내담자의 행동에 대하여 상담자가 세밀하고 체계적으로 계획하여야 하며 이에 따른 결과인 강화물에 따른 보상에 대하여서도 다양한 기법을 이용한다.

위와 같은 행동수정 기법을 적용한 상담은 대부분 단기간에 집중적으로 적용한다. 또한 상담자가 내담자의 증상에 따라 입증된 상담방법을 사용하는 것이 행동수정 상담의 특성이며 일반적인 과정은 내담자의 문제를 탐색한 후 문제행동의 평가와 분석을 하며 목표를 설정하고 상담계획 수립 및 실행한 후에 상담의 효과를 평가하고 재발방지 계획을 수립하는 절차로 진행한다.

05 인지적 접근 상담이론

인지상담은 벡Beck에 의해 개발된 상담기법으로 인지적 요인을 효과적으로 개입하는 방법을 말한다. 인지상담의 이론적 공헌은 개인의 내면 경험을 과학 연구의 영역으로 개발한 것이다. 정신분석에서 말하는 무의식 결정론 이론뿐만 아니라 행동주의의 환경 이론까지도 극복할 수 있는 현상학적인 관점에서 이론적 체계를 제시하였다. 즉, 인간의 행동은 환경이나 무의식에 의해서 결정되는 것보다는 세상을 어떻게 구성하여 인식하는지에 의해서 결정된다는 관점으로 다양한 장애를 설명하는 이론적 체계를 확장하였다.

인지적 접근 상담은 부적응 행동의 원인을 내담자의 잘못된 사고과정(인지과정)을 수정하고 변화시킴으로서 재구성하는 것이다. 이러한 인지적 접근 상담은 크게 엘리스Ellis의 정서 상담치료와 Beck의 인지치료로 나누는데 여기서는 Beck의 인지치료에 대해서 살펴보고자 한다.

Beck은 우울증 내담자의 사고과정을 연구하면서 자기, 타인, 세상에 대하여 부정적인 사고가 자동적으로 사고하는 과정을 발견하고 인지적 특성에 맞는 상담 방법을 개발하여 내담자가 자각하도록 하는 상담기법을 개발하였다. 이러한 인지적 상담은 내담자의 인지의 변화에 초점을 맞추고 구조화하는 단기상담이다. 내담자는 상담자와 서로 협력적인 관계에서 부정적인 사고와 역기능적인 신념을 현실적이고 적응적인 인지로 변화시킨다.

인지적 접근 상담은 우울, 불안 등의 치료와 상담에 효과가 있음이 입증되었으며 특히 우울증은 약물치료와 비슷하거나 더 우수한 결과를 나타내는 것으로 보고되고 있다. 그 외에 공포증, 공황장애, 강박, 불안, 섭식, 자살, 약물중독, 만성통증, 스트레스, 가족문제 등의 다양한 영역에서 효과를 나타내고 있다.

특히 인지상담은 현대의 상담과 치료에서 가장 많이 적용되고 있는 상담 방법이기도 하다. 이러한 인지상담은 체계적인 이론과 실제적인 근거를 가지고 있으며 상담의 효과 또한 입증되어 있고 비용이나 시간 측면에서도 경제적이다. 또한 인지상담은 이론이 구체적이고 적용하기가 수월하기 때문에 상담을 훈련하고 양성하는 방법 또한 큰 장점이라고 할 수 있다.

그러나 인지상담은 여러 가지 장점이나 공헌이 있으나 감정을 다루지 않고 상담자와의 관계를 경시한다는 비판도 제기되고 있다. 인지상담에서는 역기능적 신념이나 자동적 사고 등에서 부적응적인 행동이나 감정이 어떻게 행동의 변화를 유발하는지에 대한 증거는 부족한 상태이다. 또한 인지상담을 적용하는 대상의 한계점으로는 일반적으로 학력이나 지능이 낮거나 내성이 부족한 내담자에게 적절치 않은 것으로 알려져 있으며 성격장애나 위기상황 등의 내담자에게 적용할 경우에는 주의가 필요하다. 그러나 현재는 상담 현장에서 가장 많이 사용되고 있는데 이는 상담에서 체계적인 이론과 다양한 근거를 가지고 있어서 상담자를 훈련하고 양성하는 데도 큰 장점이 된다. 또한 상담 시간과 비용의 측면에서도 경제적이며 상담의 효과도 입증되어 있어서 현대 상담에서 다양한 기법으로 통합하고 확장되고 있다.

1) 상담과정

(1) 상담목표

인지상담은 내담자가 가지고 있는 잘못된 정보와 오류를 수정하여 효과적으로 기능하도록 하는 것이다. 내담자가 세상과 자신에 대한 왜곡되고 역기능적인 신념을 기능적으로 변화시켜 효과적인 문제 해결자가 되도록 돕는 것이다.

인지상담은 먼저 내담자의 증상을 완화시키는 데 초점을 맞추지만 궁극적으로는 편향되고 경직된 사고를 변화시키는 것을 목표로 해야 한다. 이러한 인지상담은 내담자가 자신이 가지고 있는 신념에 대하여 알아차리고 그것에 대하여 타당성을 점검한 후 자신이 변화되어야 하는 관점에 대하여 스스로 변화시키는 기술을 배울 수 있도록 한다. 이러한 인지상담은 내담자가 자신의 내면적인 사고와 신념을 자각함으로써 지혜로운 삶을 살도록 돕는 것이 궁극적인 목표이다.

인지상담은 정신 병리를 유발할 수 있는 자동적 사고, 중간신념, 핵심신념, 인지 도식을 순차적으로 수정하는데 먼저 자신이 자각하기 쉽고 수정하기 쉬운 자동적 사고에서 시작하여 점점 자각이 어려운 수준으로 인지를 수정해나가는 방법을 사용한다. 상담의 효과에 따라 진행이 어느 정도 되면 내면 깊이 있는 신념을 자각하고 수정할 수 있도록 역기능적인 신념에 초점을 맞추어 변화하도록 하여야 한다.

이러한 인지상담은 심리교육모델에 근거를 하고 있기 때문에 자신의 부정적인 사고를 인식하고 이것을 변화시키려는 역량을 키울 수 있는 몇 가지의 기술을 배우도록 하여야 한다. 첫째, 자기의 부정적인 자동적 사고를 관찰하고, 둘째, 인지와 정서 행동의 관련성을 인식하고, 셋째, 이러한 자동적인 사고에 대한 증거를 검토하고, 넷째, 잘못된 인지사고를 현실적인 대안 사고로 대체한 후에 자신의 역기능적인 신념을 파악한 후에 이를 수정하도록 상담하여야 한다.

(2) 상담자의 기능과 역할

인지상담에서는 내담자가 자기의 심리적인 불편감을 이해하고 이를 해결할 수 있는 능력을 내담자가 가지고 있다는 전제하에서 상담을 진행한다. 우울증 등의 부적응 행동의 내담자는 자신의 현재와 미래에 대하여 부정적인 자동적 사고를 가지고 있다. 이러한 부정적 사고는 내담자의 생활 전반에 관하여 인지적 오류를 나타내게 된다. 이런 오류는 이분법적 사고, 과잉일반화, 자기의 기분에 근거한 추론 등이 있다.

대부분의 내담자는 '역기능적인 가정'이나 도식을 가지고 있는데 이는 어린 시절의 경험에 의하여 형성되기 때문에 상담자는 내담자의 왜곡된 부분을 발견하고 이를 현실적인 안목에서 학습하도록 하는 역할을 하여야 한다. 이러한 상담자의 기능을 하기 위하여 내담자와의 관계를 잘 형성하여야 하며, 내담자가 스스로 자기의 문제를 인지할 수 있는 질문법 등을 사용하여야 한다. 또한 인지상담은 단기간에 다양한 결과를 나타내지만 우선 상담자가 인지상담 기법을 충분히 습득하여 기능을 발휘할 수 있도록 하는 것이 상담자의 기능과 역할의 기본이 된다.

(3) 상담기법

인지상담 기법에서는 다양한 기법이 있는데 핵심적인 네 가지의 지침을 제시하고 있는 기법으로는 인지적 모델에 근거한 사례 개념화, 협동적 경험, 소크라테스식 대화, 인도된 발견이라는 지침에 근거하여 역기능적인 인지를 알아차리고, 타당성을 검토한 후에 다음과 같은 대안적인 대처방법을 사용한다.

① 인지모델에 근거한 사례 개념화

사례개념화는 상담 시 내담자와의 면담한 내용을 통하여 자동적 사고, 중간신념, 핵심신념, 보상전략의 기본 틀에 의하여 설정하는 과정으로 성장배경도 함께 탐색해야 한다.

② 협동적 경험주의

내담자의 문제는 내담자의 경험에 근거하여 상담자와 내담자가 협동적으로 동등한 관계에서 투명하게 공유하여야 한다.

③ 소크라테스식 대화

인지적 상담은 내담자에게 질문을 통해 대화하는 방식으로 상담자가 해결책을 제시나 논박을 하기보다는 내담자가 스스로 자신의 해결책을 찾도록 도와주는 것이다. 상담자가 질문을 사용하게 되면 자기의 경험이나 내면적인 사고를 자세하게 탐색할 수 있게 된다. 소크라테스식 대화는 충고 또는 지시 대신에 질문을 통해서 내담자가 스스로 바람직한 결론에 도달할 수 있도록 도와주는 상담 방법이다.

④ 인도된 발견

내담자가 부정적인 생각이나 오류를 알아차리고 대안적인 사고를 스스로 할 수 있도록 내담자의 안내자가 되는 것이다. 내담자의 생각을 바꾸도록 하는 것이 아니라 자기의 논리적인 오류나 왜곡을 발견하도록 인도하는 것이다.

⑤ 역기능적 사고 기록지

내담자에게 일일 기록지를 사용하게 하여 불쾌한 감정을 느끼게 되는 사건을 기록하도록 숙제를 내주고 그 기록지를 바탕으로 하여 대화를 나누는 방법이다. 이러한 과정을 통해서 내담자는 자기의 감정과 사고를 인식할 수 있는 능력과 사고 능력을 키울 수 있다.

⑥ 하향 화살표 기법

자동적 사고의 역기능적인 신념을 찾아가는 방법으로 내담자의 사고내용에 대해서 "이러한 생각이 무엇을 의미하는지?", "왜 이런 생각 때문에 괴로워하는지?" 등을 질문함으로써 부정적인 자신의 신념을 탐색하는 기법이다.

⑦ **행동실험**

내담자의 사고에 대하여 타당성을 검증하는 기법으로 자신의 행동에 대하여 다른 사람의 생각이나 반응에 대하여 실험해 보는 방법이다. 부정적일 것으로 예상하는 걱정이나 근심을 행동실험을 통해 잘못된 것을 알아채는 기법이다.

⑧ **이성적-감정적 역할 연기**

자기의 신념이 역기능적인 것을 알고 있는 상태에서 상담자와 내담자가 입장을 논의한 후에 서로의 역할을 바꾸어 역할 연기를 통하여 자신의 판단에 대하여 정리할 수 있도록 하는 기법이다.

⑨ **대처 카드**

자신의 부정적 사고의 문제점에 대해서는 알지만 습관화된 사고 때문에 적응하지 못하는 습관을 위하여 카드를 사용하여 활동하는 기법이다. 대처 카드를 내담자가 늘 가지고 다니거나 볼 수 있는 곳에서 사용할 수 있도록 하는 것이다.

⑩ **활동계획표 사용**

시간대별로 구체적인 내용을 일정관리처럼 기록하여 매일 활동계획을 세워서 생활하도록 돕는 기법이다. 이러한 계획표는 내담자가 자신의 일상생활을 구체적으로 관찰하는 기회가 되며 생활에 활력을 주기도 한다. 따라서 내담자가 상담자와 협력하여 계획을 세우고 자신감을 갖게 한다.

⑪ **과제부여 방법**

내담자에게 다양한 과제를 제시하여 적응 기술을 습득하게 하는 기법이다. 이때 내담자가 성공을 거둘 수 있도록 쉬운 것부터 점차적으로 어려운 과제를 점진적으로 부여해야 한다.

이 외에도 인지적 상담에서는 특정한 상황에 적절하게 할 수 있는 역할 연기와 주장훈련 같은 여러 가지 기법이 사용되고 있다. 이러한 인지적 상담은 20회 이내의 단기상담으로 하기에 적절하나 상태에 따라 장기화 될 수도 있다.

인지적 상담은 어느 정도는 구조화된 상담을 진행하지만 내담자의 특성이나 상담계획 기타 상황에 따라 융통성 있게 실시하나 초기, 중기, 후기로 나누어서 살펴보면 다음과 같다(DeRubeis & Beck, 1988).

ⓐ 인지적 상담 초기: 상담 초기과정은 사전 면접을 포함하여 3~4회기 단계의 활

동으로 다음과 같다. 첫째, 내담자의 호소문제에 대하여 공감해주면서 상담자와의 관계형성을 갖는 시기이다. 둘째, 내담자의 호소문제를 탐색하고 구체화하고 다각화하면서 해결해야 할 문제 등에 대하여 내담자의 문제에 적합한 심리검사 등을 활용하여 객관적인 평가를 한다. 셋째, 내담자가 인지적 상담에 대한 개념을 이해할 수 있도록 설명해주고 상담에 대한 기대를 구체적으로 합의한다. 상담자는 내담자 자신의 문제에 대하여 부정적인 사고를 탐색하도록 다루어 주어야 한다.

ⓑ 인지적 상담 중기: 중기의 전반기에서는 내담자의 증상이나 문제 중에서 자동적 사고에 대하여 집중적으로 다루어 주어야 한다. 특히 일상에서 시급하게 다루어야 할 문제와 증상을 다루어 주어야 한다. 중기에는 인지적 상담의 다양한 기법을 내담자에게 적용한다.

중기의 후반부에서는 역기능적 신념에 초점을 맞추어야 하는데 역기능적 신념은 내담자의 부적응 문제를 유발하기 때문에 문제의 재발을 방지하는 요인이 된다. 또한 인지 상담에서는 자신의 문제를 극복하는 방법으로 독서요법을 적극 활용한다.

ⓒ 인지적 상담 종결기: 내담자의 문제나 증상이 해결되어 안정적이 되면 상담자는 종결을 준비한다. 이때 상담자는 내담자와 함께 상담과정을 검토하면서 재발을 예방하도록 하여야 한다. 따라서 상담 후에 일어날지도 모르는 다양한 대처방법에 대하여 구체적으로 상담해 주어야 한다. 인지적 상담은 학습과정으로 인지 상담 시에 적용한 다양한 기법을 생활 속에서 지속적으로 적용할 수 있도록 하여야 한다. 인지상담은 현대 심리상담에서 다양하게 제시되고 발전되고 있는 기법이다.

---

06 게슈탈트 상담

게슈탈트 상담은 실존주의와 인본주의에 기초를 두고 펄스Perls에 의해 개발된 이론으로 현상학, 사이코 드라마, 연극기법 등을 통하여 개인이 매순간 사건을 인식하고 경험하는 것을 통합하는 것을 기본으로 한다. 즉, 개인의 의식에 떠오른 게슈탈트를 중시한다.

정신분석에서는 현재의 부적응 행동의 원인을 과거의 외상 경험에서 기반을 두고 무의식을 의식화한다고 하는데 초점을 두지만 게슈탈트에서는 자각하지 못하는 무의식을 관계, 알아차림, 실험이라는 개념을 통하여 통합적으로 접근한 상담이다. 즉, 정신분석에서의 무의식을 '자각하지 못하는 상태'라는 용어를 사용하면서 '지금 여기'에 주의를 기울이면 의식화 할 수 있다고 하였다.

게슈탈트 상담은 지각실험에 근거를 두고 인간의 기능과 성장과정을 총체적이고, 유기체적, 생물학적 측면들을 강조한다. 게슈탈트의 원리는 전경과 배경의 원리, 전경을 형성하여 완결하려는 원리, 개인적으로 유의미한 개념을 지각된 개인의 장으로 끌어내려는 심리적인 욕구, 전체로 지각하려는 경향성 등을 통합하였다. 즉, 전체로서의 유기체라는 용어를 심리학에 도입하여 전반적으로 영향을 미쳤다(김정규 외, 2010).

게슈탈트 용어를 상담과 관련하여 살펴보면 모양, 패턴, 전체 형태, 배열 등의 매우 다양한 개념을 포함한다. 또한 부분의 합과는 다른 그 이상의 의미를 가지고 있다. 이러한 게슈탈트는 뇌의 우반구의 직관적 기능을 강조하며 상담 시 은유, 상상, 심상, 신체 움직임, 실연, 시각화, 감정을 행동으로 표현하기 등을 통하여 기억을 자극하고 과거와 현재의 기억을 상징적으로 드러낼 수 있도록 상담하는 것이다. 또한 좌반구의 논리적 사고를 보완하기 위하여 신체, 감정, 지적인 측면을 통합하기 위하여 인간의 기본적인 욕구를 사회적 환경이라는 맥락으로 목표를 둔다고 할 수 있다.

패슨즈Passons는 게슈탈트 상담이 적용되는 기본 가정을 다음과 같이 요약하였다.

① 인간은 하나의 전체이며, 하나의 신체(를 갖고 있는 것이 아니라)이고, 정서들이며, 생각들이고, 감각들이며, 지각들이다. 그리고 이 모든 것들은 서로 밀접하게 연관되어 기능한다.

② 인간은 그가 속한 환경의 일부분이며, 환경과 떼어놓고 이해될 수 없다.

③ 인간은 반응적이기보다는 주도적인 존재다. 인간은 외부세계에 대한 스스로의 반응을 결정한다.

④ 인간은 자신의 감각, 사고, 정서, 지각을 알아차릴 수 있다.

⑤ 인간은 알아차림을 통해서 선택을 할 수 있으며, 따라서 자신의 행동에 대해 스스로 책임이 있다.

⑥ 인간은 자신의 욕구를 충족시키고 효과적으로 살기 위한 잠재력과 자원을 갖고 있다.

⑦ 인간은 오로지 지금에서만 자기 자신을 경험할 수 있다.

⑧ 과거와 미래는 기억하고 기대하는 행위를 통해서 지금-여기에서만 경험될 수 있다.

⑨ 인간은 본질적으로 선하지도 악하지도 않다(Petrūska Clarkson, 1989).

1) 상담과정

(1) 상담목표

게슈탈트 상담은 내담자가 스스로 자신의 삶이나 경험에 대하여 회피하거나 왜곡하지 않고 자각하여 책임감을 갖도록 하는 데 있다. 이를 위하여 내담자는 자신의 욕구를 알아차리고 충족하도록 하지만 타인이나 환경적인 요인을 인식하여야 하며 궁극적으로는 자기를 수용하고 주체적으로 성숙하게 살아가도록 돕는 것이 상담의 목표이다.

게슈탈트 상담에서는 부적응 행동은 내사, 투사, 융합 등의 접촉경계가 개인의 환경이나 장애에 의하여 연결이 일시적으로 끊어진 상태이다. 상담에서는 이러한 상태에서 회복할 수 있기 위하여 자신과 타인, 환경, 자연, 종교 등과 연결되도록 도와주는 작업이라고 할 수 있다(김정규, 2012).

게슈탈트 상담에서의 목표 몇 가지는 서로 연결되고 보완되어 있다고 할 수 있다. 상담의 첫째 목표는 내담자의 체험을 확장하도록 하는 것으로 내담자가 자신의 사고, 감정, 욕구, 신체감각, 상상 등 자신의 환경을 지각하고 확장하면서 자신이 처한 환경에 접촉하고 자신의 바람을 자연스럽게 표현하면서 그것을 배우도록 하는 것이다. 둘째는 내담자의 인격을 통합하는 것으로 내담자가 자신에게 억압되고 소외된 인격의 부분을 알아차리고 자신의 인격을 통합하도록 하는 것이다. 셋째는 상담자가 내담자가 스스로 자립할 수 있도록 하는 것으로 게슈탈트에서는 내담자가 자신을 스스로 보살필 수 있는 능력을 일깨워서 회복되도록 돕는다는 것이다. 넷째는 내담자로 하여금 스스로 자기 자신의 삶에 대하여 책임감을 갖도록 하는 것으로 게슈탈트 상담은 내담자가 자립함으로써 자신의 행동을 선택하고 책임질 수 있도록 돕는다는 것이다. 다섯째는 상담자는 내담자의 성장을 도와주어야 하는데 게슈탈트에서는 성장에 초점을 두고 내담자가 스스로 극복하고 변화하고 성장하도록 돕는 것이다. 여섯째는 내담자의 삶을 촉진하는 것으로 내담자가 자신의 잠재적 가능성을 실현함으로써 타인과 나아가 자연세계를 인식하도록 돕는 것이다.

게슈탈트 상담에서는 심리적인 장애에서 나타나는 부적응 행동의 원인을 자신의 경험에 대한 접촉이 잘 이루어지지 않는 몇 가지의 상황에서 발생한다고 보았다.

① 내담자 자신이 원하는 욕구에 대하여 충분하게 접촉하지 못하였기 때문에 자신의 행동에 대하여 왜곡된 지각을 할 때.

② 내담자가 타인의 욕구나 주변 환경의 요구와 충분하게 접촉하지 못하고 왜곡해서 이해할 때.

③ 내담자가 자신의 욕구에 대한 '전경'과 타인과 주변환경에 대한 욕구인 '배경' 간의 조망 바꾸기, 즉 전환을 융통성 있게 잘하지 못할 때(즉, 자신의 욕구를 충족하는 것에만 집착하여 타인의 욕구나 주변 환경의 요구를 무시할 때)

④ 자신의 '미해결된 과제'를 자각하지 못하고 이에 압도당하거나 회피할 때 부정적으로 표출될 수 있는데 이러한 '미해결과제'가 '지금－여기'에서 다 이어지지 않는다면 이는 자각을 방해하게 된다.

⑤ 자신의 실존에 대한 책임 있는 태도를 취하지 않을 때, 즉 자신의 생각, 감정, 행동의 주체가 자신이라는 사실을 망각하고 타인이나 주변을 비난하고 불평을 계속할 때(이장호·이동규, 2014)

(2) 상담자의 기능과 역할

게슈탈트 상담에서 상담자의 기능은 일반적으로 내담자와 진솔한 관계를 형성한 후에 내담자의 지각을 촉진하고, 자각한 것을 적용하고, 훈습하는 단계로 이루어진다. 모든 상담에서 상담자의 기능은 매우 중요하다고 할 수 있으나 이론에 따라 상담자의 기능은 각각 다르다. 게슈탈트에서 상담자는 내담자와 긴밀한 관계형성이 매우 중요하다. 인간중심 상담과 유사한 점도 있으나 게슈탈트에서는 상담자가 내담자와의 '지금 여기'를 경험하는 것에 더 중요한 의미를 갖기 때문에 인간중심보다는 좀더 적극적으로 상담자의 자기 경험을 내담자에게 전달한다. 즉, 내담자와 상담자 간에 서로 의미 있는 소통과 대화가 이루어지는 것을 필요로 한다.

게슈탈트에서는 내담자가 자신의 경험에 대하여 알아차리는 것 자체가 치료적 효과라고 본다고 본다. 즉, 내담자가 지금－여기에서 경험하는 것에 집중하여 지금 무엇을 느끼고 있는지, 무엇을 하고, 무엇을 회피하려는지, 무엇을 기대하려는지 등에 대하여 내담자가 알아차리도록 하는 돕는 것이 상담자의 역할이다. 이와 같은 상태에서 내담자는 자신의 미해결과제를 알아차리고 이러한 상황에서 어떻게 하고 싶은지 질문하고 그 이후에는 내담자의 선택이라는 상황이 일어나게 된다.

선택 후에 내담자는 자신이 왜곡한 것을 자각하게 되고 그 다음 단계는 타인의 욕구에 대하여 자각하게 된다. 따라서 더 이상 미해결된 과제를 회피, 왜곡하지 않고 직면하게 되면 상담 장면에서 이를 실연하고 자신을 현실에 적용할 수 있도록 하는 단계에까지 이르게 된다. 이러한 과정에서 학습한 것을 토대로 하여 상담자는 이를 실제 생활에서 적용하도록 대처능력을 갖도록 해주는 상담 역할을 통하여 내담자가 상담 시 학습한 것을 실천하도록 하여야 한다.

이러한 게슈탈트 상담에서 상담자의 기능과 역할은 내담자의 잠재능력을 개발하도록 하기 위하여 상담자 자신도 잠재능력을 개발하려고 하여야 한다. 즉, 상담자 스스로 일생 동안 성장할 수 있도록 하는 노력이 필요하며 이는 게슈탈트 상담은 상담실에서만 사용하는 기법이 아니라 생활방식에 개방적으로 반응하도록 해야 한다는 것이다. 즉, 게슈탈트에서 상담자의 기능과 역할은 상담관계에서 일어나는 순간의 과정인 만남 속에서 이루어진다.

(3) 상담기법

게슈탈트 상담에서는 모든 부적응 행동은 알아차림과 접촉의 결여로 본다. 따라서 상담에서는 내담자가 알아차릴 수 있는 접촉을 통하여 적응상태로 될 수 있기 때문에 게슈탈트 상담에서는 크게 알아차림과 접촉에 초점을 맞추어야 한다.

상담 장면에서 알아차림은 미해결 과제를 해소하고 현재 일어나는 욕구와 감정을 알아차려서 게슈탈트를 형성하는 것이다. 게슈탈트에서는 이러한 두 가지의 작업은 서로 보완관계로서 '지금-여기'에 집중하면서 미해결 과제를 먼저 해결하는 절차를 거친다. 또한 알아차림은 6개의 영역인 '현상 알아차림'으로 개체가 환경에 유기적으로 적응하고 알아차리지 못하면 실패하게 된다는 것이다. '행위 알아차림'은 자신의 부적응 행동을 알아차리는 것으로 상담자는 내담자의 현재 욕구와 감정을 어떻게 억압하고 회피하고 방어하는지 알아차리도록 해준다. 즉, 행위 알아차림은 무의식적인 자신의 행동을 의식적으로 바꾸어 줌으로써 자신의 행동에 통제력을 갖고 적응적으로 행동하도록 한다.

접촉은 자신, 대인관계, 환경과의 접촉으로 먼저 자신의 접촉경계 혼란을 알아차리고 제거하고 부적응 행동으로 표출되는 에너지를 환경과 접촉하게 하면서 성장하도록 돕는 것이다. 또한 타인과의 접촉에서 오는 두려움 때문에 회피하게 되지만 상담자와 내담자 사이에서 이루어지는 접촉을 통하여 배우고 경험하도록 한다.

게슈탈트에서의 상담 기법은 내담자의 마음과 행동 등을 통합하는 전체적인 틀 안에서 다양하고 구체적인 기법들을 사용하여 자각하게 한다. 특히 지금 여기에 초점을 맞추기 위하여 자기의 욕구와 감정을 알아차리기, 신체감각 알아차리기, 언어와 행위를 알아차리기, 환경 알아차리기는 다음과 같다.

① **지금 여기에 초점 맞추기**

ⓐ 욕구와 감정 알아차리기: 게슈탈트에서는 '지금-여기'에서의 욕구와 감정이 매우 중요하다. 자기 자신의 감정을 알아차림으로써 억압된 욕구와 감정을 알 수 있고 미해결 과제를 해결하므로 자기실현을 할 수 있다. 욕구와 감정을 알아차리기 위하여 "지금 어떤 느낌이 드나요?", "지금 가장 원하는 것은 무엇인가요?" 등의 질문을 사용할 수 있다.

ⓑ 신체감각 알아차리기: 상담과정에서 내담자가 신체적으로 나타나는 표현과 감정에 대하여 알아차릴 수 있도록 하는 것으로 주먹 쥐기, 눈물 흘리기 등의 비언어적인 신체적 감각을 알아차리고 감정에 머무를 수 있도록 돕는 기법이다. 상담자는 내담자의 비언어적인 행동을 이야기 해줌으로써 자신의 부적응 행동에 따른 다양한 감정에 깊이 머무르면서 자신의 문제를 직면하도록 도와주는 것이다. 신체감각을 알아차리게 하기 위하여 "어떤 신체부위에 어떤 느낌이 느껴지나요?", "지금 어깨를 움츠리고 있네요?", "당신의 손이 무엇을 말하려고 하나요?" 등의 질문을 사용한다.

ⓒ 언어적 행위 알아차리기: 내담자의 자각을 높이기 위하여 먼저 언어적 표현을 교정해야 하는데 이는 내담자와의 상담 시 내담자가 스스로 책임을 다할 수 있도록 자신의 의지를 구체적인 언어를 통하여 내담자의 선택임을 알아차리도록 돕는 기법이다. 즉, 자신이 선택할 주제에 대하여서는 "내가 ~해야 한다. ~하기를 선택한다." 등의 언어를 사용하도록 하며 "또한 나는 ~를 할 수 없다. ~를 하지 않겠다." 등의 무기력한 언어도 내담자가 선택하여 말할 수 있도록 하는 기법이다. "당신은 이야기하면서 그러나 ~라는 말을 자주 사용하시는군요" "'그러나'라는 말 대신 '그리고'라는 말을 사용해보세요."라고 표현을 바꾸어 말하게 한다.

ⓓ 환경 알아차리기: 내담자는 미해결 과제에 몰두하는 경우 현실을 자각하지 못할 수도 있다. 환경을 알아차림으로써 미해결 과제를 잘 해결할 수 있게 된다. 즉, 현실과의 접촉을 통하여 자신의 공상과 현실의 차이를 알아차릴 수 있다.

이를 위하여 "주변의 사물들을 한번 둘러 보셔요", "눈을 감고 지금 말한 그 사람의 얼굴 모습을 떠올려보세요"와 같은 질문을 사용할 수 있다.

또한 지금 여기에 초점 맞추기 이후에 미해결 과제를 알아차리기 위하여 직면시키기, 역할 연기하기, 빈 의자 기법 등의 기법을 살펴보면 다음과 같다.

② **미해결 과제**

ⓐ 직면시키기: 자신의 감정과 욕구를 회피하고 부적응적인 행동에 대하여 알아차리도록 부적절한 행동을 지적하고 동기를 직면시켜 줌으로써 미해결 과제를 해소하도록 돕는 방법이다. 이를 위하여 "지금 고통스러운 이야기를 하면서 웃고 있네요", "지금 감정이 어떠신가요?"라고 질문함으로써 자신의 표현을 통하여 스스로 자각하지 못하는 행동에 대하여 직면시켜준다.

ⓑ 역할 연기하기: 내담자에게 의미 있던 과거의 장면이나 미래의 상황을 실제처럼 상상하면서 연기하는 것이다. 내담자는 자기의 행동을 직접 연기하면서 인식하지 못했던 감정과 패턴을 발견할 수 있으며 회피했던 분노의 감정을 표출하게 된다. 이러한 역할 연기를 통하여 자신의 감정을 알아차리고 미해결 감정을 해소하고 새로운 행동을 실험해 봄으로써 효과적인 방법을 배울 수 있다.

ⓒ 빈 의자 기법: 내담자의 부적응 행동 요인 중에서 관계를 통합하기 위한 '빈 의자 기법'은 게슈탈트 상담에서 흔히 사용되고 있는 대표적인 기법이다. 이 기법은 '미해결된 관계'에서 상대편이 내담자의 앞에 있다고 상상한 후에 대화하도록 요청하는 방법이다, 이러한 '빈 의자 기법'은 갈등관계에 있는 대상에게 자신의 감정을 나타냄으로써 미해결된 관계의 상황을 접촉할 수 있도록 하며 경우에 따라서는 내담자가 빈 의자에 앉아서 상대의 입장을 조망할 수도 있다. 이 방법은 역할극을 결합한 방법으로 효과적인 기법이 되기 위해서는 상담자가 내담자의 시점이나 갈등상황을 잘 파악하여 감정에 몰입할 수 있는 역할을 적시에 전환시킬 수 있는 역량이 요구된다. 이러한 과정을 통하여 내담자는 자신의 감정을 자각하고 의미 있는 전체로서 통합할 수 있도록 한다.

게슈탈트 상담에서는 그 외에 꿈 작업하기, 창조적으로 투사하기, 실험하기 등의 구체적인 기법들을 다양하게 사용한다. 상황에 따라 기법들이 정해져 있는 것은 아니지만 상담의 기법들은 상담자와 내담자의 지적 능력이나 상상력에 따라 개발되어 사용될 수 있다. 게슈탈트 상담에서 기법은 상담자와 내담자가 자신들만의 노력을 대신하는 정형화된 기법을 사용하는 것이 아니라 내담자와 상담자가 스스로 하도록 실험하고 공유하는 것이다. 상담과정에서 가장 중요하게 여기는 것은 두 사람 간의 관계에 대한 존중과 최대한의 개방성과 융통성을 강조한다.

어떤 상담은 상담자와 내담자가 상담과정에서 일어나는 상황을 억제하기도 하지만 게슈탈트 상담에서는 내담자와 상담자 간의 대화를 상담의 치유의 핵심으로 본다. 이러한 상황을 위하여 상담자는 알아차림에 대한 자기 지식이 필요하며 책임감 또한 요구된다.

07 현실치료 상담

현실치료 상담은 선택이론에 바탕을 두고 글래서Glasser가 창시하였다. 선택이론을 바탕에 두고 개인의 모든 행동은 다섯 가지의 기본욕구인 생존, 사랑, 성취, 자유, 즐거움의 욕구를 충족시킬 수 있기 위하여 전체 행동을 선택하는 통제시스템이라고 하였다. 이러한 현실치료는 현실적이라는 점에서 여러 가지 장점을 가지고 있다. 즉, 여러 가지 모델을 가지고 단기간에 효과적인 상담으로 시행된다. 본장에서는 권석만의 현실치료 이론을 대부분 발췌하였다.

현실치료의 근간이 되는 WDEP 모델은 상담적용에서 이해하기 쉬우며 명쾌하게 제시한다. 따라서 상담현장에서 임상적으로 실시하기가 용이하다고 할 수 있다. 상담자는 내담자의 소망Wish을 명료화 하고 소망을 실현하기 위하여 행동Do을 선택하고 있는지를 지각한다. 이러한 행동을 선택하고 실천하고 있는지를 평가Evaluate한 후에 실천하지 못한 상태라면 실천할 수 있는 계획Plan을 세우도록 돕는 방법이다.

현실치료에서는 무의식보다는 의식을, 과거보다는 현재의 행동에 초점을 맞추기 때문에 경제적이고 실제적인 상담이라고 할 수 있다. 무의식을 다루는 상담은 내담자의 과거와 연결하기 때문에 상담이 확대되어 장기적인 상담으로 진행될 수 있지만 현실치료에서는 현재의 행동에 초점을 맞추기 때문에 상담기간이 단축되고 상담과정이 명료해진다. 현실치료에서 과거보다는 현재에 초점을 강조하는 이유는 개인의 삶은 자신에 의해서 선택할 수 있고 자신이 선택해야 하기 때문이다. 내담자가 과거에 어떠한 경험을 했든 과거를 단절하고 의식적으로 선택할 수 있다는 실존주의적 입장을 취하고 있기 때문이다.

이러한 현실치료는 내담자의 행동의 변화를 위하여 구체적인 방법을 제시하고 있다. 상담에 대한 동기가 부족한 내담자나 저항이 심한 경우에 상담에 참여하도록 하는데 특히 효과적이다. 대부분의 상담은 부적응 행동에 초점을 맞추지만 현실치료에서는 내담자의 부적응 행동을 감소시키기 위해서는 긍정적인 행동을 선택하고 부적응 행동에 초점을 맞추지 않고 내담자의 과거의 수치심, 자책감 등을 유발시키지 않도록 격려하면서 자연스럽게 부적응 행동을 극복하도록 유도한다.

그러나 현실치료 또한 여러 가지 한계점을 나타내고 있다. 현실치료에서는 지나치게 내담자의 심리적인 요인을 단순하게 접근한다는 것이다. 대부분의 내담자는 자신의 부적응 행동에 대하여 인식을 하고 있지만 그 상태에서 스스로 적응행동으로 변화되지 못한다는 것이다. 즉, 현실치료에서는 인간의 행동이나 사고에 미치는 심리적인 요인을 제대로 설명하지 못하기 때문에 이러한 요인의 내담자를 상담하는 범위가 제한되고 있다고 할 수 있다. 또한 과학적이고 실증적인 점에서도 취약한 약점이 있다. 따라서 현실치료에서는 정신장애를 이해하고 설명하는 데도 한계를 보이고 있다. 학교 상담에서 정신장애에 대한 상담은 어렵지만 이해나 연계를 위하여서는 심리적 원인에 대한 진단은 필요하다고 할 수 있다.

현실치료 상담은 교육적인 요소와 명료하고 구체적인 기법을 제시하고 있기 때문에 학교에서 청소년비행, 적응장애 등의 심각도가 다소 낮은 학교상담에서는 적합한 것으로 여겨지고 있다. 이러한 현실치료는 자녀양육, 교정기관, 직업, 사업경영 등과 같이 다양한 장면에서 정신건강을 위한 예방활동에서도 활용되고 있다.

1) 상담과정

(1) 상담목표

현실치료 상담의 목표는 내담자가 지혜로운 선택을 하므로 만족스러운 삶을 살아가도록 자신의 기본욕구를 충족하고 타인의 욕구를 충족하며 선택하는 방법을 배우도록 돕는 데 있다. 이를 위하여 개인의 심리적 욕구를 명료화하고 충족시킬 수 있는 구체적인 계획을 세워서 주체적으로 살아가도록 돕는 것이다.

자신의 욕구를 알아차리는 방식은 게슈탈트 상담 목표와도 같은 부분이나 게슈탈트에서는 감정에 대한 경험을 중요시하나 현실치료에서는 행동적 실천을 중요시하는 데 초점을 맞춘다. 또한 정신분석에서 말하는 무의식의 의식화나 인지적 상담에서 말하는 비합리적 신념 등은 강조하지 않는다. 내담자에게 물어본 바람을 중요시하며 이를 통해서 목표를 수립하고 충족하기 원하는 심리적인 욕구를 위한 행동에 관심을 두고 상담목표를 정한다.

그러나 내담자가 자신의 바람대로 효과적인 행동을 하지 못할 경우에도 상담자는 내담자가 포기하지 않고 대안적인 행동을 할 수 있도록 도와주어야 한다. 이때에는 계획을 좀더 구체적이고 현실적으로 재수립하게 하여 달성할 수 있는 가능성을 높이도록 하는 계획을 세우도록 격려하는 것이 상담자의 역할이라고 할 수 있다.

이러한 현실치료는 내담자가 기본적인 욕구들을 충족시킬 수 있는 행동을 선택할 수 있도록 돕는 것이다. 상담사는 내담자기 선택을 잘 할 수 있도록 돕고 자신의 삶을 효과적으로 통제할 수 있도록 해야 한다. 이러한 목표를 위해 자신의 욕구와 소망을 분명하게 인식하도록 하고 이것을 충족시킬 수 있는 구체적인 목표를 단기적·장기적으로 세우고 실천하도록 구체적으로 돕는다.

이러한 목표를 위하여 내담자가 원하는 소망을 명료화 시키고 어떤 행동을 할지 선택하고 자각하게 하며, 현실에서 어떻게 충족하고 있는지를 평가하고 실천하도록 계획을 세우도록 돕는 것이 상담의 목표이다.

(2) 상담자의 기능과 역할

현실치료에서 상담과정은 내담자의 행동의 변화를 위하여 치료모델을 사용한다. 따라서 상담자의 기능은 내담자가 원하는 소망인 바람Wants을 명료화하여 목표를 설정하고, 이러한 소망을 실현하기 위한 행동Doing에 대하여 내담자가 선택한 행동을 알아본다. 이어서 내담자가 선택한 소망이 충족되고 있는지 평가Evaluation를 통하여 잘하고 있는지 잘못하고 있는지를 평가하고 마지막으로 자신이 선택하고 실천할 수 있는 계획Plan을 세운다. 이와 같은 과정으로 현실치료는 현재에 초점을 맞추어서 내담자가 생각과 행동을 변화시키므로 행복한 삶을 살도록 돕는 것이 상담자의 기능과 역할이다. 이와 같은 단계는 WDEP 모델로 다음과 같이 설명할 수 있다.

① W-소망과 욕구 탐색하기

상담자가 내담자로 하여금 자신이 진정으로 원하는 소망이 무엇인지 인식하도록 돕는 단계이다. 내담자가 바라는 소망은 다섯 가지로 생존, 권력, 사랑, 자유, 즐거움의 욕구와 관련되어 있다. 상담자는 내담자가 현재의 상황을 어떻게 탐색하고 있는지를 아는 것이 필요하다. 이 단계에서는 내담자가 자신이 이루고 싶은 소망을 구체화시킬 수 있도록 하여야 한다.

② D-현재 행동과 지향 탐색하기

이 단계에서 상담자는 내담자가 현재 시간을 어떻게 보내는지 어떠한 행동을 하면서 무엇을 위하여 사는지를 명확하게 인식할 수 있도록 돕는다. 이 과정 중에 상담자는 내담자의 전체 행동과 사고, 감정 등을 구체적으로 나타내도록 하여야 하며 구체적으로 무엇을 지향하는지도 살펴보도록 하여야 한다. 현실치료는 구체적인 행동에 초점을 두기 때문에 과거의 일은 현재에 영향을 줄 경우에 관심을 갖도록 한다.

③ E-현재의 행동을 탐색하기

내담자가 현재 하고 있는 행동이 효과적인지를 탐색하도록 하는 단계로서 WDEP 과정에서 매우 중요한 과정이다. 내담자가 자신의 행동을 평가한 결과 변화해야 할 필요성을 느낄 수 있도록 자신의 행동을 구체적으로 탐색하여야 한다. 내담자가 자신의 행동에서 변화해야 한다는 인식과 동기를 갖게 되면 이 단계에서는 희망을 발견하게 된다.

④ P-행동을 계획하고 평가하기

상담자는 내담자가 자기의 행동에서의 바람과 욕구에 대하여 평가하고 새로운 행동을 계획하도록 돕는 단계이다. 이 과정에서 상담자는 내담자가 성공적인 결과를 얻을 수 있도록 하기 위하여 자신의 선택과 행동에 대하여 자신이 책임이 있음을 인식하도록 해야 한다. 현실치료에서 행동을 계획하고 실천하는 행동에 따른 과정은 상담의 성공을 결정하는 데 매우 중요한 과정이다.

현실치료에서 내담자가 자기의 소망을 결정하고 행동으로 실천함으로써 유용성을 평가하고 계획을 세워서 실천하도록 하는 상담과정은 상담자와 내담자가 협력적인 관계에서 이루어진다. 이러한 과정을 통하여 내담자가 자신의 삶을 통제할 수 있다는 자신감을 갖게 하는 것이 현실치료 상담자의 기능과 역할이라고 할 수 있다.

(3) 상담기법

현실치료에서의 상담기법은 WDEP 모델을 통하여 상담자의 성장을 촉진하도록 하는 것이다. 그러나 기법이 중요한 것이 아니라 내담자와의 협력적인 관계를 통하여 내담자가 지혜로운 선택을 할 수 있도록 돕는 것이 가장 중요하다고 할 수 있다. 이와 같은 현실치료를 위하여 질문하기, 동사로 표현하기, 긍정적으로 접근하기, 은유적 표현 사용하기, 직면시키기, 역설적 기법, 은유적 표현 사용하기, 유머 활용하기는 현실치료 상담에 유용한 기법이다.

① 질문하기

WDEP 모델과정에서 매우 중요한 역할로 각 단계마다 상담자의 질문에 따라 내담자가 자신의 소망과 욕구를 인식하고 촉진하도록 구체적인 질문을 한다. 우볼딩 Wubbolding에 따르면 질문하기는 내담자의 내면적 세계로 들어가서 정보를 모으고 내담자에게 지혜로운 방법을 선택하는 방법을 배우는 유용한 방법이다. 그러나 이때 상담자는 질문하기를 남발하지 말고 적극적 경청과 공감적 반응을 통해 지지적인 태도로 내담자를 탐색하여야 하는 것이 바람직하다고 하였다(권석만, 2012. 재인용).

② 동사로 표현하기

현실치료에서는 자신의 삶과 행동을 스스로 선택할 수 있다는 인식을 심어 주는 것을 중요하게 생각한다. 따라서 내담자가 표현하는 언어를 동사로 표현하기를 통하여 자신의 감정도 선택의 결과라는 것을 강조한다. 예를 들면 "불안해요"를 "불안하기로 선택했어요", "그 친구가 나를 싫어해요"를 "나는 '그 친구가 나를 싫어한다'고 생각하기를 선택했어요"라고 바꾸어서 표현하게 함으로써 자신의 사고와 감정도 스스로 선택하였다는 책임의식을 심어준다.

③ 긍정적으로 접근하기

내담자의 장점에 초점을 맞추어서 긍정적인 행동으로 대체하도록 하는 것으로 부적응 행동을 긍정적인 행동으로 하도록 안내한다. 즉, "그 친구가 너를 무시해서 화가 많이 났구나"라고 반응하기보다 "그 친구 때문에 화가 나지 않으려면 어떤 행동을 선택해야 할까?"라고 질문하여 내담자가 자신의 행동을 새롭게 변화시킬 수 있도록 반응하여 상담을 해주는 것이다. Glasser는 '긍정적 중독'이라는 개념을 통하여 부적응 행동을 긍정행동으로 중독시키는 것으로 규칙적인 운동, 일기쓰기, 명상하기 등을 6개월 이상 실천하게 하는 것을 제시하였다.

④ 직면시키기

현실치료 상담은 내담자가 지시적이고, 분명하며, 확고한 태도를 가지고 내담자의 말과 행동에 책임을 갖도록 한다. 따라서 내담자의 부적응 행동에 대해서 변명을 받아들이지 않고 직면하게 하고 새로운 행동을 계획하도록 하기 때문에 자신의 행동에 대하여 인식하고 책임질 수 있도록 돕는다.

⑤ 역설적 기법

이 기법은 프랭크Frank에 의해 제시된 기법으로 내담자의 통제감과 책임감을 위해 적용되지만, 내담자에 따라서 신중하게 적용되어야 한다. 이 기법은 내담자에게 모순

된 지시를 의도적으로 해보게 하는 것으로 자신이 선택할 수 있는 통제력이 있음을 인식하게 하는 것으로 자신의 문제 행동에 대한 생각을 획기적으로 바꿀 수 있도록 하는데 도움이 될 수 있다.

⑥ 은유적 표현 사용하기

내담자가 자주 사용하는 은유적 표현에 대하여 상담자가 귀를 기울이고 은유적 표현으로 내담자에게 메시지를 전달하는 기법이다. 상담자는 비유적 표현이나 예화 등을 통하여 내담자에게 중요한 메시지를 전달할 수 있다.

⑦ 유머 활용하기

유머를 사용하게 되면 내담자와의 관계를 맺는 데 도움이 되고 친밀한 관계를 유지하는 데 효과적이다. 특히 유머는 내담자와 솔직한 대화를 할 수 있으며 자신의 부적응 행동에 대하여 인정하고 실천하지 못하는 부분에 대하여서도 부드럽게 직면할 수 있도록 하는 기법이다.

현실치료에서는 일반적으로 20회기 이내의 단기상담으로 진행한다. 기법은 독특한 기법은 아니며 다른 상담이론에서도 사용되는 기법들을 사용한다. 그러나 현실치료에서는 구체적이고 확실한 기법을 선호하는 경향이 있다.

Theory and Practice of School Counselling

개인상담의 이해

04 개인상담의 이해

01 상담의 개념

학교상담자 양성강습회에서 학교생활지도guidance방법으로 상담의 이론과 실제가 소개되는 과정에서 상담counseling이라는 말이 사용되어지기 시작했다. 이러한 계기로 상담의 개념이 학생생활지도 방법으로 이해되었다. 학생생활지도가 규율과 처벌을 위주로 하는 것임에 반하여 상담은 학생에 대한 이해와 공감을 기본으로 하고 있다. 또한 상담의 과정에서 나타나는 양상은 생활지도 과정과는 대비되며 상담은 학생생활지도 방법 이상의 의미를 포함하고 있다.

1) 상담의 개념

상담을 정의하는 개념은 이론에 따라 각기 다르다. 이론에 따라서는 상담과 심리치료psychotherapy의 용어를 동의어로 사용하기도 하고, 상담의 대상과 범위를 제한하지도 않는다. 그러나 일반적으로 상담의 개념을 다음과 같이 정의하고 있다. 상담은 도움을 필요로 하는 사람과 도움을 주는 사람의 신뢰적인 관계 속에서 문제해결을 위한 학습이 이루어지는 과정이다.

상담은 상담의 대상, 즉 도움을 필요로 하는 사람을 대상으로 단순한 정보를 필요로 하는 문제와 기술적인 정보를 필요로 하는 문제, 태도상의 문제와 심리적인 갈등의 문제, 정신질환의 문제까지 문제의 깊이와 폭이 다르다. 즉, 단순한 조언에서부터 심리치료라 할 수 있는 문제까지 태도상의 문제와 심리적 갈등의 문제에 대한 새로운 학습을 하도록 도움을 주는 과정이라고 할 수 있다. 여기에서 상담과 심리치료를 구분한다면 상담은 정상적인 사람normal person을 대상으로 한다는 점이 강조되고, 심리치료는 비정상적인 사람amnormal person을 대상으로 한다고 할 수 있다.

청소년상담에서 상담의 개념을 알아보기로 하자.

청소년기는 개인의 삶과 사회생활의 바탕을 마련하는 중요한 시기로 정상적인 성숙과정을 통하여 성인의 인격특성과 특질을 발달시키는 시기이다. 청소년기는 대체로 성적, 정신사회적 성숙의 시기로, 사회적인 독립과 사회적 생산성의 역할을 수행할 수 있는 시기까지를 의미한다고 할 수 있다. 이 시기의 청소년들이 성취할 발달과제는 부모로부터의 독립과 정체성 형성, 성적·사회적 안정화, 직업 및 자율성과 인생목표의 설정 등이다. 그렇다면 청소년상담은 일반상담과 달라야 하는가? 젤다드Geldard와 젤다드Geldard(1999)는 청소년상담은 성인상담과 달리 내담자와 상담자의 관계, 상담과정, 상담기술과 전략 면에서 다른 접근이 필요하다고 강조한다. 청소년들은 자아정체감을 형성하고 개별화하는 과정 중에 있으므로 스스로 선택하며 자신의 삶을 자율적으로 통제할 수 있다는 확신을 갖기가 쉽지 않다. 따라서 청소년을 상담하는 상담자는 자율성에 대한 이러한 청소년의 딜레마를 이해할 수 있어야 한다. 김계현(2000)은 청소년 문제를 효과적으로 해결하고 최적의 성장을 이루기 위해서는 청소년의 특징을 고려한 독자적인 청소년상담 영역이 전문화되어야 한다고 강조한다. 청소년상담은 성인상담이나 아동상담과 달리 청소년 내담자의 특성, 즉 상담에 대한 비자발성과 체계적 접근의 필요성, 사이버 공간에 대한 선호 등을 고려한 상담이론과 기법들이 필요하다는 것이다. 청소년에게 접근할 때는 학업문제, 부모로부터의 영향, 부모와의 이별 또는 독립성, 정체성, 자신과 과거에 대한 개념, 이성 및 또래관계 등이 중요한 질문이 된다. 또한 그 사회의 청소년문화나 청소년들의 말씨에 대한 이해도 필요하다. 청소년과 면담 시 그들은 흔히 불신감에 차있고 거칠고, 자극하는 태도를 보인다는 사실을 잘 알아야 한다. 특히 자살 의도나 약물 남용에 대해 구체적으로 물어보도록 해야 한다. 구본용(2002)은 청소년상담을 "청소년들이 원하는 것을 청소년들에게 알맞은 방법으로 제공하여 그들이 행복하게 살아갈 수 있도록 돕는 활동"으로 정의하고 있다.

한편, 최근 30년 동안 기존의 전통적 상담모형과 지역사회 상담모형을 비교하여 청소년상담의 방향성을 제기하는 움직임들이 있어 왔다. 즉, 기존의 전통적 상담모형은 개인의 역기능적 정신내적 과정들의 변화에 초점을 둔 치료적 과정이라는 특성을 지니고 있다(Kanttrowitz & Ballou, 1992). 이에 대하여 Conyne(2004)는 치료적 모델은 본질적으로 사후 개입모형이기 때문에 급격한 사회변화에 의해 새롭게 발생하는 유리한 입지를 마련하기 힘들다고 주장하고 있다. 또한 그는 전통적인 상담 패러다임은 전문가의 부족이나 비용문제로 일반인들이 접근하기가 점점 더 어려워지고 있고, 더군다나 사회적 혜택을 받지 못하는 사람들이나 실질적으로 상담서비스를 받을 필요가 있는 많은 사회적 소수자들에게 적절한 서비스를 제공할 수 없는 문제를 지니고 있다고 하였다. 특히 청소년들의 경우 부모의 돌봄이 제대로 이루어지지 않는 취약계층일 경우 치료적 모델만으로는 변화를 이끌어내기가 제한적이다.

두 번째 한계는 치료중심의 상담이 결핍모델을 기반으로 하고 있기 때문에 조력활동이 궁극적으로 추구하는 안녕과 행복증진에는 크게 기여하지 못하는 한계를 지니고 있다. 전통적인 상담이 지닌 이러한 본질적인 특성으로 인해 미국에서조차 상담 전문가들이 국민의 안녕과 행복증진에 크게 기여하지 못하고 있다는 비판을 받고 있다는 주장이 제기되고 있다(Lewis, Lewis, Daniels, & D'Adrea, 1998). 특히 청소년기의 사후개입모델은 청소년기에 겪지 않으면 좋을 경험들을 예방할 수 없다는 점에서 충분치 않을 수 있다는 점이다. 청소년복지지원법에서도 "청소년상담"이라 함은 심리적·정서적·통합적 지원 및 청소년의 올바른 인격형성과 발달을 위하여 제공되는 통합적 지원을 말한다는 정의를 채택하고 있다.

이러한 맥락에서 급격하게 변화하고 다양한 가치가 공존하는 다원화된 사회에서 대다수 국민들의 건강과 삶의 질을 높여 주는 데 기여할 수 있는 상담의 새로운 패러다임으로 제기되어 온 것이 지역사회를 기반으로 한 통합적 상담Community counseling 패러다임이다.

지역사회에 기반을 둔 통합적 상담의 관점에서 청소년상담이 성인상담과 다른 점이라면 첫째, 청소년상담의 대상은 청소년, 청소년 관련인, 그리고 관련 기관이라는 것이다. 이때 청소년 관련인이란 부모, 교사, 청소년, 지도자 등 청소년 주변의 사람들을 말하며, 청소년 관련 기관에는 가정, 학교, 청소년 고용업체, 청소년 수용기관, 청소년 봉사기관 등이 포함된다. 청소년은 주변의 가족, 또래, 학교, 환경 등의 대부분 그를 둘러싼 주변의 주요 관계들과 환경에 대한 개입이 포함되게 마련이다.

둘째, 청소년상담의 목표는 심리 치료적 측면보다는 청소년의 건전한 발달과 성장을 돕는 예방과 교육적 측면이 강조된다. 청소년상담은 성인상담에서 강조되는 정서 문제, 부적응 행동, 정신과적 병리 등의 치료도 중요하지만, 문제의 예방과 건전한 성장을 돕기 위한 프로그램의 실시 및 훈련 등 심리 교육적 활동이 더 강조된다고 하겠다.

셋째, 청소년상담의 방법은 1 : 1의 개인면접뿐만 아니라 소규모, 대규모 형태의 집단교육 및 훈련, 이메일이나 채팅을 사용한 사이버 상담이나 전화 상담 등 다양한 방법을 활용한다. 또한 청소년상담은 면접 중심의 대화뿐만 아니라 게임, 체험활동 등 다양한 방법으로 이루어질 수 있기 때문에, 청소년 상담자는 개인면접 중심의 상담기술뿐만 아니라, 다양한 방식의 상담기술과 활동을 익히고 개발할 필요가 있다.

넷째, 위기청소년이 필요한 서비스(의료, 법률, 학습, 경제적 지원)를 지역사회 내에서 안전하게 받을 수 있도록 사회망을 구축하고 연계자원을 활용하는 활동을 개발할 필요가 있다.

다섯째, 청소년상담의 영역에 내담자에 대한 권리 옹호와 자문을 포함시킨다. 즉, 지역사회가 청소년에게 어떤 영향을 미치고 있는지 숙지하여 필요하다면 부당한 공공정책이나 환경에 맞서거나 더 건강한 학교와 지역사회 환경을 만들기 위하여 정책을 제안 또는 자문하는 역할을 담당하고 내담자의 권리를 옹호하는 활동을 할 수 있어야 한다.

다음은 학자들에 따라 각기 다른 상담의 개념 정의를 알아보자.

◆ 로저스Rogers
"상담자와 안전한 관계에서 내담자가 과거의 부정했던 경험을 다시 통합하여 자기 자신으로 변화하는 과정이다."
◆ 타일러Tyler
"개인적 발달의 방향으로 현명한 선택이 이루어지도록 촉진하는 것이다."
◆ 레너드Pietrofesa, Leonard와 반 오세Van Hoose
"내담자의 자기이해, 의사결정 및 문제해결이 이루어지도록 상담자가 전문적으로 도와주는 과정이다."
◆ 이장호
"도움을 필요로 하는 사람, 즉 내담자가 전문적 훈련을 받은 사람인 상담자와의 대면에서 생활과제의 해결과 사고·행동·감정 측면의 인간적 성장을 위해 노력하는 학습과정이다."

◆ 홍경자(2001)

"상담이란 상담자가 내담자와의 관계에서 촉진적인 의사소통을 통하여 내담자가
개인적인 문제에 대한 자기이해와 자기 지도력을 터득하도록 도와주는 과정이다."

◆ 이동렬, 박성희(2000)

"상담자와 내담자가 1 : 1의 개인적이고 전문적인 인간관계를 맺음으로써 내담자가
자신의 문제를 해결한다든지 환경에 보다 유능하게 대처할 수 있는 새로운 행동을
익히는 체계적인 활동이다."

즉, 상담이란 전문적인 훈련을 받은 상담자가 어려움을 겪는 내담자와의 상호작용
을 통하여 내담자의 문제해결 및 행복한 삶을 돕는 과정이다.

한편 상담 정의는 인간을 바라보는 관점에 따라 다르게 하고 있다. 즉, 심리학 이
론의 접근방식에 따라 상담에 대한 정의와 방법이 달라질 수 있고, 또한 인간의 심리
적 · 행동적 변화가 반드시 상담을 통해서 이뤄지는 것은 아니라는 의견도 존재한다.
상담학의 발전으로 인해 현재까지 약 250여 개에 이른다고 할 만큼 수많은 상담이론
과 적용 방식이 존재하며 상담의 모습과 형태도 각각의 사례에 적용되는 상담의 실제
도 매우 다양하다. 그러나 상담의 필요성은 서구문화의 유입과 산업화로 인한 개인주
의, 가족구조의 변화, 그리고 물질 중시 등으로 인한 심리적인 문제의 심화로 점점 증
대되고 있다.

2) 상담, 생활지도, 심리치료의 의미

생활지도와 상담counseling과 심리치료는 그 개념과 기능이 서로 중복되는 경우도
있고 서로 구별되는 것도 있다. 의미상의 차이를 정원식 등(1999)은 다음과 같이 밝히
고 있다.

전통적으로 생활지도guidance는 카운슬링, 심리검사, 정보제공, 배치, 자문, 조정,
추수지도 등을 주요기능으로 포함하고 있다. 따라서 카운슬링은 생활지도를 구성하는
하나의 하위활동으로 생각할 수 있다. 생활지도에서 카운슬링을 하는 것은 사실이다.
사회사업가도 카운슬링을 하고 정신과 의사도 카운슬링을 한다. 그러나 그들이 하는
것은 실제로 넓은 의미에서 카운슬링의 한 영역에 불과하다.

그러면 생활지도와 카운슬링을 어떻게 비교할 수 있는가?

첫째, 학문적 기초가 다르다. 생활지도는 교육학적 배경에서 발달했고 카운슬링은 인간에 대한 광범한 학문의 통합적 집합이라고 볼 수 있는 행동과학이나 인간과학에 기초하고 있다. 상담은 교육학 이외에도 심리학, 사회학, 문화인류학, 철학, 종교학 등이 통합하여 생성된 것이다.

둘째, 활동의 궁극적 목적에 차이가 있다. 생활지도는 현실에 적응하고 자기방향을 정립해 나가는 것에 초점을 맞추게 된다. 그러나 상담은 능력을 함양하는 것이 목적이기 때문에 생활에 적응하는 측면을 넘어 개인의 고유한 특성을 최대한 발달시키려 한다.

셋째, 관심의 초점이 다르다. 생활지도는 생활전반에 초점을 맞추지만 상담은 개인의 내면세계에 더 초점을 맞추게 된다.

넷째, 방법이 다르다. 생활지도는 정보제공, 가르치기, 훈련, 교정과 같은 방법을 사용하지만 상담은 관계 맺고 발전시키기, 마음이 소통되는 커뮤니케이션하기, 힘을 북돋아주기와 같은 방법을 주로 사용한다. 따라서 상담은 마음 속 깊은 곳에 있는 내용까지도 드러내고 다루지만 생활지도는 객관적 현실에 초점을 둔다.

다섯째, 담당하는 사람이 다르다. 생활지도는 학급 담임, 교과 지도교사 등 교육자라면 누구나 한다. 부모나 지역사회의 인사도 다룬다. 물론 생활지도는 전담교사가 있을 수도 있다. 생활지도는 일반화하고 보편화할수록 효과적이다. 그러나 상담은 상담자만이 수행한다. 상담은 전문 교육을 고도로 받은 전문가가 할수록 성과가 크다. 상담은 전문화할수록, 그리고 생활지도는 보편화할수록 성과를 더 거둘 수 있다.

한편 심리치료psychotherapy는 질병모형에 근거하고 있다. 그리하여 정신세계도 질병 모형에 의해서 접근할 수 있다는 전제를 가지고 있다.

첫째, 심리치료는 기본적으로 의학에 근거를 둔 접근이다. 의학에 근거하고 있기 때문에 증상, 원인, 치료방법, 진단방법 등을 정교하게 발달시킬 필요를 느끼는 경우가 많다. 반면에 상담은 여러 분야의 학문이 통합적으로 지원하고 있으면서도 하나의 독자적 학문으로 독립된 형태를 갖추고 있는 분야이다.

둘째, 심리치료의 목적은 정신건강의 회복에 있다. 상담과 달리 심리치료는 질병을 퇴치하고 정신적으로 건강해지면 그 목적이 달성된다. 상담은 정신적인 질환의 퇴치보다는 개인의 능력을 배양함으로써 환경에 적응하고 나아가 잠재적 능력을 최대한 발휘할 수 있는 힘을 북돋우는 것이 목적이다.

셋째, 심리치료는 관심의 초점을 이상심리 또는 정신병리에 맞추어 때에 따라서는 개인의 정신적 병리뿐만 아니라 가정에서의 가족병리, 사회적 구조와 역동에서의 사회적 병리로 확대하려고 시도하기도 한다. 상담에서는 정상적 일상생활 속에서 일어나는 보통 사람들의 마음상태에 대해 폭넓은 관심을 가지고 있다.

넷째, 심리치료는 원인 발견, 진단, 처방, 처치 등의 과정과 다양한 치료기법을 주로 활용한다. 심리치료는 질병 요소의 제거에 치중하기 때문에 심층적이고 중핵적 원인을 찾아 근본적인 원인 제거에 초점을 두는 경향이 있다. 그래서 심리치료는 대개 장기간이 소요된다. 상담은 이와 달리 관계를 형성하고 의사소통을 하고 힘을 북돋우는 방법을 활용한다.

이상에서 논의한 상담과 생활지도와 심리치료의 차이점을 간략하게 요약하면 다음과 같다.

표 4.1 상담과 인접 개념의 비교

	기본철학	주요관심	기본목적	주요방법	책임자	학문적 기초
상담	자아발달	자아세계	힘 북돋음	촉진적 관계 촉진적 면접	상담자	인간과학
생활지도	사회적응	생활환경	삶의 방향 정립	정보제공 가르치기 배치활동	교사	교육학
심리치료	정신건강	정신병리	정신질병 치료	진단 처방 치료면접	치료사	정신의학

출처: 정원식·박성수·김창대(1999). p. 22.

02 상담의 필요성

1) 상담의 필요성

사람들은 자신들에게 괴로운 문제가 생기면, 자신의 마음을 진정으로 이해하고 위로해 줄 친구나 가족을 찾아, 이들에게 자신의 괴로운 마음을 털어놓고 그들로부터 진정으로 이해받게 되면 마음이 가벼워지며, 이야기하는 동안 자신이 가진 문제가 정리가 되면서 해결 방향을 찾게 되는 경우가 많다. 서구문화의 유입, 개인주의, 산업화 등으로 인해 가족구조가 변화되고 물질 중심의 사회로 변화됨에 따라 심리적인 문제가 심화되어 전문적인 상담을 필요로 하는 사람들이 많아지고 있다. 사람들이 때로 이러한 심리적 문제나 심한 우울증 같은 문제를 심각하게 생각하지 않아 전문가에게 상담이나 치료를 받는 시기를 놓침으로써 현실생활이 불가능할 정도로 나빠지거나 심한 우울증으로 인하여 자살하는 가슴 아픈 결과를 낳기도 한다.

상담실을 찾아가는 문화가 익숙하지 않아서 어렵게 상담실을 찾은 내담자 중에도 다른 사람이 보기에는 상담을 필요로 하는 사람이지만 정작 본인이 상담을 받고자 하는 동기나 변화하고자 하는 의지 없이 그저 누군가의 강요에 못 이겨 상담실에 온다면 제대로 도움을 받기 어렵다.

2) 상담의 기본 원리

상담은 개인이 가진 문제를 해결하고 적응활동을 증진시킴으로써 건전한 자아형성을 통한 성장을 돕는 것이다. 따라서 전문적 소양을 가진 상담자가 상담을 전개할 때에는 반드시 일정한 기본 원리에 바탕을 두어야 한다. 그 기본 원리에 대해 살펴보면 다음과 같다(김헌수, 김태호, 2006).

(1) 개별화의 원리

개별화individualization의 원리란 내담자의 독특한 성질을 알고 이해하며, 적응을 잘할 수 있도록 각 개인을 원조함에 있어서 상이한 원리나 방법을 활용하는 것이다. 인간은 개인차가 있어서 상이한 원리나 방법을 활용해야 한다. 그러므로 개인의 욕구 충족에 따르는 행동의 권리를 갖고 의무를 다하는 개인을 존중해야 하며, 따라서 상담자는 내담자의 개성과 개인차를 인정하는 범위 내에서 상담을 전개해야 한다. 개별화의 원리를 지키기 위해서 상담자는 편견이나 선입견으로부터 탈피해야 하고, 인간 행동의 유형과 원리에 대해 전문적으로 이해해야 하고, 내담자의 말을 경청하고 세밀하게 관찰해야 한다. 내담자의 보조에 맞추어 진행하면서 내담자의 감정변화를 민감하게 포착하고, 내담자와 견해차가 있을 때는 앞을 내다보는 능력을 갖고 적절한 선택을 해야 한다. 개별화를 위한 구체적 방법을 알아보자.

- 상담면접의 시간이나 환경 분위기에 세밀한 배려를 해야 한다.
- 특별 시설이나 상담실을 이용함으로써 비밀 준수와 신뢰감을 의식하도록 해야 한다.
- 약속시간을 엄수하되, 만약 어겼을 때는 납득할 수 있는 이유를 제시하고 설명해 주어야 한다.
- 충분한 사전 준비를 갖추어야 한다.
- 내담자 자신의 활동을 적극 권장해 주어야 한다.
- 지도방법에 융통성을 갖도록 해야 한다.

(2) 의도적 감정표현의 원리

의도적 감정표현purposeful expression은 내담자가 자신의 감정, 특히 부정적 감정을 표현하려는 자신의 욕구에 대한 인식이다. 즉, 사람은 누구나 정당하고 잘한 일에 대하여 떳떳하게 표현할 수 있는 의사표현의 자유도 있지만, 반대로 부정적 자기감정을 표현할 수 있는 자유도 있다는 것이다. 특히 상담자는 내담자가 가지고 있는 감정을 자유롭게 표현하도록 온화한 분위기를 조성해 주어야 한다. 의도적 감정표현의 원리를 지키기 위해서 상담자는 압력이나 긴장으로부터 내담자를 완화시켜 주어야 한다. 내담자 개인을 이해하고, 심리사회적 지지를 보이면서 그의 부정적인 감정표현 자체를 진정한 문제로 인식하고, 내담자의 감정표현을 비난하거나 낙심시키지 않도록 해야 한다. 그러므로 내담자가 자기표현을 유감없이 발휘할 수 있도록 해야 할 것이다. 상담에 있어서 의도적 감정표현의 원리는 다음과 같다.

- 내담자가 긴장을 풀도록 제반 조치를 강구해야 한다.
- 허용적 태도 조성을 위하여 내담자의 감정표현을 경청해야 한다.
- 내담자의 감정표현을 적극적으로 자극하고 격려해야 한다.
- 적절한 속도로 상담을 이끌어야 한다.
- 비현실적인 보장이나 너무 빠른 초기의 해석을 삼가야 한다.

(3) 수용의 원리

상담자는 내담자에게 따스하고 명랑하며 친절하면서 수용acceptance의 태도를 가져야 한다. 내담자를 하나의 인격체로서 존중하고 있다는 것을 말이나 행동으로 특히 비언어적 단서인 얼굴 표정을 통해 잘 전달해야 한다. 상담자는 내담자의 의견에 동의하지 못할 경우에는 동의하지 않는다는 사실을 분명히 전달하되, 그 표현이나 자세는 어디까지나 온화해야 한다. 상담자가 권위적이거나 강압적인 자세를 취하면 상담관계는 깨지고 만다. 따라서 내담자 중심으로 그의 진정한 욕구와 권리를 존중하며 감정이나 태도를 적극적으로 이해할 수 있어야 한다. 수용의 대상은 선한 것만이 아니고 진정한 것, 있는 그대로의 현실이어야 한다. 또한 수용의 목적은 치료에 있기 때문에 다음과 같은 측면이 갖춰져야 한다.

- 상담면접은 내담자 중심으로 진행해야 한다.
- 내담자의 자조의 욕구와 권리를 존중해야 한다.
- 상담자는 기꺼이 자기 행동을 관찰하며 직업적인 이해와 책임에 비추어 평가해야 한다. 즉, 상담자가 내담자에게 정서적으로 반응할 수 있기 위해서는 먼저 자기의 감정이나 태도를 이해할 수 있어야 한다.
- 상담자의 반응은 상담실에서 이루어져야 한다.

이와는 반대로 수용의 원리에 장해가 되는 요소는 다음과 같다.

- 인간의 행동양식에 관한 불충분한 소양
- 상담자가 자기의 생활 속에 현실적으로 처리할 수 없는 갈등을 갖고 있음
- 상담자의 감정을 내담자에게 이전하는 것
- 상담자의 편견과 선입견
- 보장할 수 없으면서도 말로만 안심시키는 것
- 수용과 시인(是認)과의 혼동
- 내담자에 대한 상담자의 경멸적 태도
- 과잉 동일시

(4) 비심판적 태도의 원리

무비판적 태도nonjudgmental attitude란 상담자가 내담자의 문제에 대해서 유죄다 혹은 무죄다, 책임져야 한다, 나쁘다는 식의 말이나 행동을 삼가야 한다는 뜻이다. 내담자는 자기의 잘못이나 문제에 대하여 결과를 나무라거나, 책임을 추궁하거나, 잘못을

질책하는 것을 두려워한다. 내담자는 죄책감, 열등감, 불만감, 고독감 등을 가지고 있기 때문에 타인의 비판에 예민하여 당연히 자기 자신을 방어하고 안전을 추구하려고 한다. 따라서 상담자는 객관적으로 내담자의 행동, 태도, 가치관 등을 평가해야 하며, 어떠한 문제에 대하여 유죄다, 책임져야 한다, 나쁘다는 등의 과격한 언어를 사용해서는 안 된다. 무비판적 태도의 원리를 지키기 위해서 상담자는 다음과 같은 자세를 견지해야 한다.

- 선입관의 지배를 받아서는 안 된다. 상담자도 인간인 이상 어떤 유형의 사람을 좋아하고 어떤 유형의 사람은 싫어할 수 있다. 싫어하는 유형의 사람에게 무비판적이고 호의적으로 대하기란 쉬운 일이 아니다. 의식적이 아니더라도 무의식적으로 언어와 행동에 그와 같은 감정을 표현할 수 있다. 그러나 상담자는 선입관을 버리고 색안경을 쓴 채 내담자를 주관적으로 보지 않도록 노력해야 한다.
- 내담자에게 보조에 맞추어 상담을 하지 않고 내담자의 발언을 자주 가로막고 성급한 결론으로 이끌어서는 안 된다. 만약 상담자가 그러한 태도를 취할 경우 내담자에게는 심판적이고 비판적인 사람이라는 인상을 갖게 하여 상담의 실패를 자초할 수 있다.
- 상담자가 지니고 있는 어떠한 유형의 틀에 내담자를 집어넣으려는 인상을 주지 말아야 한다. 유사한 경우의 내담자를 비교나 예시로 참고할 목적으로 삼는다는 것은 내담자로 하여금 자기를 어떤 틀 속에 집어넣으려는 인상, 즉 심판적인 태도로 오해하게 만들기 쉽다. 따라서 내담자가 거부적이고 자기 방어적인 행동을 취하게 되어 상담의 실패를 가져올 수 있다.
- 내담자가 상담자에 대해서 적의와 같은 부정적 감정표현을 할 수 있다는 것을 알아야 한다. 내담자가 특정인에게 자신의 적대적 감정을 전이시키려는 현상을 흔히 볼 수 있다. 이 경우에 상담자가 그 같은 방어기제에 대한 사전 지식이 없다면 내담자를 이해할 수도 없으려니와 무비판적 태도의 유지도 불가능하다. 그러므로 내담자의 그 같은 감정표현도 그를 이해하고 문제를 해결하는 데 도움이 된다는 자세를 가지고 여유 있게 내담자의 문제에 대해 객관적으로 바라볼 수 있어야 한다.

(5) 자기결정의 원리

상담과정에 있어서 상담자는 나아갈 방향을 스스로 결정하고 선택하려는 내담자의 자기결정self-determination을 존중하며 그와 같은 욕구를 결정할 수 있는 잠재적 힘을 자극하여 활동할 수 있도록 지도해야 한다. 그러나 내담자가 자기결정과 선택의 자유, 권리, 욕구가 있다고 해서 무조건적으로 도와주자는 것은 아니다. 자기결정과 선택의 자유, 권리, 욕구는 내담자의 능력이나 법률 및 도덕규범, 사회기관 내에서만 이루어 질 수 있다는 한계를 벗어나서는 안 된다. 이를 위해 상담자는 다음과 같은 원칙을 지켜야 한다.

- 내담자가 자기 수용을 할 수 있도록 도와주어야 한다.
- 내담자의 잠재능력, 즉 장점과 능력을 발견·활용함으로써 인격적 발전을 도모할 수 있도록 자극을 주어야 한다.
- 내담자에게 법률, 제도, 사회, 시설 등의 광범한 사회적 지원을 알게 함으로써 자기 선택 및 결정의 참고자료로 삼도록 해야 한다.
- 내담자가 자기결정을 할 수 있도록 상담자는 분위기를 조성해 주어야 한다. 수용적 태도나 심리적 지지를 보내는 것이 그 한 가지 방법이다.
- 상담자는 문제해결을 위한 중요한 책임을 자기가 지고 내담자에게는 사소하고 부차적인 역할만을 하도록 해서는 안 된다. 오히려 그 반대의 입장이 되어야 한다.
- 내담자가 바라는 서비스는 무시한 채 내담자의 사회적·정서적 생활에 대한 사소한 조사까지도 강행하려는 자세는 금물이다.
- 내담자를 직·간접으로 조정하려는 상담자의 자세는 삼가야 한다. 그 같은 방법은 내담자를 무시하고 상담자 자신의 판단에 따라서 행동의 방법을 선택하게 하려는 것이기 때문이다.
- 강제적으로 설득해서는 안 된다. 왜냐하면 내담자의 선택의 자유, 권리, 욕구 등을 무시함은 물론 그와 같은 능력의 함양을 약화시키기 때문이다.

(6) 비밀보장의 원리

상담과정 중 명심해야 할 사실은 상담자가 내담자와의 대화의 내용을 아무에게나 이야기하는 습관을 버리고 반드시 비밀을 보장confidentiality해 주어야 한다는 것이다. 상담은 본질적으로 내담자가 상담자를 신뢰하는 데에서 이루어진다. 따라서 어떠한 경우에 놓여 있는 문제라도 비밀을 지켜 주어야 한다. 상담자의 윤리 가운데 가장 중요한 것은 내담자의 비밀을 보장하는 것이다(김춘경, 이수연 등 2판, 2016).

청소년 상담의 목적은 크게 세 가지로 구별해 볼 수 있다. 첫째, 청소기의 급격한 변화에 순조롭게 적응하며, 발달과업들을 성공적으로 성취할 수 있도록 조력하는 것이며, 둘째로는 적응과정에서 실패를 한 청소년들의 재적응을 돕는 과정이며, 셋째로는 이들의 가능성을 실현할 수 있도록 조력하는 것이다.

1) 청소년기의 특성과 상담

청소년은 만족감과 행복을 느끼며 상담을 통한 도움을 필요로 하지 않는다. 그러나 발달과정에서 문제 상황에 직면할 때 청소년들의 자연스러운 발달은 지체되거나 발달장애에 부딪히게 된다. 일반적으로 대부분의 청소년들은 이러한 장애를 스스로의 내적 능력으로 해결하거나 그렇지 못한 경우에는 또래 혹은 가족들의 도움으로 문제를 극복해 나간다. 그러나 때때로 이들은 자신들의 자원이나 주변의 도움으로 극복하기에 너무 어려운 문제 상황에 직면하기도 한다. 만약 이들이 문제 상황에서 타인들의 적절한 도움이나 카운슬링을 받지 못한다면 심각한 부적응 행동에 빠지게 된다.

청소년들은 발달과정에서 크고 작은 장애물들에 직면하게 되고, 청소년들은 이러한 장애물들을 자신의 경험이나 지식, 사회적 기술 등을 활용하여 해결하거나, 가족, 또래 혹은 교사 등 주변 사람들의 도움을 통해 해결하면서 정상적인 발달 여행을 순조롭게 이루어 나간다. 그러나 장애물을 해결하는데 자신의 자원을 활용할 수 없거나, 주변의 적절한 도움을 활용할 수 없을 때 청소년들에게 필요한 것이 전문적 상담이다. 카운슬러들은 기본적인 상담기법과 여타의 상담전략을 사용하여 청소년들에게 이들이 당면해 있는 발달과정의 장애들을 극복할 수 있도록 조력하고 나아가 정상적인 발달 여행을 지속할 수 있도록 조력하는 것이 청소년 상담의 목적이다.

2) 청소년 성장을 위협하는 것

청소년들의 건전한 발달을 위협하는 요소들은 다양할 수 있으나, 이를 개인 발달과정의 요인과 양육과정의 요인 그리고 환경적 특성으로 나누어 살펴 볼 필요가 있다.

첫째, 청소년들의 성장을 위협할 수 있는 개인 특성으로는 청소년기의 급격한 변화가 가져오는 위협 요인이다. 이러한 위협 요인은 모든 청소년들이 발달과정에 직면하는 것들이며 청소년들이 해결해야 할 발달과업이기도 하다.

(1) 생물학적 변화: 생리·신체적 변화, 성적변화, 정서변화

(2) 인지변화: 추상적 사고능력의 발달, 자기중심적 사고, 타인 조망 능력 확대, 정보처리의 새로운 능력발전, 비판적 사고능력, 창조적 사고능력

(3) 심리적 변화: 새로운 정체성 형성, 개별화와 집단정체성 발달, 정서적 성숙과 윤리적 정체성 발달

(4) 사회적 변화: 사회기대의 변화, 부모기대의 변화와 갈등, 청소년 자신의 기대 변화와 갈등

(5) 도덕 및 영적 수준에서의 변화

이러한 영역에서의 변화는 청소년들에게 새로운 자신에 대한 적응을 요구하고 있으며, 이러한 요구를 적절히 해결할 수 없을 때 청소년들은 크고 작은 어려움에 직면하게 되고 나아가 발달을 위협받게 된다.

둘째, 어린 시절의 경험이다. 어린 시절에 겪은 개인적 경험들은 청소년들의 성장을 촉진시키기도 하고 혹은 발달을 위협하는 장애요소로 기능하기도 한다. 청소년기의 발달을 위협하는 어린 시절의 경험들은 대체로 다음과 같은 것들이 있다.

(1) 초기 애착의 문제

(2) 부모의 부적절한 양육태도와 행동

(3) 학대 경험: 무시, 정서적 학대, 신체적 학대, 성적 학대

(4) 심리적 외상의 경험

셋째, 환경요인이다. 청소년기는 새로운 경험들에 직면하는 변화의 시기이다. 청소년들이 생활하는 다양한 영역에서는 이들에게 새로운 적응방식을 요구한다.

3) 청소년의 상담목표

(1) 소극적 목표: 문제해결이나 예방

① 청소년들의 당면문제 해결: 학습문제, 또래관계의 갈등과 문제, 진로문제, 부모 혹은 교사와의 갈등문제 등 학생들이 당면하고 있는 삶의 문제들을 해결할 수 있도록 조력하는 과정

② 개인적 변화에 적응: 신체적 변화, 정서적 변화, 생리적 변화, 심리·성적변화, 주변인들의 기대변화 등 성장과정에서 겪게 되는 변화에 적절히 적응할 수 있

도록 조력하는 과정

③ 예방교육: 청소년들의 학교생활 혹은 발달과정에서 제기되는 문제를 사전에 대비하여 청소년들이 장애나 문제를 극복하고 바르게 성장할 수 있도록 조력하는 과정(성교육, 진로탐색, 자아탐색, 사회적 기술 훈련 등)

④ 심리적 문제 치유: 불안, 우울, 좌절 등 마음의 상처를 치료

(2) 적극적 목표: 유능성의 증진

① 합리적 결정 능력의 증진: 청소년들의 진로선택, 대인관계 등에서 현실적 자기이해와 미래지향적 결정능력 증진에 조력

② 긍정적 행동변화: 청소년들의 긍정적 사고 및 가치관 형성과 발달

③ 전인적 성장

    ⓐ 유능감(사회적 유능감, 신체적 유능감, 학업에서의 유능감)의 증진

    – 사회적 유능감: 긍정적인 가족관계, 또래관계, 타인들과의 관계에서 감정관리

    – 신체적 유능감: 운동능력, 작업능력, 한계 수용능력

    – 학업에서의 유능감: 학습 유능감, 적성과 흥미개발, 한계 수용능력

    – 진로 및 일과 관련된 유능감: 적절한 목표 수준 설정, 추진, 달성

    ⓑ 성역할 정체감 확립

    ⓒ 의미 있는 대인관계 발전능력의 증진: 대인관계 갈등관리 능력 등

    ⓓ 경제적·심리적 독립의 과정

    ⓔ 자신과 세상에 대한 수용능력의 증진: 긍정적 자기정체성 확립

④ 개인적 행복: 학업과 직업에서의 성공, 대인관계에서의 성공(원하는 것을 얻음)

4) 목표수립이 내담자에게 미치는 효과

① 내담자에게 도움을 주지만 저항을 할 수 있다.

② 내담자들은 자기 자신과 자신의 욕구에 대해 보다 명확히 인식하게 된다.

③ 내담자로 하여금 자신에게 중요한 것과 사소한 것, 그리고 자신의 삶에서 중요한 것과 사소한 것을 구별할 수 있도록 도와준다.

④ 내담자로 하여금 가장 의미 있는 가치와 중요한 일을 결정하고 선택할 수 있도록 도와준다. 결과적으로 자신이 진정으로 원하는 것을 명확하게 파악할 수 있게 해준다.

⑤ 내담자들은 목표수립을 통해 일종의 성취감을 경험한다. 목표수립은 문제 해결을 위한 출발점으로서의 역할을 해준다. 오랫동안 지속되어 온 내담자의 문제를 해결하기 위한 행동 목표를 수립함으로써 자신감을 지니게 된다.

⑥ 내담자에게 자신의 문제에 대한 보다 새로운 시각을 제공한다. 구체적인 목표를 수립하는 과정 자체가 내담자의 변화에 매우 능동적인 기여를 한다.

5) 목표수립에 있어서 내담자의 참여

① 내담자가 목표수립에 반드시 참여하는 것이 바람직하다. 상담자가 일방적으로 내담자에게 제공하는 것은 좋지 않다.

② 목표수립은 내담자에게 있어 매우 사적인 내용에 속하며, 그러기에 내담자의 많은 노력과 약속을 필요로 한다.

③ 그러므로 자신이 어떤 희생을 치르고서라도 성취하고 싶은 중요한 목표를 내담자 스스로 선택하게 해야 한다.

④ 내담자와 상담자 모두가 상호작용을 통해 목표수립을 할 때 보다 책임 있는 상담이 이루어 질 수 있다.

6) 목표수립에 대한 내담자의 저항

① 현재하고 있는 행동에서 얻는 이득을 유지하려고 변화목표설정에 저항하며, 그 이득을 파악하는 것이 필요하다. 바람직한 방식으로 어떻게 하면 그런 이득을 얻을 수 있는지 내담자 스스로 결정하도록 한다.

② 상담자가 특정한 방향으로 내담자를 이끌어 가고 있다고 느끼므로 저항한다. 목표설정에 내담자가 참여하도록 격려해주는 것이 필요하다.

③ 바라고 있는 변화의 우선순위, 필요성, 욕구에 대해 스스로 혼란스러워 저항한다.

04 상담의 과정

1) 상담 초기 단계

(1) 상담의 초기 단계와 촉진적 상담관계의 형성

상담의 초기 단계란 상담자와 내담자 간의 첫 만남이 이루어지는 순간부터 시작해서 이후의 몇 차례의 만남을 말한다. 초기 단계의 가장 큰 목표는 상담의 기틀을 마련하는 일이다. 초기 단계에서 상담의 기틀을 제대로 잡지 않으면 이후에 상담이 아무리 오래 진행된다 하더라도 뚜렷한 성과를 내기 어렵다. 상담의 기틀 잡기에는 내담자의 문제의 이해, 변화와 상담에 대한 동기 확인, 상담에 대한 구조화 작업, 상담의 목표 설정, 촉진적인 상담관계를 형성하는 것들이 포함된다.

① 상담관계의 중요성

상담자와 내담자가 맺는 질적인 인간관계는 상담의 성공과 직결되는 매우 중요한 문제이다. 상담자와 내담자가 서로 신뢰할 수 있어야 솔직한 자기개방이 가능하고, 그러면서도 내담자가 상담상황에 안정감을 느끼고 문제해결에 희망을 가질 수 있다면 촉진적 관계가 형성되었다고 볼 수 있다. 신뢰롭고 촉진적인 관계에서 상담자는 내담자의 내면세계를 이해하고 보다 깊이 탐색할 수 있다. 상담자뿐 아니라 내담자도 자신의 문제를 좀 더 깊이 구체적으로 탐색해 볼 수 있어 결국 상담과정을 효율적으로 진행시키고 문제를 해결하는 통찰을 경험할 수 있다.

청소년기는 신체적인 에너지가 가장 왕성할 때이므로 관계형성을 촉진하기 위해 게임을 통한 신체적 활동, 그림 그리기, 인형 등을 활용하여 대화를 주고받는 경우에 청소년 내담자와의 관계형성이 급속히 이루어질 수도 있다.

② 촉진적 관계형성을 위한 상담자의 태도

촉진적인 관계가 형성되려면 무엇보다 상담자의 태도가 매우 중요하다. 내담자에게 관심을 기울이고, 내담자의 이야기를 적극적으로 경청하며, 내담자의 입장에서 공감적으로 이해하고, 내담자를 비난하거나 비판하지 않으며 수용하고 존중하는 상담자의 태도가 반드시 필요하다. 이러한 상담자의 태도는 상담초기에서 특히 중요하지만 초기 단계뿐 아니라 상담의 전체 과정에서 일관되게 나타나야 할 것이다. 공감적 이해, 진실성, 무조건적인 수용과 긍정적 존중은 인간중심 상담이론에서 특히 강조되는 세 가지의 중요한 상담자 태도이자 기법들이다.

ⓐ 공감적으로 이해하는 태도: 공감적으로 이해하는 태도는 내담자가 이야기할 때 내담자의 입장이 되어 들어주는 것이다. 말하는 사람의 입장이 되어 내담자의 주관적 세계를 같이 경험한다. 뿐만 아니라 상담자는 내담자의 경험과 감정에 대해 이해한 것을 내담자에게 말과 태도로 표현해주어 내담자를 공감하고 있음을 전달해야 한다.

ⓑ 무조건적으로 수용하고 긍정적으로 존중하는 태도: 내담자의 말을 들을 때 이유를 따지거나 비판·평가하지 않고 판단을 보류하며 일단 내담자가 말하는 그대로를 수용하고 한 인간으로서 존중해주는 태도를 말한다. 상담자가 내담자의 이야기를 평가하지 않고 수용하는 태도로 일관성 있게 보여주면, 내담자는 조심스럽게 자신의 마음을 열기 시작하고, 자신의 부정적 감정과 경험에 대해 느끼게 되며, 상담자라는 타인이 자신을 무조건적으로 수용해주고 존중해주는 경험을 통해 내담자도 자신을 수용하게 되어 결국 변화와 성장을 하게 된다.

ⓒ 진실성: 진실성은 내담자에 대한 상담자의 마음과 겉으로 드러나는 행동이 일치하여 일관되게 나타나는 태도를 의미한다. 상담자의 일관되고 진실한 태도를 보게 됨으로써 내담자도 자신의 진실한 모습을 보려고 시도하게 된다.

ⓓ 구체성: 구체성은 상담자가 내담자에게 내담자의 생각과 느낌, 경험 등에 대해 좀 더 구체적으로 표현해 줄 것을 요구하는 것을 말한다. 상담자가 내담자에 대해 잘 이해되지 않는 부분을 공감적으로 이해하기 위해 상담자가 진실한 태도를 보이며 구체적으로 질문함으로써 내담자를 정확하게 이해할 수 있지만, 내담자도 상담자의 구체적인 질문을 통해 혼란스러운 자신의 심리상태를 분별할 수 있다.

③ 상담초기에 주로 사용되는 기법

상담에 필요한 다양한 기법들 중에서, 특히 상담의 초기 단계에 필수적인 기법들은 심리상담 같은 전문적인 분야뿐만 아니라, 일적인 대인관계 의사소통 상황에서도 효과적으로 활용이 가능하므로 중요한 의사소통 기법으로 알려져 있다. 상담의 초기 단계에서는 구체적인 문제에 초점을 맞춘 문제해결 전략을 사용하기보다는 보다 일반적으로 기본적인 인간관계 형성 혹은 신뢰적인 관계형성에 필요한 의사소통 기법이 필요하다. 구체적으로, 내담자와 상담자 간의 신뢰적인 관계를 형성하기 위한 방법, 상담자의 내담자에 대한 적극적인 관심을 표현하는 방법, 내담자가 표현하기 힘들어하는 내면의 감정이나 경험들을 읽어내는 방법 그리고 상담자의 솔직한 경험을 적절하게 전달하는 방법 등이 바로 그것이다. 즉, 본격적인 문제해결 접근을 시도하기 전에 일단 문제해결에 참여한 사람들 간의 신뢰적인 관계를 구축하는 것은 궁극적으로 성공적인 문제해결을 예측해 주는 중요한 요소가 된다.

ⓐ 관심 기울이기: 관심 기울이기란 상담자가 신체적으로 내담자 쪽을 향하고, 심리적으로 내담자에게 온전히 주의를 집중하는 것을 말한다. 관심 기울이기는 대체로 상담자의 자세, 얼굴표정, 시선 등과 같은 비언어적 행동을 통해 내담자에게 전달된다.

- 내담자를 향해서 앉는다.
- 개방적인 몸자세를 취한다.
- 때때로 상대방을 향해 몸을 기울여 앉는다.
- 시선을 통한 접촉을 적절히 한다.
- 긴장을 푼다.

ⓑ 경청
- 비언어적 메시지 경청하기
  - 눈: 시선, 눈 깜박임, 눈물을 글썽임, 눈에 힘이 들어감 등
  - 몸의 자세: 웅크림, 뒤로 젖힘 등
  - 손발의 제스처: 손발의 움직임, 주먹을 쥠, 뒤통수를 긁적임 등
  - 얼굴의 표정: 미소, 미간을 찌푸림, 입술이 떨림 등
  - 목소리: 톤의 고저, 강약, 유창성, 떨림 등
  - 자율신경계에 의한 생리적 반응: 얼굴 빨개짐, 창백해짐, 급한 호흡, 동공확대, 땀이 남 등
- 언어 메시지 경청하기
  - 내담자의 사실이나 사건
  - 내담자의 생각
  - 내담자의 감정 또는 정서
- 경청의 확인
  - 적절한 고개의 끄덕임
  - 단순한 음성반응(장단 맞추기, 추임새나 질문의 활용 등)
  - 관심어린 질문

- 내담자 말의 재진술
- 내담자가 한 말을 거의 그대로 다시 말하는 '반복'
- 내담자가 한 말을 다소 바꾸어서 '재진술'하기

ⓒ 명료화: 내담자가 했던 말 중에서 불확실하거나 모호한 내용을 찾아 지적하고 그것을 내담자가 확실히 알도록 도와주는 것이다.

> 예) "그것이 정확하게 무엇을 뜻하는 것이지요?"
> "방금 ~스럽다고 했는데 잘 못 들었습니다. 다시 말해 주시겠어요?"
> "그 사람이 마음에 들지 않는다고 했는데 어떻게 마음에 들지 않는지 분명하지 못하군요."

ⓓ 화제 바꾸기: 대화를 상담과제에 집중시키는 방법의 하나로 내담자가 언급한 내용들 중에서 특별히 탐색하려는 주제와 관련성이 적은 내용들을 잘라버리는 것이다. 화제전환을 할 때 내담자로 하여금 자신이 무시당한다는 느낌을 주지 않도록 조심해야 한다.

> 예) "아까 하던 이야기로 돌아가서…"
> "그 사건 이야기는 그만 하고 그로 인해 남자친구에 대해 어떤 느낌이 들게 되었는지 말해보시지요."
> "지금 말한 것들 중 특히 어떤 것이 제일 마음에 걸리는지요?

ⓔ 즉시성: 상담을 진행하는 지금─여기에서의 상담자─내담자 관계를 탐색하는 기술로 즉시성은 다음과 같은 경우에 특히 유용하다.
- 상담대화가 방향을 잃고 진전되지 않을 때
- 상담자와 내담자 간에 긴장을 느낄 때
- 상담자에 대해 신뢰감을 보이지 않을 때
- 내담자가 상담에 대한 흥미와 관심이 줄어든 행동을 할 때
- 내담자가 상담자에게 지나치게 의존할 때
- 역전이 현상이 작용할 때

> 예) "우리가 서로 신경이 날카로워진 것 같군요."
> "잠시 쉬면서 우리 관계를 생각해 보는 것이 어떨까요?"
> "나는 지금 우리가 방향을 잃고 방황한다는 느낌이 듭니다."

"지금까지 한 그 이야기들이 현재 당신의 문제와 어떤 관련을 갖는지 연관 지어 보겠어요?"

"내가 무얼 잘못 했는지 아니면 당신이 지금 무슨 생각을 하는지 궁금하군요."

ⓕ 구체화: 내담자의 메시지 중에 분명하지 못하고 확실하지 못한 부분, 애매모호 해서 혼란을 주는 부분, 선뜻 이해하기 어려운 부분 등을 정밀하게 확인하는 방법이다.

예) "기분이 나쁘다는 말이 무슨 뜻인지 조금 구체적으로 말해 주시겠어요?"

"방금 말한 내용을 이해하기 쉽게 조금 더 자세히 말해보세요."

"혹시 그와 유사한 느낌을 표현하는 다른 낱말들은 어떤 것들일까 궁금하 군요?"

"예를 들어 보시겠어요?"

ⓖ 질문: 상담 대화에서든 일상 대화에서든 우리는 질문을 자주 사용한다. 일상 대화에서 우리는 분명한 의도를 가지고 질문하기보다는 대화를 하다가 궁금한 점이 생기니 그냥 질문을 하게 되는 경우가 많다. 그러나 상담 대화에서는 좀 더 분명한 의도를 가지고 질문을 하게 된다. 상담 대화에서 상담자는 자기의 질문 의도를 분명하게 아는 것이 중요하다.

- 질문의 의도와 목적
  - 필요한 정보를 얻기 위함
  - 내담자의 마음(내면)을 탐색하기 위함
  - 내담자의 말을 정확히 이해하기 위함
  - 대화의 실마리를 풀기 위함
  - 치료개입의 수단으로 질문함

- 질문의 기초 기술
  - 열린 질문과 닫힌 질문
  - 직접 질문과 간접 질문
  - 이중 질문: 이중 질문은 내담자를 혼란스럽게 하므로 피하는 것이 좋다.
  - '왜?' 질문과 그 대안적 질문기술
  - 내담자가 말하지 않은 '생각' 내용에 대한 질문
  - 과일반화를 구체화시키는 질문

ⓑ 정보 및 조언제공: 정보제공은 상담자가 내담자에게 교육적인 성격의 어떤 정보를 제공하거나 객관적 사실을 알려주는 것을 말한다. 정보를 제공할 때 상담자는 내담자가 요구하거나, 내담자에게 유익한 정보를 제공할 뿐만 아니라 필요한 경우 내담자 스스로 좀 더 상세한 정보를 얻을 수 있는 방법이나 자원에 대한 정보도 제공해 줄 수 있다.

조언은 정보제공과 관련이 있다. 정보제공이 어떤 사안에 대한 객관적인 지식을 제공하는 것으로 끝나는 데 비해, 조언은 관련 사안에 대한 상담자의 주관적인 판단이나 견해, 입장을 밝히고, 방향 제시까지 하는 것을 포함한다.

④ 상담의 구조화

상담의 구조화란 상담초기에 상담자가 내담자에게 실시하는 상담에 대한 교육을 의미한다. 즉, 상담의 의미, 다룰 수 있는 문제, 얻을 수 있는 성과, 상담과정, 역할 및 규범, 시간, 장소 등에 대해 상담자가 내담자에게 설명하여 이해시키는 상담에 대한 오리엔테이션 과정을 말한다. 상담 초기과정에 상담의 구조적 형태를 명확히 설명해 줄 필요가 있다. 구조화 과정을 통해 내담자가 상담초기에 가지는 애매모호함과 불안감을 경감시킬 수 있고, 상담관계가 현실에 기반을 두고 합의된 목표를 추구해 나가는 실제적인 관계를 발전해 갈 수 있다.

ⓐ 상담관계 및 시간에 대한 구조화: "상담실에 올 때 어떤 도움을 받을 거라고 생각했니?(선생님이 가보라고 했어요) 선생님이 가보라고 하셨지만 난 네가 상담하고 싶어 하는 것에 더 관심이 있어. 여기서 너를 꾸중하거나 잘못을 캐내거나 하지 않을 거야. 너와 이야기를 나누면서 네가 하고 싶었던 말, 어려운 일들을 풀어보기 위해 대화를 해 나갈 거야. 너와 내가 솔직하고 적극적으로 상담에 집중하면 좋은 결과를 얻을 수 있기 때문에 각자 노력하도록 하자. 보통 상담은 일주일에 한 번 정도 하게 되고, 한 번에 50분 정도 할 거야. 만약 약속을 못 지키게 되는 경우에는 상담실로 전화나 문자로 미리 알려주면 좋겠어. 우리 서로 연락처를 알고 있으면 좋을 거야. 상담은 한두 번으로 끝내지 않고 여러 번 만나서 상담을 하게 되는 데 이곳 상담실에서는 대체로 10회 정도로 하게 되는데, 더 필요하다고 생각되며 그때 가서 같이 의논해보도록 하자. 이제 상담이 어떻게 진행되는지 알게 되었지? 혹시 상담에 대해 더 알고 싶은 것이 있니?"

ⓑ 상담자 역할의 구조화: 상담자는 내담자에게 자신이 어떤 역할을 맡고 있는지 알려주며, 다른 역할을 겸하고 있는 경우 역할의 범위 및 한계에 대해 이야기

함으로써 사전에 내담자의 혼란을 방지하도록 해야 한다. 또한 상담자는 문제의 해결책을 내놓는 사람이 아니라 내담자 스스로 자신의 문제를 극복하기 위한 바람직한 해결책을 선택하도록 돕는 사람임을 인식시켜야 한다.

ⓒ 내담자의 역할의 구조화: 상담자는 상담이 성공적이기 위해서는 내담자의 역할수행에 대한 책임감이 중요하다는 사실을 알려준다. 상담 과정에서 내담자의 현재 상황을 이해하기 위해 내담자 자신이 가지고 있는 과거 경험이나 평소 습관, 생각과 감정 등이 중요한 요소이므로, 내담자에게 이를 자유롭게 표현하도록 요구한다.

ⓓ 상담 과정 및 목표의 구조화: 상담자는 내담자가 편안한 분위기에서 상담 과정에 몰두할 수 있도록 도우며, 내담자의 비합리적인 기대를 교정할 필요가 있다. 상담자는 내담자에게 상담의 철학적 배경과 가치를 제시해 줄 수도 있다.

ⓔ 비밀보호의 원칙 및 한계: 상담자는 내담자에게 상담 내용이 내담자의 동의 없이 다른 사람 또는 기관에 노출되지 않는다는 사실을 알려준다. 다만, 내담자나 주변인의 생명 또는 사회의 안전을 위협하는 경우 내담자의 사전 동의 없이도 내담자에 대한 정보가 다른 전문인 또는 기관에 전달될 수 있다는 사실도 밝힌다.

ⓕ 내담자 문제의 이해 및 평가: 상담이 시작되는 순간, 즉 내담자가 상담을 청하는 순간부터 상담자는 내담자를 이해하기 위한 활동이 개시된다고 할 수 있다. 상담의 과정을 다른 말로 표현하면 이해의 과정이라고 해도 크게 틀린 말이 아닐 정도로 상담에서 내담자를 이해하는 과정은 중요하다. 청소년 내담자를 잘 도와주기 위해서 먼저 내담자의 문제가 무엇인가를 파악하고 그 문제를 경험하는 내담자에 대해서도 잘 이해할 필요가 있다. 상담 초기 단계에서 내담자의 문제를 더 잘 이해하기 위해서 상담자 입장에서 필요한 정보들이 있다. 내담자가 자발적으로 그런 내용을 이야기하면 더할 나위 없이 좋겠지만 그렇지 않은 경우에는 상담자가 그것을 탐색하여 보다 구체적인 정보를 통해 내담자에 대한 이해의 지평을 보다 넓고 깊게 가질 필요가 있다.

- 내담자에 대한 전반적인 이해
  - 신체적 영역: 신체 크기와 또래와 비교한 상대적 크기 / 어린 시절부터의 발달 과정 / 이차 성장의 발현 / 신체장애 유무 / 외모상 결함 유무 / 건강상태 등
  - 인지적 영역: 인지 과정의 합리성 / 인지적 발달 단계 / 지능 수준 / 주의집

중력 / 다양한 관점을 채택하여 생각하는 능력 / 동기와 태도 / 가치관
  - 학업과 진로영역: 현재 학업성적 / 학습에 대한 동기와 의욕 수준 / 효율적 학습 방법에 대한 지식의 수준과 습관화된 정도 / 단기적 진로목표 / 장기적 진로목표 / 진로성숙도 / 진로목표 달성을 위한 준비 정도 등
  - 행동 영역: 습관적으로 반복되는 행동 / 일회적인 행동의 종류, 강도, 빈도
  - 사회적 영역: 사회 발달 정도 / 대인관계 기술과 능력 / 또래관계의 특성 / 가족관계의 특성 / 학교 교사들과의 관계 / 다른 주변 사람들과의 관계
  - 내담자의 의사소통에는 어떤 특징이 있는가? / 대화 구조의 형식적 특징 / 대화내용의 특징은 / 대화를 통해 심리를 표현하는 방식 / 대화의 초점 등
  - 문제발생 전 기능 수준: 문제발생 전 내담자의 생활 여러 영역에서 어느 정도 잘 기능하였는가?
  - 강점과 심리적 자원(문제해결이나 극복에 도움이 되는 측면)과 취약점(문제를 유지시키고 문제해결에 걸림돌이 되는 측면)은 무엇인가?
  - 문제해결에 도움이 되는 환경적 특성과 문제를 유지시키고 문제해결에 걸림돌이 되는 환경적 특성(또래집단 부추김)은 무엇인가?

• 방법 및 절차
  - 상담자가 파악한 내담자 문제의 성격은 무엇인가?
    내담자의 호소문제와 증상 그리고 내담자가 처해있는 문제 상황을 단순히 열거하는 수준을 넘어서 상담자가 바라보는 내담자 문제의 성격과 문제의 핵심이 무엇인가?
  - 문제가 생기게 된 경로나 원인은 무엇인가?
  - 문제를 지속시키는 내적 원인은 무엇인가?
  - 문제를 지속시키는 외적 원인은 무엇인가?
  - 문제를 해결하거나 극복하기 위하여 내담자에게 필요한 것은 무엇인가?

⑤ **상담 목표설정**
ⓐ 상담목표는 상담의 방향을 제시하고 효과적인 상담 전략을 계획할 수 있도록 하며, 상담의 진행 상황 및 유효성 여부를 판단할 수 있는 기준을 제시해 준다.
ⓑ 상담자는 내담자와 합의하여 상담을 통해 달성할 구체적인 목표를 설정해야 한다. 이 때 목표는 현실적이면서 구체적인 행동으로 이어질 수 있는 것이어야 한다.

ⓒ 필요성
- 상담의 성과 평가와 상담의 종료시점을 알기 위해 필요하다.
- 상담 전개를 효율적으로 하기 위해 필요하다.
ⓓ 방법은 상담자와 내담자가 함께 참여한다.
ⓔ 목표설정 기술
- 상담자의 추론기술: 내담자가 진술한 메시지의 행간을 읽는 기술이다.
- 상담목표의 구분: 궁극적 목표, 중간 목표, 당면 목표, 작은 목표설정이 중요하다.
- 현실적으로 실현 가능한 목표를 설정하도록 한다.
ⓕ 목표 수정에 대한 융통성이 필요하다.

(2) 초기상담과 첫 면접

내담자가 상담받기를 원해 상담기관을 내방했을 경우, 내담자와 상담자의 첫 만남은 내담자가 사전에 전화로 간단한 예약 접수를 하고 내방을 하거나, 직접 내방하여 문서나 구두를 통해 공식적으로 접수하는 과정이 있다. 대체적으로 큰 규모의 상담기관에서는 내담자가 대부분 접수면접의 절차를 거친 다음에 상담자를 만나게 된다. 규모가 작은 상담실이나 개업상담실의 경우, 내담자는 접수면접을 하지 않거나 매우 간단한 신청 절차만을 거친 다음 상담자를 만날 수 있다.

특히 청소년 내담자의 경우에는 부모나 교사에 의해 사전에 전화 혹은 직접 방문을 통해 신청한 후 상담을 받을 수도 있기 때문에 접수면접 절차가 생략되거나 간소화될 수 있다. 따라서 첫 면접에서 상담자는 신청 후 접수면접을 거친 내담자를 볼 수도 있고, 접수면접 없이 신청 절차만 거친 내담자를 만날 수 있다.

어떤 형태로 내담자와 만남이 이루어지든지 간에 상담의 초기는 새로운 만남의 기초를 다지며 상담의 출발점과 기본 방향을 정해야 하는 중요한 시점이다.

초기 상담에서 내담자와의 첫 만남 중 가장 먼저 이루어지는 접수면접과 첫 면접에서 상담자가 고려해야 할 것들에 대해 알아보고자 한다.

① 접수면접

접수면접은 내담자를 상담으로 이끌어 주는 다리 역할을 한다. 접수면접에서 내담자가 현재 갖고 있는 어려움과 그 원인을 파악하여 상담과정에서 내담자를 더욱 전문적으로 조력할 수 있는 방법과 방향을 결정하는 시간이다.

- 접수면접의 목적과 내용을 알기 쉽게 설명해 준다.
- 접수면접은 본 상담과는 다른 별도의 절차라는 점과 접수면접자는 상담하는 사람이 아니라 상담을 시작하기 이전에 내담자와 상담자를 연결시키는 역할, 그리고 상담에 필요한 내담자의 기초정보를 탐색하거나 심리적 상태를 평가하는 역할을 한다는 점을 설명한다.
- 내담자가 호소 문제를 필요 이상으로 상세하게 노출하면서 도움을 요청할 때는 내담자의 자기노출을 제한시켜야 하고 나중에 본 상담에서 자세한 이야기를 하도록 안내해야 한다.
- 단회상담을 해야 하는 경우가 아니라면 내담자의 호소 문제를 구체화 시키는 개입행동은 삼가야 한다.

② **접수면접자의 역할**
- 접수면접자로는 상담분야의 교육을 받고 실무경력이 많은 사람 즉, 기관에서 경력이 많은 전문 인력을 활용하고, 비교적 짧은 시간 안에 내담자의 필요, 동기, 심리상태, 환경 등에 관한 정확한 평가와 면담을 할 수 있는 상담자가 하는 것이 좋다.
- 내담자에 대한 정보를 수집한 이후에는 수집된 정보들을 종합하여 내담자의 심리적 특성이나 능력, 호소문제의 증상이나 원인, 상담방향 등의 내용을 정리하여 접수면접 보고서를 작성한다.
- 이 내담자를 상담하게 된다면 어떤 종류의 서비스를 적절하게 제공할 수 있는지, 이 내담자를 어느 상담자에게 배정할 것인지, 심리검사가 필요하다면 어느 검사가 좋을지, 타 기관에 의뢰한다면 어느 기관에 어떤 절차를 거쳐서 의뢰하는 것이 좋은지를 결정해야 한다.
- 접수면접 내용을 배정된 상담자에게 인계할 때에 그 동안 파악했던 모든 정보와 상담자에 필요한 사항을 모두 알려주어야 한다.
- 면접 기록은 객관적으로 기록해야 한다. 사실과 사실에 대한 판단이나 해석을 구분해서 사실을 중심으로 기록하고, 내담자의 언어를 왜곡하거나 훼손하지 않고 그대로 기술한다.

③ **첫 면접**
　'첫 인상이 중요하다'는 말이 있듯이, 첫 번째 만남에서의 행동이 모든 인간관계의 결과에 중요한 영향을 미친다. 상담의 첫 면접은 상담을 목적으로 내담자와 상담자가

만나는 첫 번째 만남이다. 첫 면접에서는 내담자로 하여금 자기가 말하고 싶은 것을 안심하고 이야기할 수 있는 분위기를 조성하고, 상담자가 경청하고 있고 내담자의 말을 이해하고 있음을 인식하도록 한다.

(3) 청소년 내담자의 비자발성 다루기

청소년 내담자들은 부모나 교사의 손에 이끌려 상담실로 의뢰되는 경우가 많다. 이런 비자발적 내담자들은 흔히 자기가 왜 상담자를 만나야 하는지를 모르거나, 현재의 태도를 바꿀 필요성을 느끼지 않거나, 거부적이고 자주 침묵을 지키는 경우가 많다.

또한, 청소년 내담자들은 먼저 말하려고 하지 않고, 대답은 될 수 있는 대로 짧게 하며, 아무 말을 하지 않기도 한다. 비자발적 내담자에 대한 상담자의 핵심과제는 비자발성과 거부적인 태도를 수용하고 이해하며, 그들과의 상담관계 형성에 주력하는 것이다.

① 상담에 의뢰한 사람과 함께 온 경우
- 청소년 내담자가 사전에 상담실에 오는 줄 알고 왔는지를 확인한다.
- 청소년 내담자와 의뢰한 사람을 각각 개별적으로 만나도록 한다. 특히 청소년 내담자와 만나는 시간을 더 길게 갖는다.
- 청소년 내담자와 단 둘이 상담하게 되었을 때, 지금-여기에서의 느낌, 상담에 의뢰된 것에 대한 느낌을 표현할 수 있는 기회를 공감해 준다.
- 청소년 내담자가 의뢰한 사람과 같이 왔더라도 내담자의 이야기에 관심이 있고, 둘이 나눈 이야기에 대해 비밀보장을 하며, 상담에 대해 어떻게 알고 있는지, 상담자는 내담자를 꾸중하거나 지적하기 위한 사람이 아니라 내담자의 관심사를 함께 이야기하고 내담자에게 도움을 주기 위해 만나고 있다는 것을 강조하면서 상담 구조화를 한다.

② 상담에 의뢰되어 혼자 온 경우
- 청소년 내담자에게 의뢰되어 온 정보를 솔직하게 이야기 해준다.
- 청소년 내담자가 상담에 의뢰된 것에 대해 어떤 느낌을 갖고 있는지에 대해 탐색한다.
- 의뢰된 사람의 의견보다는 내담자가 생각하는 자신의 문제와 상담에 대한 기대에 보다 많은 관심이 있음을 표현한다.
- 만약, 청소년 내담자가 상담에 오는 것이 처벌의 일종으로 오게 된 경우(예를 들어, 학교나 보호관찰소에서 상담실에 가서 상담을 받고 상담확인증을 받아

와야 하는 경우, 가정법원의 결정에 의해 상담 교육 명령이 내려진 경우), 내담
자가 이러한 처벌에 대한 생각이나 느낌을 표현할 수 있도록 한다.
- 청소년 내담자를 처음 만나는 시점에 상담에 대한 비밀보장을 비롯한 상담의
  구조화를 통해 상담실이 처벌을 대신하는 기관이 아니라 내담자의 성장과 발
  달에 관심이 있으며, 내담자의 관심사를 나누기 위한 곳이라는 것을 상기시키
  는 한편, 상담 진행에 따른 절차를 관련 기관과 협의할 수 있음을 설명한다.

2) 상담 중기 단계

상담 목표가 수립되면 내담자는 변화에 대한 동기를 가지고, 목표 달성을 위한 구
체적인 노력을 기울인다. 상담자는 이제까지 내담자가 문제행동을 유지하면서 가지고
있었던 인지, 정서, 행동적인 특성을 새로운 인지, 정서, 행동 양식으로 변화하고 수행
할 수 있도록 도와주어야 한다. 그러나 내담자는 새로운 변화에 대한 기대와 더불어
새롭게 해야 할 실천에 따른 부담감과 실패에 대한 두려움으로 실천에 대한 저항을
보이기도 한다. 상담자는 상담의 중기에 내담자가 경험하게 될 불안과 저항을 알아차
리고 내담자가 문제를 해결하고 새롭게 변화할 수 있는 심리적인 지원과 실제적인 안
내를 제공해야 한다.

(1) 중기에 사용하는 상담기법

① 반영하기

반영하기란 내담자의 메시지에 담겨있는 정서를 내담자에게 되돌려 주는 기술이
다. 상담자는 마치 내담자를 거울로 비추어 주는 것처럼 내담자의 이야기에 새로운
의미를 담지 않고 있는 그대로 간단하게 요약해서 반응하는 것을 말한다. 이때 내담
자가 말한 내용 중에서 내담자의 긍정적인 감정, 부정적인 감정, 양가적인 감정을 구
분하여 반영해 주는 것이 중요하다. 따라서 내담자의 말을 반영할 때 상담자는 내담
자의 감정을 정확하게 이해하는 것이 먼저 이루어져야 한다.

② 직면하기

직면하기란 내담자가 의식하지 못하고 있거나 인정하기를 거부하는 생각과 느낌
에 대해서 내담자가 자각할 수 있도록 돕기 위해서 반응하는 것이다. 내담자가 의식
하고 있지 않은 과거와 현재의 연관성, 행동과 감정의 유사성 및 차이점 등을 표현해
줌으로써 내담자가 인식하도록 한다. 직면은 내담자의 변화와 성장을 증진시킬 수도

있다는 점에서는 긍정적이지만, 때로는 내담자에게 위협과 상처를 줄 수도 있다. 따라서 직면 반응을 할 때는 시기적으로 적절하게 내담자가 그것을 받아들일 준비가 되었는지를 고려해야 한다. 또한 직면하기는 내담자의 부정적인 측면에 초점을 맞추는 것뿐 아니라 내담자의 능력과 자원을 일깨워 주는 것도 필요하다.

③ 요약하기

상담 중에 내담자가 자신의 이야기를 하다보면 이야기가 너무 길어질 때가 있다. 이 때 상담자는 내담자의 이야기를 요약해 주어야 한다. 요약하기를 하는 이유는 내담자가 한 말을 상담자가 어느 정도 이해하고 있는지를 내담자에게 알려주기 위해서이다. 상담자가 요약을 해주면 내담자도 자신이 한 말을 객관적으로 다시 한 번 이해하게 된다. 상담자가 요약하기를 할 때는 내담자의 이야기가 길게 진행되었을 때와 상담이 끝나는 시점에 할 수 있다. 내담자는 자신이 의식하지 않고 했던 말들을 상담자가 의미 있게 정리하고 요약해줄 때 자신의 생각과 느낌을 다시 한 번 이해해 보는 시간을 갖게 되며, 다음 회기 상담의 과정과 연결하여 생각할 수 있다. 요약을 할 때의 주의사항은 다음과 같다.

- 내담자의 말 중에서 중요한 내용과 감정을 정리한다.
- 내용과 감정을 통합해서 정리하되 상담자 자신의 새로운 견해를 추가하지 않는다.
- 때로는 상담자가 요약하는 것이 좋을지 내담자가 요약하는 것이 좋을지를 의논하고 결정한다.

④ 저항 다루기

상담은 두 사람이 만나고 대화하는 과정이다. 상담을 시작하고 중기 정도 될 때면 내담자의 거리낌과 저항이 나타난다. 이는 내담자가 상담에서 기대했던 것과 다르거나 내담자 자신의 문제를 표현하는 방식으로 나타난다. 상담자가 내담자의 거리낌과 저항에 대해서 다룰 때는 무엇보다 먼저 반응들이 상담과정에서 나타나는 자연스러운 것임을 인정해야 한다. 그리고 한 걸음 더 나아가 그런 저항과 거리낌의 이유가 무엇인지 이해하려고 노력해야 한다. 또한 내담자의 저항의 긍정적인 면을 볼 수 있도록 도와야 한다. 내담자들이 보이는 거리낌과 저항을 상담자가 구체적으로 탐색하고 수용하는 과정에서 내담자들은 변화와 상담에 대한 동기가 높아지게 된다.

⑤ 자기개방

상담자의 자기개방은 내담자가 진술하는 어떤 경험이나 감정과 연관되는 상담자의 체험이나 개인적 정보를 내담자에게 공개하는 것을 말한다. 이때 상담자는 상담자의 자기 개방이 내담자에게 어떤 영향을 끼치게 될 것인지를 예상해야 한다. 상담자는 자기 개방을 하는 것에 대해 자각해야 하며 상담자가 자기개방을 할 때에는 내담자가 받아들일 수 있고 내담자가 문제를 해결하는 데 도움이 되는 수준과 내용을 정하는 것이 중요하다.

⑥ 해석하기

내담자가 자신의 경험을 새롭게 생각하고 설명할 수 있도록 상담자가 전문가의 관점에서 새로운 이해의 틀을 제시하는 기법이다. 해석을 통해 상담자는,

- 서로 무관해 보이는 진술이나 사건들을 연관 짓거나
- 내담자의 행동이나 사고, 감정의 주제나 패턴을 드러내거나
- 내담자의 방어기제나 저항 혹은 전이반응을 설명하거나
- 내담자가 자신의 행동이나 사고, 감정 혹은 문제를 더 잘 이해할 수 있는 새로운 이해의 틀을 제공한다. 해석을 할 때는 내담자가 준비되어 있는 정도에 따라서 내담자가 받아들일 수 있는 시점에 하는 것이 중요하다.

⑦ 즉시성

즉시성이란 조력관계 안에서 상담자와 내담자 간에 일어나고 있는 것, 즉 상담자의 목적뿐만 아니라 내담자의 감정, 인사, 기대에 관한 상담자가 이해하고 의사소통하는 것을 의미한다. 이건Eagan(1990)은 즉시성을 관계 즉시성과 지금-여기 즉시성의 두 가지 유형으로 분류한다.

관계의 즉시성은 상담관계의 질, 즉 상담관계가 긴장되었는지, 지루한지, 혹은 생산적인지에 관해 내담자와 논의할 수 있는 상담자의 능력을 의미한다.

지금-여기 즉시성은 당시에 일어난 현상 자체에 관해 논의하는 것을 의미한다. 예를 들어, 내담자는 어떤 사실에 관해 이야기한 자신에 대해 상담자가 어떻게 생각하는지를 알고 싶어 할 수도 있다. 이러한 경우 상담자는 내담자가 지금 이 순간 어떤 것을 경험하며, 어떤 생각과 감정을 가지고 있는지를 탐색해 들어간다.

즉시성은 그 어떤 의사소통기술보다 더 많은 용기와 자기주장을 요구한다. 튜록Turock (1980)은 즉시성을 적용하는 데 있어서 상담자가 가지고 있는 세 가지 두려움을 언급하였다.

- 상담자는 내담자가 자신의 메시지를 잘못 해석할지도 모른다고 걱정한다. 즉시성을 적용할 경우 상담자는 내담자의 사고나 감정에 대해 잠정적으로 추측하거

나 해석해야 한다. 이때 잘못된 추측으로 내담자의 신뢰를 잃어버릴 수도 있다.
- 즉시성은 예상하지 않았던 결과를 초래할 수도 있다. 반영기술처럼 대부분의 상담기술은 예측된 결과를 가져오지만 즉시성은 예외다. 즉시성을 적용함으로 써 상담자와 내담자 간의 친밀한 상담 패턴과 상담 관계가 손상될 수도 있다.
- 즉시성 때문에 더 이상 상담관계를 통제할 수 없다고 느끼는 내담자는 서둘러 상담을 종료하기도 한다. 어떤 내담자는 '끔찍하지 않아요?'와 같은 게임을 걸 어오면서 상담자가 그 게임에 반응하도록 조정한다. 그러나 예상하지 않았던 상담자의 반응에 내담자는 상담관계를 끝내고자 한다.

Eagan(1990)은 다음과 같은 상황에서 즉시성이 가장 효과적으로 활용될 수 있다고 한다.
- 상담관계가 긴장되었을 때
- 상담자와 내담자 간에 신뢰가 상실되었을 때
- 상담자와 내담자 간에 사회적 거리감이 느껴질 때
- 내담자의 의존성이 나타날 때
- 상담자의 역의존성이 나타날 때
- 상담자와 내담자가 서로에게 매력적으로 끌리기 시작할 때(김춘경, 2006).

(2) 상담 중기 단계의 과업

① 변화 계획 탐색하기-내담자 문제 이해의 심화

중기 단계에서 상담자의 첫 과제는 내담자가 가지고 있는 문제를 심층적으로 이 해하는 것에서부터 출발해야 한다. 일반적으로 내담자들은 피상적으로 자신의 문제를 이해하고 심지어는 자신이 아닌 다른 사람들 안에서 문제의 근원과 해결책을 보려는 태도를 갖는다. 따라서 가장 먼저 내담자가 생각하고 있는 내담자의 문제를 정확하게 인식할 수 있도록 돕고, 내담자가 자기를 변화시키기 위해서는 자신의 내부에 초점 맞추기를 받아들이는 태도로 옮겨가도록 도와주어야 한다. 그 과정은 다음과 같다.

ⓐ 내담자들은 표면적인 문제에 초점이 맞추어져 있어서 자신이 내면에 경험하고 있는 심층적인 어려움에 대해서는 보기 어렵다. 상담의 중기에서는 내담자의 표면적인 문제가 내담자의 심층적인 문제와 어떤 관련이 있는지 살펴봐주는 것이 필요하다. 이때 내담자와 상담자 모두 내담자가 해결해야 할 진짜 문제를 만나게 된다.

"저는 공부하기가 싫어요." → "공부하기가 싫은 것은 부모님이 너를 너무 간섭하는 것 때문이구나."

"친구들이 저를 따돌려요." → "친구들과 싸운 후에 친구들에게 따돌림을 당했
구나."

ⓑ 내담자는 자신의 문제를 외재화 시킨다. 대부분의 내담자들은 문제의 원인을
다른 사람들에게 있다고 보기 때문에 자신의 경험에 대해서 이야기하기보다는
다른 사람들의 문제 행동을 묘사하는 데 대부분의 시간을 보낸다.

  예) 매일 엄마가 잔소리한다. 친구들은 도대체 나에게 관심을 두지 않는다.

ⓒ 먼저 내담자의 불평을 수용적으로 들어주도록 한다. 내담자가 다른 사람의 문
제에 대해 불평하는 것으로 상담을 시작하면 내담자의 경험에 대해 들어주어
야 하고, 진심으로 문제를 인정함으로써 그 불평들을 이해해야 한다.

ⓓ 상담과정에서 내담자가 말하던 방식에 대해 언급한다.

"지금까지 우리가 이야기해보니까 너는 엄마, 아빠에 대해서는 말을 많이 하는
데 너 자신에 대해서는 별 이야기가 없었던 것 같다."

"오늘 우리가 나눈 이야기는 서로 초점이 안 맞는 것 같아. 나는 엄마가 잔소
리할 때 네가 어떤 생각을 했고, 어떤 식으로 행동했는지에 대해서 계속 물어
봤는데, 너는 계속 다른 사람들에 대해서만 말하고 있어. 이 점에 대해서 어
떻게 생각하니?"

"네가 계속 다른 사람에 대해서만 이야기하니까 내가 너를 잘 알 수가 없구나.
잘 모르겠어. 그러니까 좀 답답한 느낌이 드네. 이젠 너 자신에 대해서 좀 알
고 싶어. 그 때 네가 어떤 생각이었는지 말해줄 수 있겠니?"

ⓔ 내담자의 심정을 충분히 공감하되 내담자의 초점을 내담자 자신에게 돌린다.

"아빠가 무시한다고 생각이 들어서 속상했구나. 아빠가 화를 낼 때 어떤 생각
이 드니?"

"애들이 네 말을 듣지 않아서 마음이 상했구나. 그럴 때는 어떻게 행동을 하니?"

"엄마가 잔소리해서 많이 화가 났구나. 엄마가 잔소리하면 어떤 생각이 드니?"

"아빠가 너를 그렇게 깎아내리면 나라도 속상했을 것 같아. 그런데 너는 그럴
때 아빠한테 어떻게 행동하니?"

② 변화행동 시도하기

내담자의 변화를 촉진하기 위해서는 내담자가 현재 상황에서 가장 시급하게 해야 할 변화행동을 찾아서 그 행동의 변화를 시도할 수 있도록 안내해야 한다. 이를 위해서는 상담 초기 단계에서의 정서적 이해가 선행되어야 한다.

③ 변화와 관련된 감정과 생각 다루기

변화를 경험한 내담자의 마음과 생각을 다루어 주는 것은 변화에 대한 내담자의 노력의 과정을 이해하는 데 필요하다. 내담자들의 변화를 보고할 때 변화 그 자체에만 의미를 두기 때문에 변화를 초래했던 자신의 생각과 감정에 대해 인식하지 못할 수 있다.

내담자가 자신의 변화를 만드는 데 자신이 어떻게 행동했는지를 확인하고, 그 순간의 자신의 생각과 감정을 살펴보는 것은 앞으로 있을 자신의 변화에 주인공이 되기 위한 과정이다.

④ 상담 목표의 재조정

최종적인 목표를 이루기 위해 그때그때 해야 할 중간 목표를 만들고 새로운 중간 목표를 만들 수도 있다. 중간 목표가 달성이 되고 나면 다시 새로운 중간 목표를 세워야 한다.

상담초기에는 내담자가 호소한 문제를 중심으로 목표를 설정하게 된다. 하지만 상담을 진행하다보면 초기에 내담자가 호소한 문제 이면의 다른 문제가 내담자의 중요한 문제로 드러나는 경우들이 있다. 이럴 경우 내담자와 새롭게 밝혀진 내담자의 문제를 중심으로 상담의 목표를 수정하거나 재조정해야 할 필요가 있다.

⑤ 변화 저항 다루기

ⓐ 변화에 저항하고 싶은 마음 이해하기: 문제가 심각하던 사람들도 새로운 변화

앞에서는 망설여지고 변화가 왔을 때 자신이 감수해야 할 여러 가지 불편들이 생각나게 된다. 불편했지만 익숙하던 행동들을 버리고 익숙하지 않은 새로운 행동을 하는 것이 두려운 마음이 드는 것은 상담의 과정 중에 내담자들에게 자주 나타나는 당연한 반응이다.

상담소에는 찾아 왔지만 변화에 대해 미쳐 준비되어 있지 않다는 표현일 수도 있다. 상담자는 상담과정 중에 자연스럽게 일어나는 현상으로 이해하고 내담자의 저항하고 싶은 마음을 수용하고 이해해 주는 것이 필요하다.

ⓑ 양가적인 감정 이해하고 반영하기: "만일에 내가 상담자에게 의지한다면 상담자는 나를 떠나거나, 나를 이용하거나, 내가 필요로 할 때 다른 사람들이 그랬던 것처럼 나를 통제하려고 할 것이다."

"나는 다른 사람에게 도움이나 어떤 요구를 할 수 없다. 왜냐하면 나는 완벽해야 하고, 항상 내 일을 내가 해야 하기 때문이다."

"내가 내 문제를 이야기하면 상담자는 나를 이상하게 생각할 거야."

- 모든 내담자들은 상담을 시작하는 것에 대해서 긍정적인 감정과 아울러 부정적인 감정도 가지고 있다. 내담자들은 도움과 변화를 바라면서도 다른 한편으로는 이것을 거부한다. 내담자의 행동 중에서 상담 약속에 빠졌거나, 늦었다거나, 시간을 바꾼다거나 하는 행동에는 정당한 이유가 있을 수도 있지만, 이러한 행동이 상담에 대한 내담자의 양가감정을 나타내는 것일 가능성도 있다.

- 상담자는 내담자가 왜 도움을 청하지 않는지, 왜 고통스러운 감정을 나누는 것을 원치 않는지, 그리고 자기를 개방하는 관계에 한 번 뛰어들 위험을 감수하지 않는지, 그 이유를 이해해야 한다. 여기에서 핵심적인 원리는 상담을 하고 싶지 않다는 감정, 혹은 상담자에 대해서 불만족스러운 점을 말로 할 수 있다면 자신들의 양가감정을 행동화 할 가능성이 적고 도중에 탈락할 가능성도 적어진다는 점이다.

⑥ 변화 방해요인의 탐색과 대응 전략 수립

상담에서 목표로 하는 변화를 달성하기 위하여 상담자는 어떤 개입방법을 사용할 것인지를 결정할 뿐만 아니라 그 목표 달성을 어렵게 하거나 초래된 변화를 유지하기 어렵게 할 수 있는 요인들이 무엇이며 그 요인들을 어떻게 제거 혹은 극복할 것인가를 함께 탐색하여야 한다. 문제 행동의 발생 요인이 되었거나 지금까지 그 문제 행동을 유지시키고 있던 요인들이 무엇인지 탐색하고, 또한 상담에서 목표로 하는 변화가 일어나면 그 변화가 내담자 자신이나 주변 인물에 어떤 영향을 미치게 될 지를 미리 예견하여 그 대응전략을 세우는 것이다.

3) 종결단계의 상담

상담의 종결은 상담 목표에 비추어 상담의 진행결과가 성공적이었거나 실패했을 때에 이루어진다.

플레지Pledge(2004a)는 종결에서 가장 중요한 요소는 내담자가 자신의 개인적 자원을 사용할 수 있도록 돕는 것이라고 강조한다. 이렇듯 종결단계는 단순히 상담을 마무리함이 아니고 내담자를 더욱 성장시키고 상담성과를 더욱 공고히 해야 하는 중요한 과제가 포함된 과정이므로 상담자는 이에 대한 이해와 대처능력을 갖고 있어야 한다.

성공적인 종결의 단계	
◆ 종결시점 결정하기	◆ 상담성과 음미하기
◆ 종결감정 다루기	◆ 미래과제 다루기
◆ 추수작업하기	

(1) 종결 시점 결정하기

① 종결 신호

상담의 초기 단계가 상담관계를 형성하는 것이라면, 마지막 단계는 이 관계에서 얻은 긍정적인 효과를 최대화하고, 어떻게 이 변화를 지속시킬 것인가를 결정하는 것이다. 변화에 따른 긍정적인 결과에 대한 내담자의 보고가 점차 늘어나는 것은 상담의 종결이 다가왔음을 시사한다.

② 상담의 성과 평가하기

상담과정의 성공 여부를 평가하기 위해서, 상담자는 우선 진행과정과 내담자의 변화 정도를 검토하며 내담자의 생활배경의 주요 인물(부모·교사·배우자 등)들로부터 평가 자료를 얻기도 한다.

- 상담의 접근방법 및 절차가 성과를 거두지 못했다는 판단이면 다른 방법과 절차를 강구하고, 성과가 있었다는 판단이면 필요에 따라 다른 구체적인 목표를 세워 상담을 계속한다.

- 성과가 있었고 다른 상담목표가 없다면 상담을 종결하게 된다.

③ 종결 알리기

- 내담자에게 나타나는 종결신호를 확인하고 초기에 세운 상담목표에 도달했는지 점검한다. 내담자가 성공적으로 이를 수행해 왔다면 상담을 마무리할 준비가 된 것이다.
- 내담자에게 상담이 종료되어 가고 있다는 사실을 주지시킨다.
- 만약 몇 회기 상담할지를 미리 정해놓지 않았다면 내담자와 협의하여 적절한 종료 시기를 결정한다.

(2) 상담성과 음미하기

종결단계에서는 상담기간 동안 일어난 변화나 결과를 평가하고 음미한다. 상담과정의 경험을 요약하고, 상담성과를 확인해야 하며, 상담의 과정을 돌아보아야 한다. 그 동안 일어났던 일, 즉 상담과정의 여러 단계에서 일어난 변화의 종류와 내용들을 요약하고 재음미한다.

전체 상담 과정을 되돌아보면서 상담성과를 음미할 때에는,

① 내담자와 작업하면서 느꼈던 당신의 느낌을 공유하라.
② 내담자 자신이 생각하는 상담성과를 살펴볼 기회를 갖게 하라.
③ 내담자 자신의 강점에 대해 그리고 그것이 어떻게 상담성과에 긍정적으로 사용되었는지에 대해 다루라.
④ 내담자와 함께 내담자에게 좋았던 대처기술을 검토하고, 이에 대한 당신의 통찰과 인상을 전하라.

> **상담과정의 의미를 평가하는 데 도움이 되는 몇 가지 질문**
>
> ◆ 당신은 작업하면서 느꼈던 감정은 무엇입니까?
> ◆ 상담과정을 돌아볼 때 가장 인상 깊었던 것(사건)은 무엇입니까?
> ◆ 상담자와의 관계에서 얻게 된 중요한 통찰은 무엇입니까?
> ◆ 처음 상담 왔을 때와 비교하여 상담목표는 어느 정도 달성되었다고 생각됩니까?
> ◆ 상담을 받아서 생긴 삶의 변화에는 어떤 것들이 있습니까?
> ◆ 당신이 배운 것 중에서 가장 중요하다고 생각되는 것은 무엇입니까?
> ◆ 그 내용을 어떤 방식으로 배웠습니까?

- 과거와 달리 지금 새롭게 실행해 볼 수 있는 행동은 무엇입니까?
- 당신이 당신의 자원으로 생각하는 것은 무엇입니까?

(3) 종결감정 다루기

상담의 종결을 제안하는 경우, 내담자는 슬픔, 상실, 두려움과 석별의 아쉬움을 경험하면서 동시에 고마움과 기대감을 경험하게 된다. 의존 성향이 강한 내담자의 경우, 종결이 다가오면 다시 문제행동을 보이며, 퇴행 현상을 보이기도 한다. 흔히 내담자들은 자신이 상담을 종결할 준비가 되어 있는지에 대하여 확신을 가지지 못한다. 다시 말해서 상담을 통해 변화된 것을 알고 있기는 하나, 일이 잘못되어 상담실에 다시 돌아와야 될지도 모른다는 불안을 느끼기 쉽다. 일단 종결이 되면 상담자로부터의 지원과 이해를 받을 수가 없다고 생각하기 때문이다. 만약 내담자에게서 이러한 불안감이 느껴지면 상담이 완전히 종결되기 전에 이 점에 대해 논의를 하여야 한다.

(4) 미래과제 다루기

종결 이후 상담자의 도움 없이 새로운 상황에 대처할 수 있는 행동과 반응양식을 활용할 수 있도록 돕는 단계이다. 앞으로 직면하게 될 수 있는 문제들을 예측해 보고 대처할 수 있는 자원이나 목록을 만드는 것도 유용할 수 있다. 또한 상담이 종료되어도 어떤 방식으로든 상담자가 도움을 줄 의도가 있다는 사실을 내담자에게 알려줄 필요가 있다. 내담자가 지속적인 성장을 원한다면, 유용한 프로그램을 추천해 줄 수 있다.

- 앞으로 직면하게 될 수도 있는 문제를 촉발하는 상황에 대해 어떻게 대처할 것인지에 대해 서면 계약서를 작성해 본다.
- 내담자 이외의 가용 자원과 행동목록을 만들어 본다. 이러한 목록은 조기 종결시 더욱 유용하다.

(5) 추수상담

상담이 종결된 후 추수(추후)상담을 언제쯤 가지는 것이 좋은지 내담자와 의논하고 구체적으로 예고해 두는 것이 중요하다. 추수상담은 내담자가 상담의 목표를 지속적으로 수행하고 있고 새로운 변화에 잘 적응하는가를 확인해 보는 기회가 된다. 추수상담은 상담 종료 서너 달 이후에 갖는 것이 좋으며, 내담자가 직접 상담실을 방문

할 수도 있으나, 상담자가 전화를 걸거나 메일을 보며 내담자의 상황에 관심을 보이는 것도 괜찮다.

(6) 조기종결

상담자의 사정이나 내담자의 사정, 상담관계에서의 문제 등으로 상담목표를 성취하지 못한 상태에서 상담자 혹은 내담자의 요구(제안)로 예상되었던 상담종결 시점보다 일찍 상담의 종결이 이루어지는 것을 상담의 조기종결이라고 한다.

① **상담자에 의한 조기종결**

상담목표를 달성하기 전에 상담자가 내담자와의 상담을 종결해야 하는 경우

예) 상담자의 전근, 상담자의 개인적 문제, 상담자의 역전이 문제

② **내담자에 의한 조기종결**

상담목표를 달성하기 전에 내담자가 일방적으로 상담을 종결하는 경우

예) 내담자의 이사와 같은 환경변화, 내담자의 변심, 비자발적 내담자, 상담자에 대한 저항

05 상담자의 역할

1) 예방교육(지역사회 직접 서비스)

예방교육은 지역사회 청소년 전체를 대상으로 그들이 살아가는 데 필요한 삶의 기술들을 습득할 수 있는 교육프로그램에 참여시키거나, 삶의 경쟁력을 강화시킬 수 있는 기회를 제공하거나, 심각한 문제가 발생하는 것을 예방하기 위해 다양한 교육프로그램에 참여할 수 있는 기회를 제공하는 것이다. 이러한 기술을 통해 지역사회 청소년과 그 가정들은 당면문제를 보다 유능하게 해결할 수 있으며, 자신들의 삶의 과정을 보다 효과적으로 살아갈 수 있게 된다. 예방교육에는 스트레스 관리 기술, 진로의 사결정 기술, 의사소통기술, 갈등관리기술, 분노조절기술, 가치명료화 기술, 협상기술, 이완훈련기술 등이 해당된다. 예방교육은 지역사회 전체 청소년의 정신적인 욕구나 필요를 충족시켜야 한다. 이러한 소기의 목적을 달성하기 위하여 예방프로그램은 지역사회 전체 청소년들이 개인적으로, 혹은 대인 간 욕구와 필요를 다루는 데 충분히 도움

을 줄 수도 있도록 구성되어야 한다. 그리고 청소년들이 삶의 효율성을 강화시키거나 건강한 환경을 창조하고 유지하는 데 필요한 것을 배울 수 있도록 구성되어야 한다.

2) 개인중심상담

예방교육 등의 많은 노력에도 불구하고 청소년들의 모든 문제가 예방될 수 없기 때문에 상담 그 자체는 청소년상담의 핵심 서비스로 존재한다. 즉, 위기상황에 놓여있는 청소년을 찾아내어 그들에게 필요한 상담서비스를 제공할 필요가 있다. 개인중심상담 서비스는 쉽게 접근가능하고 충분히 전문적이어야 한다. 청소년상담자가 개인중심 서비스를 제공하기 위해서는 고도의 위기 평가(심리평가 및 사례개념화)를 갖추어야 한다.

청소년상담자는 청소년내담자가 가진 장점을 충분히 인지하고 그들이 세상을 살아가는 데 필요한 개인적 힘personal power을 찾아주는 등 상황이 더 이상 악화되지 않도록 모든 노력을 다 해야 할 것이다. 청소년상담자가 제공할 수 있는 개인중심상담 서비스는 다음과 같다.

① 내담자의 성장과 삶의 질 향상을 방해하는 환경적인 조건들을 내담자가 표현 하도록 돕는 것
② 필요할 때 개인상담, 그룹상담, 가족상담을 제공하는 것
③ 내담자가 자조집단에 참여하도록 용기를 북돋우는 것
④ 성장과 성숙을 촉진하는 생활기술을 습득하도록 내담자를 조력하는 것

한편, 사고나 질병으로 인한 가족구성원의 사망, 부모 이혼, 가정의 경제적인 어려움, 질병 등을 겪고 있는 청소년들에게는 위기 환경 개입을 위한 아웃리치 프로그램이 필요하다. 청소년을 직접 찾아가서 개인상담을 제공하거나 혹은 보다 효율적인 인생을 사는 데 필요한 기술과 지식을 습득할 수 있는 심리교육프로그램에 참여시키는 것이 필요하다.

3) 시스템 변화와 정책(지역사회 간접서비스)

청소년상담자는 건강한 인간으로 성장하는 데 방해가 되는 환경적 요소들을 잘 인식하고 있어야 한다. 또한 특정 커뮤니티의 장점과 자원에 대해서도 잘 알고 있어야 한다.

이 영역에서 지향하는 목표는 청소년을 위한 지역사회의 지원을 끌어내는 것이다.

교육, 가족, 교통, 고용, 의료서비스 분야에서 청소년들의 필요와 욕구를 충족시키기 위한 환경을 구축하는 일들에 참여해야 한다. 예를 들어 청소년들의 권익을 옹호하는 정책들에 참여하거나, 시설에 수용된 청소년들에게 진로교육을 받을 수 있는 기회를 제공하거나, 혹은 비행청소년의 시설 수용 이외의 대안들을 제시하거나, 청소년의 존엄성을 인식하고 존중하기 위한 공적이고 조직적인 정책발전을 위하여 애쓰는 일 등이다.

4) 내담자 권리 옹호 및 자문(내담자 간접 서비스)

지역사회 전체 청소년을 위한 활동뿐만 아니라 위기청소년에 대한 전문적인 개입을 하기 위해서는 다른 커뮤니티 기관들, 청소년 관련 제공자, 교육전문가와 정기적으로 지속적인 접촉과 관계를 가지는 것을 필수적으로 요구한다.

상담자들은 내담자와 서비스 사이의 중요한 연결 고리를 제공한다. 이를 위하여 상담자는 커뮤니티 안에 사용 가능한 다양한 서비스와 시설들에 대한 정보를 명확하게 알고 있어야 하고, 그러한 서비스들로 내담자가 쉽게 접근할 수 있는 조정자와 협력자의 역할을 해야 한다.

청소년의 정신건강은 넓게는 다른 사람과의 상호작용에 달려 있기 때문에 상담자는 내담자의 문제와 해결에 영향을 미칠지 모르는 사람뿐만 아니라 가족과도 함께 일해야 한다. 그렇게 함으로써 전문가는 단순히 기관을 연결하는 것을 넘어서 중재하는 역할을 하게 된다. 또한 상담자들은 다른 사람들과 좀 더 효과적인 방법으로 살아나가는 것을 돕는 조정자의 역할도 해야 한다.

상담자들이 사회변화의 주체자로서의 역할을 수용해야 하는 이유는 두 가지다. 하나는 전통적인 상담모델이 지닌 강점과 제한점을 알고 있고, 21세기 변화된 사회가 요구하는 상담자들에 대한 가장 큰 도전 중의 하나인 많은 사람들, 특히 위기상황에 있는 사람들에게 도움을 줄 수 있는 상담의 방법과 전략들을 개발하여야 한다는 과제에 대한 인식이다.

루이스Lewis와 루이스Lewis(1989)는 사회 환경에서의 변화를 증진시키기 위해서 상담자가 노력해야 하는 이유를 다음과 같이 제시하고 있다.

① 가족, 학교, 이웃, 사업 또는 지역사회 환경에는 개인의 건강한 성장과 발달을 위협하는 요소들이 존재하고 있다.

② 또한 사람들의 건강과 성장에 기여하는 독특한 환경특성이 존재하고 있다.

③ 상담자들 사이에 만일 상담자들이 사회정치적 변화의 주체자로서의 역할을 수행하지 못한다면 많은 내담자들의 심리적 건강과 안녕들을 장기적으로 개선시켜 주지 못할 것이라는 역할한계에 대한 자각이 발달하였다.

④ 상담전문가들은 상담자가 내담자, 부모, 학생, 산업체 구성원, 공무원 등 다양한 사회구성원들과 함께 공동의 목표를 향해 노력하게 되면, 사회는 그들의 요구에 보다 책임 있는 반응을 하게 된다는 신념을 지니게 되었다.

이러한 맥락에서 청소년상담자들의 청소년내담자들에게 부정적인 영향을 미치고 있는 사회 환경변화를 위해 다양한 전략을 개발하고 실천하여야 할 것이다(오혜영, 유형근, 이영애, 강이영, 2011).

C / H / A / P / T / E / R 05

집단상담의 이해

05 집단상담의 이해

01 집단상담의 개념

　인간은 사회적 동물이다. 그래서 인간의 문제는 대부분 사회적인 것, 즉 인간관계와 관련이 되어 있다. 인간은 어릴 적부터 가족과 또래집단에서의 상호작용을 통해서 자아정체감을 발달시키고 사회생활에 필요한 기술들을 배워 나가게 된다. 원래 상담은 개인상담에서 시작되었으나 사회적 동물인 인간의 성장과 문제를 해결하기 위해서는 집단이 지닌 치료적 힘을 사용하는 것이 더욱 효과적임을 인식하게 되면서 집단상담이 점점 확대되고 있다. 집단원들은 집단상담을 통하여 집단원들 간의 정서적 유대감과 소속감을 느끼고 이타주의적 협동심을 배우게 되고 일반사회의 경쟁적인 분위기에서 느끼기 쉬운 열등감이나 부족감으로 인해서 위축되지 않는 집단생활을 경험하게 된다. 또한 집단에서 다양한 집단원들과의 교류를 통해 생활의 문제점들을 새로운 각도에서 보게 되며 사회관계에서 자신과 타인을 새롭게 받아들이는 대인관계 양식과 사회기술 양식을 습득하고 그것을 실험해 보는 경험을 하게 된다.

　집단과정을 활용하여 개인의 행동을 변화시키고 성장을 돕는 집단상담에 관한 여러 학자의 정의를 종합해 보면, 다음과 같이 정의를 내릴 수 있다. 집단상담은 '비교적 정상 범위에 속하는 사람들이 전문적인 상담자와 함께 신뢰롭고 허용적인 분위기

속에서 자기이해와 수용을 촉진시키도록 집단원이 상호작용하여 개인의 태도와 행동의 변화, 문제해결 더 나아가 잠재 능력의 개발을 도모하는 과정'이다.

집단상담에 대한 이러한 정의를 바탕으로 하여 볼 때 다음과 같은 네 가지 특성을 지닌다.

첫째, 집단상담은 정상범위에서 심하게 일탈하지 않는 사람들을 대상으로 이루어지게 된다. 정신병자나 심각한 정서적·성격적 문제를 가지고 있는 사람은 제외되며 개인의 정상적인 발달과업의 문제나 적응문제를 주로 다루게 된다. 집단상담은 치료보다는 성장과 적응을 강조한다.

둘째, 집단상담의 상담자는 훈련받은 전문가이어야 한다. 집단상담의 지도자는 자각, 민감성, 객관성, 유연성, 내적인 힘, 공감적 이해, 수용과 존중, 성실과 투명성 같은 인간적 자질을 가지고 성격 심리학, 상담 심리학, 집단역학 등 관련 학문에 대한 전문적 지식을 소유한 사람이어야 한다. 개인 및 집단상담의 실제적인 기술을 익힌 사람이어야 한다.

셋째, 상담집단의 분위기는 신뢰롭고 수용적이어야 한다. 집단상담의 과정적 요체는 자기탐색 및 이해, 자기개방과 피드백 주고받기에 있는데 집단의 분위기가 긴장되거나 성원 상호 간에 신뢰로운 분위기가 아니라면 성원들은 있는 그대로의 느낌과 신념을 터놓고 이야기하지 않게 되고 의례적이고 형식적인 모임으로 끝나고 말 것이다. 성원 상호간에 무조건적인 수용과 신뢰로운 분위기는 필수조건이다.

넷째, 집단상담은 집단원들이 상호작용하는 역동적인 대인관계 과정이다. 개인상담과 비교하였을 때, 그 우월성은 집단성원 간의 결속력을 이용하는 데 있다. 집단 결속력은 집단 내의 친밀감, 신뢰감, 온화감, 공감적 이해로 나타나며, 집단성원으로 하여금 자기개방, 위험감수 그리고 집단 내의 갈등을 건설적으로 표현하게 하는 것이다.

02 집단상담의 목적과 목표

집단상담의 목적은 개인의 문제, 감정 및 태도에 대한 통찰력을 계발하고 보다 바람직한 자기관리와 대인 관계적 태도를 터득하는 데에 있다. 따라서 집단상담에 참여한 사람들은 자기 자신에 관한 것, 자기를 괴롭히는 경험과 감정, 그리고 현재의 상태에서 더 발전된 상태로 가기 위해서 무엇을 어떻게 해야 할지를 이야기 한다. 즉, 효과적인 집단상담의 목적은 참여자들로 하여금 '지금의 이러한 감정을 왜 느끼는가?'를 이해시키고 '지금의 이러한 문제를 해결하기 위해서 어떤 정보와 기술이 필요하고 어떻게 행동해야 하는가?'를 터득시키는 것이라고 할 수 있다. 즉, 개인의 자기이해, 자기수용 및 자기관리 능력을 향상시켜 인격적 성장을 도모하고, 사회화를 원조하고 생활문제의 발생을 예방할 수 있는 능력을 기르고, 집단생활 능력과 대인관계 기술을 습득하는 것이라고 할 수 있다.

이장호·김정희(1992)에 따르면, 집단상담의 목적은 자신의 문제, 감정 및 태도에 대한 통찰력(또는 정확한 지각)을 계발하고 보다 바람직한 자기관리와 대인 관계적 태도를 터득하는 데 있다고 하였다. 이와 같은 목적을 달성하기 위한 집단상담의 목표로, 첫째 자기이해, 자기수용 및 자기관리 능력의 향상을 통한 인격적 성장, 둘째 개인적 관심사와 생활상의 문제에 대한 객관적 검토와 그 해결을 위한 실천적 행동의 습득, 셋째 집단생활 능력과 대인관계 기술의 습득을 들고 있다.

노안영(2011)은 집단상담이 자기 지각의 확장을 통해 문제 예방 및 발달과 성장, 문제해결을 달성함으로써 집단원들의 삶의 질을 향상시키기 위한 것이라 하였다.

이형득(2006)은 집단상담의 목적을 개인의 태도와 행동의 변화 혹은 한층 높은 수준의 개인의 성장·발달 및 인간관계 발달의 능력을 촉진하기 위한 개인의 성장이라고 하였다.

목표의 설정은 전체적인 집단의 목적에 준하여 이루어져야 한다. 구체적인 목표의 설정은 집단상담의 효과와 이에 대한 평가를 위하여 필수적이다. 분명한 목표를 지녔을 때, 집단원들은 비로소 무슨 이유로 집단에 참여하고 있으며 집단에서 무엇을, 어떻게 할 것인지를 명확히 알 수 있게 될 뿐 아니라, 어느 정도의 성과나 행동 변화를 가져왔는지도 평가할 수 있게 된다. 그래서 집단원들은 보다 능동적이 되고 또 책임을 지게 된다. 집단의 목표에는 과정적 목표와 개인적 목표, 두 가지가 있다. 과정적 목표는 집단과정의 발달을 돕는 데 도움을 주는 목표에 해당한다. 즉, 집단원들이 어떻게 행동하면 집단이 활성화되고 신뢰 관계가 형성되어 깊이 있게 발달하겠는가에 관련된 목표다. 개인적 목표의 설정은 그 개인이 도움을 받고자 하는 특정 문제나 집단상담에 참여하는 주된 이유를 탐색하고 난 후 설정할 수 있다(이형득, 1998).

이장호(2011)는 집단상담의 일차적 목표는 개인으로 하여금 자기이해와 대인관계의 능력을 향상시키고, 생활환경에 보다 건전하게 적응할 수 있도록 하는 것이라고 하였다. 이 목표를 달성하기 위하여 흔히 정서적인 차원에서 개인적 문제를 먼저 다루어야 한다고 보았다.

코리Corey(2008)가 제시한 집단원들이 공유하는 일반적인 목표의 예로는 다음과 같은 것들이 있다(노안영, 2011 재인용).

① 자신과 다른 사람에 대한 신뢰를 배운다.
② 자기수용, 자기신뢰, 자기존중을 높이고, 자신과 타인에 대한 새로운 관점을 확립한다.
③ 자기자각을 증진시키고, 자신의 독특한 정체감을 발달시킨다.
④ 건강하고 건설적인 방식으로 자신의 정서를 표현하는 방법을 배운다.
⑤ 집단원들의 요구와 문제의 공통성을 인정하고, 연대감을 발달시킨다.
⑥ 타인을 위한 관심과 연민을 발달시킨다.
⑦ 좀 더 효과적인 사회기술을 학습한다.
⑧ 집단원들이 의미 있고 친밀한 관계를 형성하는 방법을 배우도록 조력한다.
⑨ 다른 사람들의 요구와 느낌에 좀 더 민감해 진다.

03 집단상담의 장·단점

집단상담은 개인상담을 비롯한 다른 치료적 접근에 비해 다음과 같은 장점이 있다.

첫째, 경제성과 실용성이 포함된 효율성을 꼽을 수 있다. 집단상담은 개인상담과는 달리 한 명 또는 소수의 상담자가 여러 내담자에게 동시에 상담 서비스를 제공할 수 있어서 상담자의 시간과 노력 등을 절약할 수 있다.

둘째, 집단 내에서 구성원들로부터 다양한 자원을 얻을 수 있다는 점이다. 집단 참여자들은 성별, 연령, 사회경제적 지위, 결혼, 교육수준, 인종, 민족, 문화 등에서 다양한 배경을 지니고 있다. 이러한 다양성을 토대로 구성원들은 서로의 차이점들을 공유하며 경험의 지평을 넓혀가게 된다.

셋째, 성장을 위한 환경을 제공한다는 점이다. 자아는 집단 속에서 성장·발달한다. 이러한 점에서 집단상담은 자연스럽게 자아 성장을 위한 환경을 제공한다.

넷째, 실생활의 축소판 기능을 지니고 있다는 점이다. 집단원들 간의 자유로운 상호작용은 곧 집단 내에 하나의 축소된 사회로 발달하게 된다. 이러한 특성으로 집단 상담은 구성원들에게 지지적이고, 수용적이며, 양육적인 대리가족 체제를 제공한다.

다섯째, 새로운 행동을 실험해 볼 수 있는 안전한 공간이라는 점이다. 집단상담은 집단원들이 공통 관심사를 함께 나누고 보다 적응적이고 건설적인 새로운 행동과 사회적 기술을 직접 시험해 보거나 '실험실'로 활용될 수 있다는 것이다.

여섯 번째, 문제 발생을 예방하는 기능이 있다는 것이다. 집단상담은 사람들의 잠재적인 문제가 악화되거나 발생하기 전에 사전에 대처할 수 있는 생활 관리 기술을 습득할 수 있도록 돕는다. 집단의 수용적이고 지지적인 환경은 구성원들이 새로운 행동을 시도하여 행동 변화를 꾀함으로써 잠재적으로 발생할 수 있었던 문제를 예방하는 역할을 한다.

일곱 번째, 상담에 대해 잘 알지 못하거나 막연하게 부정적인 인식을 가지고 있던 사람들이 집단경험을 통하여 긍정적인 인식을 갖게 될 수 있다.

이와 같은 장점에도 불구하고 집단상담은 다음과 같은 단점도 지닌다.

첫째, 집단에 적합하지 않는 성격적 기능이나 개인적 문제를 갖고 있는 사람이 참여하였을 때, 집단상담자의 특정한 리더십 유형으로 인해 '희생자'가 될 수 있다.

둘째, 집단성원이 심리적으로 준비가 되기 전에 자기의 마음속을 털어놓아야 한다는 집단 압력을 받기 쉽다.

셋째, 장기간의 상담기간이 확보되지 않으면 개별 집단성원의 개인적 문제가 충분히 다루어지지 않을 가능성이 많다.

넷째, 집단경험의 일시적 경험에 도취되어 그 자체를 목적으로 삼을 수도 있다.

다섯째, 비밀보장이 철저하게 이루어지지 않는 문제가 나타날 수 있다.

04 집단상담의 유형

집단은 치료목적을 지닌 치료집단이나 특정과업을 완수하기 위해 모이는 과업집단 외에도 인간적 성장과 발달을 촉진하는 등 매우 다양한 목적과 기능을 가지고 있다.

집단은 목표, 집단원들의 관심사, 상담자의 기법과 역할, 집단의 주제 등에 따라 다양하게 나뉜다. 운영하고자 하는 집단의 유형을 결정할 때, 집단상담자는 집단의 목적을 명확하게 설정해야 한다. 그리고 어떤 집단을 이끌게 되던 간에 집단과정과 리더십에 대한 전문적인 교육과 훈련, 그리고 수련감독하의 실습이 필수적으로 요구된다(강진령, 2010).

1) 상담집단

개인적·교육적·사회적·직업적 문제에 초점을 맞추며, 치료적·예방적·교육적 목표 달성을 위해 집단역동과 과정을 활용하는 집단을 말한다. 일반적으로 상담집단을 이끄는 사람을 '집단상담자' 혹은 '그룹 카운슬러group counselor'라고 한다.

2) 치료집단

상담집단에 비해 보다 심각한 정도의 정서행동 문제나 정신장애를 치료하기 위한 목적으로 구성되어 입원이나 외래의 형태로 이루어지는 집단을 말한다. 여기서 심각한 정도의 문제란 우울, 분노, 불안, 공포 또는 심리신체증상을 동반하는 수준의 문제를 가리킨다(강진령, 2008b). 치료집단의 리더 역할을 담당하는 사람은 보통 '집단치료자'라고 불린다. 집단치료자는 흔히 의료모형에 의거하여 집단을 운영한다.

3) 교육집단

치료적 측면보다는 주로 정의적·인지적 측면의 정신건강 교육과 이와 관련된 다양한 주제에 대한 정보를 제공하기 위해 구성되는 집단을 말한다. 교육집단을 담당하는 사람은 집단의 주제와 집단을 주관하는 기관의 성격에 따라 '집단상담자', '집단리더', '교육자' 혹은 '강사'로 불린다. 교육집단은 일반적으로 '심리교육집단'으로 불리는 반면 학교장면에서는 '생활지도집단' 혹은 '교실생활지도집단'으로 불리기도 한다.

4) 성장집단

다양한 집단 활동 체험을 원하거나, 자신에 대해 좀 더 알기를 원하거나, 자신의 잠재력 개발에 관심 있는 사람들의 성장과 발달을 촉진하기 위해 구성되는 집단이다. 성장집단을 담당하는 사람 역시 '집단상담자', '집단리더' 혹은 '촉진자'라고 불린다. 성장집단의 기본가정은 구성원이 안전한 분위기 속에서 집단의 치료적 요소를 경험하게 되면, 자기 자신을 정직하게 평가하여 자신의 참모습을 깨닫는 한편, 사고, 감정,

행동의 변화를 꾀하게 되면서 궁극적으로 인간적 성장을 실현한다는 것이다. 성장집단은 훈련 집단, 참 만남 집단, 마라톤 집단 3가지 유형으로 나눌 수 있다. 이러한 집단들은 주로 교육 장면과 기업체에서 활용된다.

(1) 훈련 집단

집단에 참여하는 사람들이 대인관계에서 감성 혹은 민감성을 높이는 한편, 인간관계 기술을 신장시키기 위해 고안된 집단이다. 이 집단은 일련의 체험 중심의 집단 활동과 그 과정을 통하여 효과적인 의사소통, 인간관계 증진 및 능력 개발 그리고 인간적 성장에 초점을 맞춘다. 훈련 집단은 흔히 '감수성 훈련 집단' 혹은 '실험 훈련 집단'으로 불린다. 훈련 집단을 줄여서 'T그룹' 또는 'T집단'이라고도 한다. 이 집단의 형태는 주로 조직 사회에서 성공적으로 기능하는데 필요한 인간관계 기술을 강조한다.

(2) 참 만남 집단

모든 장면에서 성장할 수 있는 기회를 제공하기 위한 훈련 형태에서 발전된 집단이다. 원어 그대로 '엔카운터 그룹'이라고도 불리는 참 만남 집단은 인간중심 치료의 창시자인 칼 로저스Carl Rogers가 주도한 집단의 형태다. 이 집단의 일반적인 목표는 구성원들의 사회적 기술 개발보다는 주로 일치성과 진정성 신장에 두고 있다.

(3) 마라톤 집단

며칠 동안 연이어 회기를 가짐으로써 참여자들의 방어를 감소시키는 한편, 친밀감을 창출하여 보다 집중적이고 심화된 상호작용의 활성화를 기반으로 인간적 성장을 꾀하기 위한 집단이다. 훈련 집단, 참 만남 집단, 마라톤 집단, 이 3가지 형태의 집단들은 공통적으로 집단참여자들에게 구체적인 활동을 통해 직접 체험의 기회를 제공한다는 점에서 성장집단과 마찬가지로 '경험적 접근' 혹은 '체험적 접근'으로 불린다.

5) 과업집단

특정과업을 완수하기 위한 목적으로 구성되는 집단이다. 과업집단을 리드하는 사람은 보통 '리더' 혹은 '팀장'이라고 불린다. 그러나 자문과 관련된 집단의 경우 '컨설턴트consultant'라고도 한다. 과업집단은 본래 기업체와 산업체 내 집단들의 역동을 이해하기 위해 체계적인 노력을 기울였던 미국의 국립훈련실험소National Training Laboratory, NTL가 효시였다. 이 기관을 통해 축적된 방대한 자료는 오늘날 과업집단을 이해하는 데 적용되고 있다.

6) 자조집단

스스로 돕는 집단, 즉 정신건강 전문가의 도움을 필요로 하지 않거나 전문가들이 돕기에 한계가 있는 문제를 지닌 사람들을 위한 집단이다. 이러한 특성으로 정신건강 전문가보다는 특정 문제를 이미 겪었거나 극복한 사람 또는 구성원들이 차례로 돌아가면서 집단의 리더 역할을 한다. 따라서 자조집단의 운영방식은 정신건강 전문가들이 이끄는 집단의 것과는 다소 차이가 있다. 자조집단은 전형적으로 물질오남용이나 체중조절과 같이 집단원들이 공통적으로 겪고 있는 특정문제를 중심으로 구성된다. 이러한 공통적인 문제로 자조집단의 응집력은 다른 유형의 집단에 비해 쉽게 높아지는 특징이 있다.

7) 지지집단

공통 관심사가 있는 집단원들로 구성되어 각자의 생각과 감정을 나누는 한편, 특정 문제와 관심사를 점검해 보기 위한 집단이다. 이 집단은 보통 매일, 매주, 매월 1~2회 정도 정기적으로 모임을 갖는다. 지지집단에서 구성원들은 다른 사람들도 흔히 유사한 문제를 겪고 있고, 유사한 감정을 체험하고 있으며, 비슷한 생각을 하고 있다는 사실을 깨닫게 된다.

---

05 집단의 구조와 형태

1) 구조화 집단

집단상담자의 관심이나 집단원들의 요구에 따라 달라지기도 하지만 어떤 특정한 주제에 초점을 맞추어 진행되는 것으로 집단원들에게 인생의 특정한 문제를 더 잘 인식하게 하고 그것에 보다 잘 대처할 수 있는 방법과 경험을 제공하기 위해 실시되는 집단의 형태다. 자기주장훈련, 가치명료화 프로그램, 의사소통 기술훈련, 진로의사결정 프로그램, 스트레스 대처 훈련 등이 여기에 해당한다.

2) 비구조화 집단

비구조화 집단은 과정중심 집단을 의미한다. 집단에서 집단의 내용과 활동 방법 등에 대해 순차적으로 구성하지 않는 상태에서, 집단의 과정 자체와 집단원들 간에 일어나는 지금-여기에서의 상호작용에 초점을 두는 집단의 형태다. 비구조화 집단을 이끄는 집단상담자는 비구조화 집단상담 경험이 풍부해야 하며, 집단 및 집단원이 가지는 치유적 힘을 신뢰할 수 있어야 한다. 감수성 훈련집단이나 T집단, 참만남 집단이 대표적인 비구조화 집단의 유형에 해당된다.

3) 개방 집단

집단이 허용하는 범위 내에서 이미 집단상담이 진행되고 있더라도 새로운 집단원을 받아들이는 집단 형태이다. 새로운 집단원이 들어오는 것과 관련해서 의사소통의 문제나 갈등이 있을 수 있으므로 집단 전체와 사전에 논의가 되어야 한다.

4) 폐쇄 집단

집단상담이 시작될 때 참여했던 사람들로만 끝까지 운영되는 집단이다. 도중에 탈락자가 생겨도 새로운 집단원을 받아들이지 않으므로 집단상담의 회기 도중에 새로운 집단원이 참여할 수 없다. 폐쇄 집단은 집단의 안정성이 높으므로 집단원 상호 간의 교류와 집단 응집력이 강한 편이다.

5) 집중 집단

일정 기간 동안 집중적으로 집단상담을 실시하는 형태를 취한다. 2박 3일, 3박 4일 혹은 3일간 집중적으로 집단상담 경험을 하게 된다. 마라톤 집단이 집중집단의 형태에 해당된다.

6) 분산 집단

보통 주 1회의 형태로 나누어서 미리 계획된 전체 회기가 마무리 될 때까지 집단을 실시하는 형태를 말한다. 집단경험 자체에 깊이 몰입되기는 어려울 수 있지만, 집단상담에 참여하고 난 후 나머지 일주일 동안 일상생활 장면에서 집단에서 배울 것을 숙고해 보고 적용하거나 실천해 볼 수 있다는 장점이 있다.

7) 동질 집단

집단원들이 가진 배경이 서로 비슷하거나 동질적인 사람들로 구성된 집단을 말한다. 같은 전공을 공부하는 대학원생들로 구성된 집단, 초급과정을 수료하고 다 함께 중급과정에 참여한 집단원들로 구성된 집단 등이 해당된다.

8) 이질 집단

서로 배경이 다른 사람들끼리 구성된 집단을 말한다. 참여 동기, 학력, 연령, 사전 집단 경험 유무, 개인적·경험적 배경 등이 매우 상이한 집단원들로 구성된 집단을 말한다.

9) 자발적 집단

참여동기가 자발적인 사람들로 구성된 집단으로 집단 프로그램 참여 안내문 등을 보고 스스로 성장과 변화의 동기를 가지고 집단에 참여한 사람들로 구성된 집단이다.

10) 비자발적 집단

보호관찰 명령 등으로 자신의 의지나 동기와는 상관없이 의무적으로 집단에 참여한 사람들로 구성된 집단을 말한다.

06 집단의 치료적 요인

집단상담의 치료적 요인에 대한 대표적인 이론으로는 얄롬Yalom(1995, 2005)의 이론이 널리 알려져 있다. Yalom은 집단심리치료에 관한 연구를 통해 집단 내에서 집단원들에게 긍정적인 영향을 미치는 치료적 요인으로서 11가지 요인을 제시한 바 있다. Yalom의 치료적 요인 11가지는 다음과 같다.

1) 희망주입

삶의 희망을 느끼게 하는 것을 말한다. 희망을 심어 주고 그것을 유지하는 일은 모든 상담에서 매우 중요하다. 이것은 내담자가 계속해서 상담을 받음으로써 다른 치료적 요인이 효과를 낼 수 있게 한다.

2) 보편성

자신의 문제가 혼자만의 고통이나 어려움이 아니라 다른 사람들도 비슷한 환경이나 문제를 가지고 있다는 것을 깨닫는 것이다. 이는 자기에 대한 불필요한 방어를 해제하도록 해 주며, 수치심이나 무가치한 느낌을 줄여 준다. 또한 자존심을 증가시켜 주며, 스스로를 받아들이도록 도와준다.

3) 정보공유

집단상담자나 다른 집단원들이 제공하는 충고, 제안, 직접적인 지도 등이 포함되며, 집단상담자가 제안하는 정신건강에 관한 교수적 강의도 이에 속한다. 문제해결 중심 집단에서 특정한 이슈에 대한 정보를 제공받는 것 자체가 도움이 될 수 있다.

4) 이타주의

다른 집단원에게 베푸는 것이다. 집단원 개인의 자존감을 높여 주며, 힘든 상황을 스스로의 힘으로 극복할 수 있는 능력을 길러 주는 요소가 된다. 다른 사람에게 도움이 된다는 경험을 통해 자신의 존재감을 느끼게 하기도 한다.

5) 교정적 가족 재연

가족원 중 어떤 사람이 집단 내에 있는 것처럼 느끼고, 그 경험을 통해 배우게 되는 것을 의미한다. 내담자들은 가족 내에서 만족스럽지 못한 경험을 한 이력을 가지고 집단상담을 받으러 온다. 이들은 집단 내에서 초년기 가족 경험에 따라 집단원과 상담자에게 예전에 부모 및 형제와 상호작용했던 것처럼 행동한다. 중요한 점은 집단에서 초년기 가족 갈등이 재연되지만, 그것이 교정적으로 일어난다는 점이다.

6) 사회화기술의 개발

내담자들은 자신의 적응적인 사회행동에 관한 정보를 얻을 수 있다. 자신도 모르는 사이에 사회적 관계에 손상을 주었던 여러 가지 사회적 습성에 대해 알게 된다. 특히, 친밀한 인간관계가 부족한 집단원들에게 인간관계에 대한 피드백을 접할 수 있는 좋은 기회가 될 수 있다.

7) 모방행동 혹은 동일시

집단원이나 집단상담자를 모델링하는 것을 말한다. 집단상담에서 집단원들은 흔히 집단상담자 또는 자신과 유사한 문제를 가진 다른 내담자에 대한 작업을 관찰함으로써 도움을 얻는다. 설사 모방행동이 지속되지 않는다 해도 새로운 행동을 실험함으로써 현재의 자기 모습이 바람직하지 않음을 알아차릴 수 있게 되면서 자기 발견을 향해 나아가는 것이다.

8) 대인관계 학습

다른 집단원들로부터 피드백을 받는 대인관계—다른 사람과 관계하는 데 좀 더 적절한 방법을 시도하는 대인관계—투입과 산출 요인을 합쳐서 대인관계 학습 요인이라고 명명하였다. 집단원들이 방어 없이 행동할 수 있도록 집단이 운영된다면 그들은 가장 생생하게 자신의 문제를 집단에 내보이게 되고 집단상담자는 이 집단 내에서 나타나는 부적응적 대인관계 행동을 알아차리고, 이를 치료적으로 활용할 수 있다.

9) 집단 응집력

함께 있다는 느낌에 대한 적절한 수준으로서 여러 다른 치료적 요인을 촉진하기 위한 전제 조건이며, 다른 사람들에게 수용된다는 느낌이다. 응집력은 집단에 대한 매력과 정서적 요소 그리고 생산적인 상담 작업과 관련된다.

10) 카타르시스(정화)

집단과정에서 중요하고 필수적인 요소다. 정서의 개방적인 표현은 집단 과정에 절대적으로 필요하며, 집단에서 정서 표현이 없다면 집단은 메마른 학술적 연습으로 전락할 수도 있다. 신뢰할 수 있고 존중받는 집단의 분위기 속에서 성원들은 억눌리고 불편했던 감정을 자유롭게 표현함으로써 문제해결의 효과를 얻을 수 있다.

11) 실존적 요인

인생이 때로는 부당하고 공정치 않다는 것을 알고 인생의 고통과 죽음은 피할 길이 없음을 인식하고 자신의 인생에 스스로 책임이 있음을 배우게 된다. 집단성원들은 각자의 경험들을 공유함으로써 각 집단성원들의 행동은 독자적인 특성을 지니고 있음을 인정하게 되고, 자신의 문제는 스스로 결정하는 것이 중요하다는 것을 알게 된다.

집단상담은 개인상담과 그 역동이 다르고 개인상담과 구별되는 독특한 치료적 요인들이 있다. Yalom, Corey, 홍경자 등은 다음과 같은 요인들이 중요하다고 했다.

표 5.1 집단상담의 치료적 변화의 요인

Yalom(1985)	Corey(1995)	홍경자 등(1996)
◆ 희망의 주입	◆ 신뢰와 수용	◆ 모방행동
◆ 보편성	◆ 공감과 배려	◆ 이타심
◆ 정보교환	◆ 희망	◆ 보편성
◆ 이타주의	◆ 실험을 해보는 자유	◆ 변화를 시도하는 자유
◆ 일차적 가족관계 재현	◆ 변화하겠다는 결단	◆ 안정감과 긴장감
◆ 사회화 기법 발달	◆ 친밀감	◆ 피드백
◆ 모방행동	◆ 감정 정화	◆ 정보교환
◆ 대인관계 학습	◆ 인지적 재구조화	◆ 인간관계 형성의 습득
◆ 집단의 응집성	◆ 자기개방	
◆ 카타르시스	◆ 직면(맞닥뜨림)	
◆ 실존적 요인들	◆ 피드백	

07 집단의 과정

집단상담자와 집단원 사이 혹은 집단원들 간의 상호작용 및 에너지 교환을 통해 집단 내에서 발생하는 변화의 추이를 말한다. 이러한 변화의 추이를 기반으로 집단이 발달한다.

모든 집단은 집단유형과 리더십 유형에 상관없이 3단계(시작단계, 중간 또는 작업단계, 종결 또는 끝맺음 단계)를 거치게 된다. 각 단계별 설명은 다음과 같다.

1) 시작단계

시작단계에서는 시작단계와 관련된 집단목적, 일어날 일들, 두려움들, 기본적인 규칙들, 편안함의 수준들, 그리고 집단내용과 같은 주제에 대해 다룰 것이다. 시작단계에서는 집단원들끼리 서로를 아는 작업을 하며, 서로에 관해 나누며, 집단에서 느끼는 편안함의 수준을 평가한다. 특별히 과제, 교육, 토론집단과 같은 일부 집단의 경우, 작업할 주제나 토의 사항이 미리 결정되어 있지 않으면, 집단원들은 시작단계에서 집단의 활동 초점을 결정하게 된다. 시작단계는 첫 회기의 일부 시간, 첫 회기 전부 또는 2~3회기까지 지속될 수 있다. 집단목적이 분명하고 시작단계부터 신뢰와 편안함의 수준이 높은 집단에서는 시작단계를 단지 몇 분 만에 끝낼 수도 있다.

시작단계는 지도자가 다루어야 할 다양한 역동과 흐름이 있기 때문에 어렵다. 집단을 시작하면서 집단원들에게 집단 내용을 소개하고 내용과 집단 성원에 대한 집단원들의 반응을 살펴보는 단계이다.

2) 작업단계

중간단계 또는 작업단계라고도 불리는 단계에서는 집단원들이 목표에 초점을 맞추어 활동하는 단계이다. 이 단계에서 집단원들은 새로운 자료에 대해 배우고 다양한 주제에 대해 철저히 논의하며, 과제를 완성하고, 개인적인 나눔을 갖고 치료적인 작업에 참여한다. 이 단계는 집단과정의 핵심단계로서, 집단원들이 집단활동을 통해 유익을 얻는 기간이다.

이 단계 동안에 집단원들은 몇 가지 다른 방식으로 상호작용하기 때문에 다양한 역동들이 일어날 수 있다. 지도자는 집단원들 서로서로 그리고 지도자에 대한 집단원들의 상호작용 유형과 태도에 특별히 주의를 기울여야 한다. 이 시기는 집단원들이 얼마나 집단에 관련되어 서로 나누기를 원하는지가 결정되는 시기이다. 만약 다문화적인 문제들이 집단에 있다면, 집단 내에서 다른 집단원들이 잘못 이해할 수 있는 다양한 방식으로 행동하고 반응할 것이기 때문에, 지도자는 집단역동에 세밀하게 주의를 기울여야 한다.

3) 종결단계

종결, 끝맺음 단계는 집단의 종결에 초점을 둔다. 이 단계에서 집단원들은 그들이 배웠던 것, 그들의 변화, 그리고 집단원들이 배운 바를 어떻게 실제 생활에 사용할지에 대한 계획들을 함께 나눈다. 또 다른 집단에게는 종결이 정서적인 경험이 될 수도 있다. 어떤 집단은 종결이 이미 끝나기로 한 것이 이루어진 것이라고 생각하는 반면, 종결단계의 길이는 집단 종류, 종결단계가 진행되고 있는 회기의 길이, 종결단계의 진전에 따라 달라질 것이다. 대부분의 집단들은 단지 한 회기를 종결단계로 사용한다.

종결단계의 특징은 집단원들이 자신의 문제를 해결하게 되어 자기노출을 줄이고, 이제까지 맺어 온 유대관계에서 분리되어야 하는 아쉬움을 경험한다.

4) 추수단계

집단이 완전히 종결되고 나서 일정한 시간이 지난 후, 집단원들의 기능 상태를 점검하기 위한 시기다. 추수단계에서 집단회기를 갖는 목적은 집단원들이 집단경험을 통해 습득한 새로운 행동을 실생활에서 지속적으로 실천할 수 있도록 지지 체계를 재확인해 주기 위함이다. 이를 위해 집단상담자는 집단원들이 집단에서 얻은 경험이나 새로운 사고와 행동을 외부 세계에 적용한 과정과 효과, 중요한 타인으로부터의 반응 등에 대해 경청하고 이 과정에서 파생된 감정들을 반영해 준다. 그리고 필요한 경우, 실천 방안을 다소 수정해서 더 생산적인 삶이 될 수 있도록 동기를 부여해 준다.

추수단계에서의 작업은 1) 추수 집단회기 또는 2) 개별 추수 면담을 통해 이루어진다. 추수 집단회기는 일반적으로 집단 종결 2~6개월 후에 갖는다. 이 회기에서는 집단이 종결되면서 계약을 맺은 행동 변화와 관련되어 설정한 목표의 성취 정도가 평가된다는 점에서 목표 달성과 유지를 위한 촉매 역할을 한다. 집단원들은 집단 종결 후에도 지속적인 지지 체계를 형성하는 한편, 각자 설정한 행동 변화의 목표를 달성하기 위해 서로 도움을 주고받기도 한다.

08 집단상담자의 역할

집단상담자는 집단상담에 대해 전문적인 교육과 훈련을 성공적으로 이수하고, 수련감독자의 감독하에 실습을 마친 전문가이다. 집단상담자가 어떤 사람인가 하는 것은 집단의 성공과 실패를 결정하는 중요한 변인 중 하나이다.

효과적인 집단상담자는 집단원으로 하여금 집단의 참여를 통해 지식이 아닌 실제적인 자기체험을 할 수 있게 하고, 심리적, 정서적으로 안정되고 성숙한 인간이 될 수 있는 기회를 제공하며, 자신뿐만 아니라 다른 사람의 문제를 해결하도록 돕는 역할을 한다. 집단상담자는 집단상담자로서 갖추어야 할 기본적인 태도와 품성 등 효과적인 집단활동의 촉진에 필요한 인간적 특성을 갖추고 있어야 한다. 아울러 집단 응집력 등 집단의 독특한 특징을 이해하고 활용하는데 필요한 전문적 지식과 기술, 역할을 두루 갖추어야 한다.

1) 집단상담자 자질

집단상담자의 인간적인 특성은 집단상담자가 갖추어야 할 기본적인 태도나 품성과 같은 성격 특성이라 할 수 있다. 집단상담자의 인간적 특성이 중요한 이유는 집단상담자가 어떠한 특성과 역량을 갖추고 있느냐에 따라, 똑같은 이론이나 기법이라 하더라도 집단원의 성장과정에 무척 다르게 영향을 미칠 수 있기 때문이다.

많은 집단상담 전문가들이 지적한 유능한 집단상담사가 갖추어야 할 특징으로는 관심, 개방성, 융통성, 따뜻함, 객관성, 신뢰성, 정직성, 능력, 인내심, 민감성이 있다. 부가적으로 자신과 다른 사람을 위로하는 능력, 지도하는 능력에 대한 확신, 사람의 호감, 권위자 입장에서의 위로, 다른 사람의 기분, 반응, 분위기, 그리고 말에 조화를 맞출 수 있는 능력 등이 함께 거론된다. 효과적인 상담사의 특성에서 가장 중요한 것은 건전한 정신건강이다.

(1) 인간적 자질

① 자기수용

자기를 있는 그대로 수용하는 것이다. 자기수용self-acceptance이란 자기를 있는 그대로 받아들이며 인정하는 것을 의미한다. 자기수용적인 집단상담자는 자신의 강점뿐만 아니라 약점까지도 자신의 중요한 일부로 기꺼이 인정하고 받아들인다. 또한 자기수용을 통해 집단원들과 상호작용을 더 정확하게 이해하고, 스스로 완벽하지 않은 존재라는 사실을 인정함으로써 집단과정을 촉진한다. 자기수용을 위해서는 내면에 깊이 있는 반성 혹은 성찰이 선행되어야 한다.

② 개방적 태도

개방적 태도란 새로운 경험, 그리고 자신의 것과는 다른 유형의 삶과 그 가치에 대해 기꺼이 수용하는 자세를 말한다. 집단상담자는 필요한 경우, 집단에서 자신의 경험을 드러내기도 한다. 그렇다고 해서 개인적인 삶의 모든 부분을 낱낱이 드러내지는 않는다. 집단상담자의 개방적 태도는 집단원의 감정과 신념을 솔직하게 개방하는 촉매 역할을 하여 집단과정에 활력을 불어넣는다. 집단상담자의 개방적 태도는 집단원들이 집단에서 자신의 약한 모습과 두려움을 노출해도 좋다는 인정의 표현이다. 개방적 태도를 지닌 집단상담자는 방어적이기보다는 개방적인 자세로 그 원인과 자신의 감정을 탐색한다. 왜냐하면 집단원들의 피드백은 긍정적이든 부정적이든 간에 치료적으로 의미가 있다고 믿기 때문이다. 또한 집단발달 과정에서 필연적으로 집단상담자의 권위에 도전하거나 타인에 대한 감정을 집단상담자에게 투사하는 일이 발생할 수 있다는 사실을 잘 알고 있기 때문이다.

③ 타인의 복지에 대한 관심

타인의 복지에 대한 관심이란 집단원을 비롯한 주변 사람의 안녕과 행복한 삶을 영위할 수 있도록 배려하는 마음을 기꺼이 보살피는 행동으로 나타내는 것을 뜻한다. 이는 집단상담자가 자신의 이익을 위해 집단을 이용하지 않는다는 의미이기도 하다. 집단상담자의 주된 임무는 집단원이 원하는 바를 얻도록 돕는 것이다. 돌봄 혹은 배려는 집단원 개개인을 진심으로 존중하고 신뢰하며 가치 있는 존재로 대하는 것이다.

④ 유머감각

유머감각은 치료적으로 유의한 측면에서 집단원들에게 웃음을 안겨 줄 수 있는 말이나 행동을 할 수 있는 능력을 말한다. 유머감각은 기술, 기법 혹은 개입방법이라기보다는 개인적 특성이다. 유머감각은 인간관계 형성과 유지에 중요한 요소이다. 집단원들이 각자의 관심사에 몰입하다 보면, 다양한 각도에서 조망해 볼 수 있는 여유를 갖지 못할 수 있다. 집단상담이 아무리 진지한 심리적 작업과정이라고 해도, 집단상담자의 유머감각은 웃음을 통해 집단원의 문제를 새로운 각도에서 조망해 볼 수 있게 한다.

⑤ 자발적 모범

자발적 모범이란 집단원들의 행동변화를 위해 바람직한 행동의 모델 역할을 담당하는 것이다. 즉, 집단상담자가 개방적 태도, 수용적 자세, 적극적 경청, 자기개방, 타인에 대한 존중과 배려, 즉각적인 긍정적 피드백 등을 몸소 실천함으로써 집단원들에게 대리학습의 기회를 마련하는 것이다. 이러한 모방학습의 기회는 집단과정을 촉진시키는 강한 원동력이다.

집단 초기에 집단상담자의 행동은 집단에 영향을 미친다. 뿐만 아니라 집단상담자가 집단원들에게 보여 주지 않은 행동 역시 보여 준 행동 못지않게 중요하게 작용한다.

⑥ 공감적 이해 능력

공감이란 말 그대로 감정의 공유, 즉 상대방의 감정을 함께 경험하고 나누는 것을 말한다. 이는 각기 독특한 자질과 관점을 지닌 집단원의 주관적 경험세계에 동참하여 개개인의 조회체계에 기반을 둔 감정을 함께 느끼고자 노력하는 것이다. 공감적 이해란 집단원의 감정을 함께 느끼고 이해한 것을 언어 및 비음성 언어로 나타내는 것을 말한다. 공감적 이해는 또한 집단원의 감정을 스스로 경험해 볼 수 있도록 집단상담자 자신을 허용하는 것을 말한다.

공감적 이해 능력은 집단원들과 정서적 교감을 나누는 데 필수적인 요소임과 동시에 집단상담자의 중요한 자질이다. 이는 또한 집단원에 대해 민감하고 정확하게 이해할 것을 토대로 그들과 상호 교류할 수 있는 능력이기도 하다. 공감적 이해 능력이 있는 집단상담자는 집단원들의 감정과 욕구를 이해하고 배려할 수 있다. 게다가 집단의 목표 달성을 위한 방향으로 집단원들이 자연스럽게 나아갈 수 있도록 도울 수 있다.

⑦ 심리적 에너지

심리적 에너지란 집단원 개개인을 이해하고 그들의 욕구를 충족시키기 위해 활용되는 역동적 자원을 말한다. 이러한 자원은 집단 효과에 대한 신뢰에서 기인하며 전문가로서의 카리스마로 이어지기도 한다. 활력 넘치는 집단상담자의 열정과 확신은 집단원들을 매료시키는 한편, 상담과정을 촉진시키는 원동력이다.

심리적 에너지가 충만한 집단상담자는 자신을 솔직하게 표현하고 실천중심적인 행동을 통해 생동감 넘치는 리더십을 발휘한다. 이러한 집단상담자는 자신의 약점을 기꺼이 인정함으로써 약점을 숨기는 데 에너지를 낭비하지 않는다. 그러나 이와 대조적으로 심리적 에너지가 부족한 상담자는 자신의 취약점이 드러날까 봐 두려워하며, 자기방어에 에너지를 소모한 나머지, 더 많은 에너지를 필요로 하게 되는 악순환을 되풀이한다. 집단상담자는 자신의 몸과 마음의 에너지 수준을 수시로 확인해야 한다.

⑧ 새로운 경험 추구

집단상담자의 인격은 다양한 생활경험에 의해 결정된다. 경험의 폭이 넓고 깊을수록, 각기 다른 삶의 경험으로 서로 다른 가치관을 지니고 있는 집단원들에 대한 이해의 깊이와 넓이는 그만큼 크다. 새로운 경험을 추구하는 집단상담자는 자신과 다른 세계에서 온 집단원들의 문화에 대해 배우고자 한다. 집단원들 간의 차이를 존중하고 항시 그들에게서 배우고자 하는 집단상담자는 집단원들에게서 신뢰를 얻게 된다. 반면, 특정 지역이나 문화에 대해 편견이나 선입관 혹은 정형화된 사고를 지닌 집단상담자는 다양한 문화적 배경에 대한 이해가 부족한 나머지, 자신의 세계관을 집단원들에게 강요하거나 주입하려는 잘못을 범하기도 한다. 집단상담자는 자신의 삶의 문제를 인식하고, 다양한 관점에서 조망해 볼 필요가 있다.

새로운 경험에 개방적이고 이를 추구하는 집단상담자는 상담 업무 외에도 다양한 부류의 사람들과 교제하고, 대화를 나누며, 스포츠와 문화생활을 즐긴다. 생활경험의 범위가 넓을수록, 다양한 사람들을 접하게 되고, 그만큼 사람들을 폭넓게 이해할 수 있기 때문이다. 이러한 경험은 각기 다양한 상황에 처해 있는 집단원들의 입장을 이해하고 돕는 데 많은 도움이 된다.

⑨ 창의성

창의성이란 종래의 집단 운영 방식을 매번 답습하기보다는 새로운 것을 창안하여 집단상담에 적용할 수 있는 능력을 말한다. 창의성은 순간적으로 독창적일 수 있는 능력이다. 창의적인 집단상담자는 지속적으로 기법, 활동, 그리고 작업방식에 변화를 추구한다. 변화를 추구하는 집단상담자가 이끄는 집단은 진부하거나 지루해지지 않고 생동감이 넘친다. 유머가 풍부한 집단상담자와 함께 집단을 이끌거나 때로 집단에서 약간의 거리를 유지하는 것은 창의적인 관점을 갖는 데 도움이 된다.

(2) 전문적 자질

집단상담자는 전문적인 교육과 훈련을 성공적으로 이수한 정신건강 전문가다. 집단을 운영할 수 있으려면 개인상담 경험, 집단상담 경험, 집단 계획 및 조직 능력, 상담·심리치료 이론에 관한 지식, 인간에 관한 폭넓은 식견 등의 능력이 요구된다.

① 개인상담 경험

집단상담자가 되기 위한 첫걸음은 개인상담을 직접 체험해 보는 것이다. 개인상담 경험은 다음 두 가지로 나뉜다. 하나는 자신의 실제 문제를 가지고 내담자로서 상담을 받아 보는 것이다. 다른 하나는 상담자로서 실제 내담자를 상담해 보는 것이다. 개인상담 경험은 상담자로서보다 내담자로서의 경험이 선행되어야 한다.

ⓐ 내담자로서의 경험: 집단상담자가 되려면 개인상담에서의 내담자로서 상담을 받아 보아야 한다. 개인상담을 통해 자기이해, 즉 상담자가 되고자 하는 동기 탐색과 내담자로서 상담의 필요성과 그 효과를 몸소 체험해 볼 수 있기

때문이다.

ⓑ 상담자로서의 경험: 예비 집단상담자들에게는 개인상담의 내담자 역할 외에도 상담자로서 실제 내담자에 대해 개인상담을 직접 실시해 보는 경험이 요구된다. 개인상담의 상담자 경험은 무엇보다도 새로운 사람을 만나 치료적인 대화를 나누는 일에 자신감을 심어 준다. 이러한 자신감은 집단원들과의 치료적인 의사소통과 인간관계 형성·유지 기술로 전이되어 집단작업의 촉매가 된다.

② 집단상담 경험

단지 집단에 참여하는 것은 그 자체만으로도 예비 집단상담자들에게는 중요한 경험이 될 수 있다. 적어도 집단원들의 입장을 이해해 볼 수 있는 기회를 가질 수 있기 때문이다. 또한 집단원의 입장에서 집단상담자의 리더십 관찰을 통해 리더십 증진을 위한 대리학습의 기회로도 삼을 수 있기 때문이다. 그리고, 집단상담자 역할을 수행하기에 앞서 집단상담 경험을 해 보는 것은 무엇보다도 윤리적으로 합당한 선택이기 때문이다.

예비 집단상담자들에게 요구되는 집단상담 경험을 위해 유용한 집단으로는 '자기탐색집단'이나 '자아성장집단'을 꼽을 수 있다. 이러한 유형의 집단들은 예비 집단상담자로서 자기탐색과 자기이해를 높이는 데 도움을 주기 때문이다. 반면, '교육지도 실습 집단'은 수련감독자의 지도하에 집단상담자 역할을 연습해 볼 수 있다는 점에서 집단상담자 훈련에서 빼놓을 수 없는 과정이다. 이러한 일련의 수련과정을 거쳐 예비 집단상담자는 비로소 '집단실습'에 임할 수 있게 된다.

③ 집단계획 및 조직능력

집단계획 및 조직능력이란 집단의 목적부터 평가에 이르기까지 구체적이고 체계적인 계획을 수립하고 전체 일정을 조직할 수 있는 역량을 말한다. 이는 잠재적 집단원들 대상의 요구조사, 집단의 총 회기수, 집단모임 시간과 장소, 주제, 준비물, 논의 사항, 평가절차 등 각 회기별, 전체 회기에 대한 것을 말한다.

④ 상담·심리치료 이론에 관한 지식

집단상담자가 되기 위해 필요한 요건은 상담·심리치료 이론에 관한 지식을 갖추는 것이다. 상담이론에 관하여 해박한 지식을 갖는다는 것은 단순히 각 이론적 접근에 관한 내용을 암기하고 있음을 의미하지 않는다. 이는 이러한 지식을 임상적으로 적용할 수 있는 능력을 갖추고 있음을 의미한다. 상담·심리치료 이론은 잠재적 집단원들과 그들의 관심사, 그리고 그들이 겪을 수 있는 갖가지 복잡한 심리적인 문제들을 조망, 이해, 설명, 조력하는데 필수적이고 실용적인 도구이자 열쇠다(Campbell & Dahir, 1997).

⑤ 인간에 관한 폭넓은 식견

인간에 관한 폭넓은 식견이란 집단원의 발달과정에 따른 과업을 신체적·인지적·심리사회적·성격적·문화적·도덕적 측면에서 조망할 수 있는 지식과 경험을 말한다. 이러한 지식과 경험을 토대로 집단상담자는 집단원의 행동과 사고의 변화, 자율적인 의사결정 촉진, 문제해결 능력 신장을 위하여 사회의 다양한 쟁점과 문제점에 대해서도 깊은 관심과 안목을 갖는다.

예를 들어, 부모가 이혼한 가정의 자녀들로 구성된 집단을 이끄는 집단상담자는 관련 법규에 대해서도 잘 알고 있을 뿐만 아니라, 집단참여 아동들의 처지를 이해하고 그들을 돕는 데 탁월한 역량과 경험을 갖추어야 할 것이다.

Theory and Practice of School Counselling

위기상담의 이해

위기상담의 이해

위기Crisis란 '위험한 고비' 또는 시기를 일컫는 단어로 "어떤 안정된 상태에 있어서 위급한 상황 또는 위험한 경우를 말하며, 어원적으로 위기Krise, crese, crisis라는 말은 비판Kritik, critique, criricks; criticism이라는 말과 공통된 어원을 갖는다. 위기At-Risk는 '현재에 나타나고 있지 않지만 적절하게 개입하지 않을 때 미래에는 학생에게 부정적인 결과를 가져올 수 있는 상황'이라고 정의하며, 위기학생에 대한 적절한 개입과 지원이 없다면 사회적 안정을 위협할 수 있는 잠재적 위험요소를 키울 수 있을 것이며 개인적으로도 독립적인 성인으로 정상적인 삶을 이행하지 못하게 될 것이라는 것을 시사하고 있다(한국청소년상담원, 2009).

한편 위기는 어떤 일의 전환점turning point이라고 정의할 수 있다. 위기Crisis라는 용어는 '분리'를 뜻하는 헬라어에서 파생된 단어이다. 그 뜻은 '결단하다', '전환점', '절정', '심판' 등의 의미를 내포하고 있다. 캐플란Caplan이 개념화한 이론에서 위기는 반드시 부정적인 것이 아니라 외부로부터의 조력으로 새로운 해결방법을 찾으려는 동기가 높아져 성장발달의 가능성이 있다는 것이 위기이론의 특징이다. 그러나 위기의 고비에서는 불안과 혼란, 무력감, 그에 따른 우울, 수면장애, 식욕 부진 등의 증상이 발생하지만 이를 질병이라고는 할 수는 없다고 했다. 해결책이 긍정적이고 건강하면 성장의 기회가 되지만, 반대라면 건강을 해치는 요인이 되기도 한다고 주장했다(한국청소년상담원, 2009). 그러므로 청소년기에서 위기는 심리적 약점이 증대하는 위험과 인격이 성장한다는 이면성을 갖는 과도기적 상태라고 할 수 있다.

01 위기의 정의

학생들에게 '위기'라 함은 일반적으로 육체적, 감정적, 관계적 손상에 대한 위험 가능성을 말한다. 학생들은 가족, 또래친구, 사회 등으로부터의 많은 유해환경에 노출되어 있다. 가정 폭력 및 학대, 부모의 이혼, 학교부적응, 교내·외 폭력 써클, 왕따 등을 비롯하여 사회성 범죄를 일으킬만한 다양한 상황들이 학생들로 하여금 위기 상황에 빠지도록 위협하고 있다.

위기 학생들은 이러한 정의에 따라 두 범주로 구분하고 있다. 첫째는 가족환경이나 보호자의 행동이 학생의 기본적 필요를 충족시켜주지 못하여 오히려 해를 끼치는 상황에 노출되어 있는 학생을 말하며, 범주에는 방치, 학대, 폭력 또는 범죄 가정환경, 부모의 기능장애, 학업중단, 가출 등의 문제를 가지고 있는 학생들이 해당된다. 둘째는, 부정적인 가족 상황과 학대로 인해 신체적 또는 정서적인 어려움을 경험하고 있는 학생으로 방치 또는 학대로 인해 발행한 신체적 상해, 의학적 또는 성장 합병증, 불안과 우울 같은 심리사회적 장애, 비행(폭력, 약물남용, 성매매) 등의 문제를 보이는 학생들이 해당된다.

위기학생 대상에 대한 각국의 정의를 보면, 영국에서는 "특별한 요구를 가지고 있는 학생"으로 보고 있으며 기초생활수급대상 학생, 소년소녀가장, 보호시설학생, 가출학생, 미혼모나 임신학생을 지칭하고 있다. 스위스에서는 '위기학생'이라 함은 중학교 중퇴자, 고등학교 미진학자, 직업교육훈련에 어려움을 갖고 있는 학생, 직업교육 중퇴자, 실업학생 등을 의미하며, 노르웨이 역시 스위스와 마찬가지로 교육과 직업적 활동을 중단하고 있는 14-22세 학생을 대상으로 하고 있다. 이스라엘에서는 위기학생을 가정생활과 환경, 행동 또는 적응장애가 그들의 복리와 건강한 발달에 위협을 주는 0-18세 사이의 학생으로 정의하고 있다. 그리고 OECD(1995)에서는 '위기학생이란 학교에서 실패하고 성공적으로 직업이나 독립적인 성인의 삶으로 이행하지 못 할 것 같은 사람, 그 결과 사회에서 긍정적인 기여를 하지 못 할 것 같은 학생'으로 정의내리고 있다.

영국의 대표적인 위기 학생 사업기관 Connexions에서는 위기학생 수준을 3단계로 설정하고 있다. 가장 높은 단계인 3단계 상태는 이미 다양하고 복합적인 문제를 드러내고 있는 학생 집단을 의미함에 따라 전문가에 의한 지속적이고 집중적인 개입을 필요로 하게 된다. 중간단계인 2단계는 복합적인 위기상황은 아니지만 앞으로 복합적인 위기상황이 될 가능성이 있는 집단을 말한다. 이 단계의 위기학생은 교육과 훈련을 통해 이 시기를 잘 극복하여 안전하고 평화롭게 성인기로 넘어갈 수 있는 집단이다. 낮은 단계인 1단계의 학생은 별 문제가 없으며 학업성적도 우수한 학생집단이며, 학업과 진로상담이 필요한 수준이라고 정의하였다(한국청소년상담원, 2006). 이러한 단계별 위기개념에 근거한 위기학생이란 어느 특별한 집단이 아니고 위기의 유형, 발달단계, 위기수준에 따라 차이가 있는 다양한 위기상황에 처한 학생집단이며 적절한 개입 없이는 심리사회적 문제에 빠질 가능성이 많은 집단을 의미한다.

표 6.1 위기 상황의 학생 심리상태

정서 상태	불안, 충격, 부정, 불편감, 피로, 불확실한 느낌, 공포, 우울, 무력감, 두려움, 혐오감, 죄의식, 억제력 상실, 비애, 격노, 좌절, 부적절한 느낌, 꽉 막힌 것 같은 느낌, 분노, 안절부절
인지 상태	혼란한 상태, 주의력 결핍상태, 집중력 결핍상태, 신뢰감 상실, 결정 능력 곤란, 문제해결 능력상실, 불면
행동 상태	위축, 수면장애, 화를 내고 소리 지름, 행동의 변화, 식욕의 변화, 피로감 누적, 잦은 병결상태, 흥미 감소, 알코올/약물중독, 안절부절못한 행동, 비정상적인 행동, 반사회적인 행동, 폭력, 공격적 행동, 퇴행적 행동, 의사소통의 결여, 히스테리성 반응, 무반응적 행동, 생활의 다른 문제에서도 위기문제로만 집약되어지는 행동 등이 있다.

출처: 한상철, 1998.

부모의 적절한 도움이나 지원을 제공받지 못하면서 위기상황에 처해 있는 학생들은 다양한 어려움에 직면하게 된다고 주장하며 위기학생 지원모델을 개발하였다. 건전한 발달과 성장이 어려운 상황에 처해 있는 위기학생들 중에 부모의 적절한 보호나 지원을 제공받지 못하는 학생들에게 부모를 대신해서 국가나 지방자치단체가 부모의 보호와 지원을 제공하여 위기학생들의 건전한 발달과 성장을 촉진시켜야 한다고 하였다(구본영, 2005). 따라서 위기학생들이 다양한 문제를 경험하고 있기 때문에 위기를 극복하기 위해 다양한 도움이 필요하고 특별히 학업지원이나 상담지원, 활동지원 등의 도움이 필요하고 중복지원도 필요하다고 설명하였다. 위기학생은 일련의 개인,

환경적 위험에 노출되어 행동 심리적으로 문제를 경험할 가능성이 높으며, 적절한 개입 없이는 정상적인 발달을 이루기 어려운 상황에 있는 학생으로 정의할 수 있어 가출, 학업중단 및 실업, 폭력, 성매매, 약물 오남용 등의 비행 및 범죄, 불안, 우울 등 심리적 장애, 자살의 위험이 높은 학생들을 위기학생으로 볼 수 있다.

02 학생의 위기유형의 분류

학생의 위기유형은 크게 세 가지 유형(가정위기, 감정·정서 위기, 학교위기)로 분류된다. 가정위기는 정서대화, 경제문제, 가정폭력, 결손 및 조손가정의 문제들을 포함하고 감정·정서위기는 우울, 불안, 충동조절, 스트레스 등의 문제들을 포함한다. 이러한 문제들은 학교위기로 나타나는데, 학생의 개인적인 위기유형으로 우울, 불안, 자해, 자살 등의 정신건강적인 양상들과 인터넷 과몰입, 음주·흡연의 모습을 보이며, 학생의 사회적인 문제로는 집단 따돌림, 도벽, 금품갈취, 학교폭력, 학교부적응, 품행장애, ADHD, 성폭력 등의 사회적 문제들을 야기한다고 볼 수 있다. 위기유형 분류를 살펴보면 다음과 같다.

1) 집단 따돌림
가정에서 정서적인 대화의 부족과 학생의 우울성향이 만나면 친구관계의 어려움으로 인해 왕따 및 집단 따돌림을 경험할 수 있다.

2) 인터넷·스마트폰 과몰입
가정에서 정서적인 대화의 부족과 학생의 우울성향은 친구 및 대인관계의 어려움에 대한 대리만족으로 인터넷이나 스마트폰에 과도하게 집착하여 인터넷·스마트폰 과몰입의 문제 유형을 나타낼 수 있다.

3) 자해·자살
가정에서 정서적인 대화의 부족과 아동 학생의 우울성향은 문제의 상황에서 대처

능력이 부족할 때 자해 및 자살 등의 위기유형을 나타낼 수 있다.

4) 도벽·금품갈취

가정의 경제적인 문제와 학생의 정서적으로 우울과 불안의 문제가 병행되면 도벽 및 금품갈취 등의 위기유형이 나타날 수 있다.

5) 학교폭력

가정의 위기의 다양한 요인과 가정의 폭력 등의 원인이 되고 학생의 충동이 조절되지 않을 때 위기유형인 학교폭력이 나타날 수 있다.

6) 품행장애

가정의 위기의 다양한 요인과 가정 폭력 등의 원인이 되고 학생의 충동이 조절되지 않을 때 반사회적, 공격적, 도전적 행위를 반복적, 지속적으로 행하여 사회 및 학업 작업 기능에 중대한 지장을 초래하여 위기유형인 품행장애를 일으킬 수 있다.

7) ADHD

가정의 위기의 다양한 요인과 가정 폭력 등의 원인이 되고 학생의 충동이 조절되지 않을 때 지속적으로 주의력이 부족하여 산만하고, 과다활동, 충동성을 보이는 상태의 위기유형인 ADHD가 나타날 수 있다.

8) 학교 부적응

가정의 위기에서 부모님의 결손과 여러 가지 문제들로 인한 스트레스가 결합되면 학교생활의 적응과정에 있어서 욕구불만이나 갈등이 심하여 이로 인한 긴장을 해소하기 위해서 학교를 이탈하고자 하는 행위인 학교 부적응의 위기유형이 나타날 수 있다.

9) 성폭력

가정의 위기상황과 감정정서의 위기상황이 만나면 성폭력 등의 위기유형의 문제들이 나타날 수 있다.

10) 음주·흡연

가정의 위기상황(기타)과 감정정서의 위기상황(기타)이 만나면 음주·흡연의 위기유형의 문제들이 나타날 수 있다.

11) 우울

슬픈 감정, 외로움 등의 정서적 증상과 죄의식, 무가치감, 사고력 및 주의력 저하, 자살과 같은 인지적 증상, 불면증, 식욕 감퇴와 체중감소, 피로감 등의 생리적 증상을 포함하는 일련의 심리 상태(이전옥, 2009)를 말하며, 감정 정서위기의 중요한 위기유형의 하나이다.

12) 불안

매우 불쾌하며 막연히 불안한 느낌으로 가슴이 두근거리거나 진땀이 나는 등 신체증상과 관련되며 과민성, 안절부절 증상 등을 동반하며 감정 정서위기의 중요한 위기유형 중 하나이다.

---

03 위기상담의 필요성

1) 위기학생의 심리적 특징

위기 학생들은 심리적으로 매우 활동적이며, 공격적이고, 충동적, 반항적이며, 정서적 갈등이 심하다. 또한 자아정체감이 매우 저하되어 있고, 우울증에 시달리거나, 자살 충동을 느낄 수도 있다. 따라서 이러한 갈등을 해소하기 위해 외적 행동이 나타난다(조아리, 2007).

위험요소를 경험하게 되는 위기학생의 심리적 특성을 살펴보면 자기에 대한 만족 및 수용정도가 낮아 자신이 못나고 열등하며, 쓸모없고 사랑받을만한 존재가 아니라고 느끼고 자신의 가정에 대한 만족도가 낮다. 또한 자신의 감정이나 욕구를 충분히 경험하거나 조절하는 데 어려움이 있어, 자신이나 감정을 수용할 수 없다. 따라서 자신의 감정이나 욕구를 무시하거나 때로는 조절하지 못해 상황을 고려하지 못한 채 행동으로 옮기게 된다.

　위기학생의 경우 학생의 주된 생활공간인 가정, 학교, 지역사회에서 일반학생과 다른 상황에 대한 행동반응을 보이게 된다. 이러한 행동특성의 원인을 살펴보면 위기학생의 경우는 자신의 욕구가 지속적이고 반복적으로 억압되어 부정적인 감정을 쉽게 표출할 수 없기 때문에 자신의 감정이나 욕구를 제대로 표현하지 못하고 주변의 민감한 자극 및 갈등에 대해서 스스로의 감정조절 능력이 부족해 비행 행동을 일으킨다. 또한 위기학생 대부분이 갖게 되는 낮은 자존감은 열등감을 형성하고 자신의 긍정적인 정체감을 유지하기 위해, 손상된 자아감을 보상하기 위한 수단으로 비행행위를 하며 우월감을 표현하기 위해 비행을 저지른다. 즉, 높은 자긍심이 위협을 받을 때 공격적인 행동을 통해 자신의 우월감을 유지하려는 경향이 있다(화유진, 2007). 위기학생은 공격성을 유발하는 분노감정이 흔히 경험되고 쉽게 표현될 뿐만 아니라 분노를 이해할 수 있고 예측할 수 있게 일어나기도 하지만 분노한 학생 본인은 물론 모두가 놀랄 정도로 충격적으로 행동한다. 학생들의 공격대상은 직접적으로 원인이 되고 있는 대상에게 취해지는 것이 보통이나 대상자에 대한 공격이 어려워서 욕구불만을 직접 발산하지 못하게 되면 전혀 관계가 없는 제3의 사물이나 인물을 공격하는 경우가 생긴다. 욕구불만으로 감정적 흥분이 고조된 상태에서 원래의 공격대상을 잃게 되면 그 대상을 다른 제3의 대상으로 바꾸어 공격함으로써 긴장과 갈등을 해소하려고 하기 때문이다. 또한 외부에의 공격이 불가능한 상황에 부딪히거나 도덕적 자아가 자신의 공격을 심하게 억제해 버린 경우에는 다른 사람에 대한 공격성을 스스로에게 향하게 하여 자기비난·자기혐오와 같은 감정적인 경향을 나타내기도 한다.

2) 위기학생의 가정문제

　위기학생의 심리적 특성의 원인은 우선적으로 가정에서 찾아볼 수 있다. 일반학생에 비해 위기상황에 처해 있는 학생의 경우 가정환경에 있어서 가정이 화목하지 않고 부모와 관계가 부정적이며, 부모로부터 폭행을 많이 당하기도 하고, 부모와의 갈등이 많다. 또한 학교에서는 교우관계가 좋지 않고 학교생활에 대한 만족도가 낮다. 학생 심리적 특징 중 공격성이 있는데, 위기학생에게 흔히 경험되는 공격성은 욕구불만으로 갈등이나 긴장에 빠질 때, 그 원인이 되는 대상에 대항하여 적대적인 감정을 나타내는 행동양식이다.

　이러한 위기학생은 일반학생에 비해 부모와의 의사소통 수준이 낮으며 부모와의 동일시가 낮다. 또한 만성적인 가정불화, 부모의 이혼, 비일관적인 양육태도, 문제행동에 대한 허용적 태도, 자녀에 대한 낮은 관여 등 가족의 구조적, 기능적 결손과 빈곤으로 인한 낮은 사회경제적 지위가 위기학생의 비행 행동을 더 부추기는 실정이다. 이렇게 부모의 적절치 못한 양육방식이나 갈등과 긴장을 초래하는 가족구조는 학생들이 비행을 유발하는 성격을 형성하거나 비행 문화에 참여하도록 영향을 미치고 학생들은 실험적 비행을 하게 된다(한국청소년상담원, 2009).

위기학생의 가족 관계에서의 행동적 특성은 사회적, 경제적으로 어려움을 겪고, 동일시의 대상인 건강한 부모역할의 부재로 인해 정서적인 불안을 보이고 가출, 품행장애, 폐륜, 애착장애행동을 보이게 되는 경우가 많다. 그러므로 위기학생이 학교와 가정에서 받는 스트레스를 벗어나기 위해 선택하는 대표적인 것이 가출이다. 이와 같이 가출은 위기학생의 개인요인으로 인해 발생되기보다는 가족요인이나 학교요인 등 복합적인 요인으로 인해 나타나는 문제해결방법이다. 또한 가출학생들의 가정특성을 살펴보면 부모의 학력이 낮을수록, 경제수준이 낮을수록 가출경험이 많은 것으로 나타났다. 가출의 이유에 대해서도 부모와의 갈등, 부모의 불화, 부모의 무관심과 지나친 간섭이 중요한 이유로 보고되었다. 즉, 위기학생의 경우 부모와 대화를 하지 않고 갈등을 느끼며 가족과의 여가활동은 전혀 하지 않는 것으로 나타났다(한국청소년상담원, 2009).

그러므로 위기학생의 발생원인과 해결방법에 가장 중요한 역할을 하는 요인은 가족요인이라고 말할 수 있다. 위기와 관련한 학생 가족 관련 요인들을 살펴보면, '학생 정신건강관련 요인연구에서는 가족 관계문제, 가정생활 만족도, 가족관계의 질, 자아존중감, 부모-자녀 의사소통, 부모의 양육태도, 가족의 정서적 지지 등이 위험요인으로 보고되었으며, 구조적 결손, 가정불화, 비합리적인 양육태도, 부적절한 리모델링, 가족 갈등적 위험, 가족의 의료적 위험, 부모의 교육수준, 과잉기대 등으로 제시하고 있다. 이러한 가족관련 위험요인은 아동 및 학생의 자아존중감이나 긍정적 사고 등에 영향을 주어 학교부적응 문제를 유발하게 된다. 반면에 학교 내의 교사 및 또래 그리고 학업 등에 대한 문제로 학교부적응의 문제가 발생되어도 가족 내 특히, 부모의 관심과 지지는 학업중단을 예방하고 적응을 돕는 가장 중요한 요인이 되기 때문에 학생이 제 기능을 할 수 있도록 지원을 하기 위해 가장 우선시 되어야 할 요인이다(한국청소년상담원, 2009).

3) 위기학생의 또래관계

대부분의 비행학생들은 일반학생에 비해서 반항적이며 타인에 대해서 적개심과 의심을 가지며 이것으로 인해 파괴성 또는 파괴적 경향, 정서불안 등의 특징을 갖고 있는 것으로 밝혀졌다. 이와 같은 요인들은 위기학생의 비행생활을 통제, 조정하는데 어려움을 겪게 되고 자기를 무가치한 인물로 보며, 종종 불안을 느끼고 불행스럽게 느껴 대인관계의 의사소통에 있어서 난점을 보이기도 한다. 이와 같이 위기학생의 대인관계에 대한 문제는 개인특성에 기인하고 위기학생의 주변 친구들의 폭력행동이 가장 높기 때문에 위기학생의 친한 친구 역시 위기학생으로 간주할 수 있다. 따라서 비행학생은 일반학생에 비해 근접성과 호혜성이 높게 나와 교우관계를 통하여 함께 다니며 고통이나 비밀을 서로 나누고 위로하면서 그 관계를 유지하려는 경향이 있기 때문에 위기학생의 지원 및 선도를 위해서는 당사자뿐만 아니라 주변 교우들도 관리자가 되어야 한다(고형일, 2007, 7-8).

비행을 경험하는 또래들과 접촉가능성은 학생의 학교 내 문제행동을 유발할 가능성이 높다. 학교의 또래관계 요인은 학교에서의 소외, 중도 탈락한 학생들과의 접촉, 건전하지 못한 이성관계 등 교우들과의 관계에서 일어나는 요인이다. 중도탈락을 하는 학생들은 보통 학교 내 친구들보다 학교 밖의 친구들과 어울리는 경향이 있으며, 이미 중도탈락을 한 친구나 비행친구와의 관계를 갖게 됨으로써 중도탈락에 직·간접적으로 영향을 주게 된다.

4) 위기학생의 학교생활

위기학생의 경우 불안정한 가정환경과 성장과정으로 인해 낮은 자존감과 무기력을 느끼고 활동하는 것에 어려움을 느끼게 된다. 그러므로 일반학생에 비해 체벌을 많이 당하고 교우관계가 좋지 않으며 학교생활에 만족도가 낮은 것으로 보고되었다. 또한 학업중단 비행학생의 80%가 이미 학업 중단 시점에서 비행을 저지른다고 하였고, 비행학생이 학업중단 후 98%정도가 비행을 계속하거나 심화되는 경향을 보인다고 하여 위기학생의 학업중단과 비행의 연관성을 보여주고 있다(한국청소년상담원, 2009).

위기학생의 경우 소외감을 갖고 있으며 이는 폭력유발, 교사지시 불응, 폭력조직 가입, 학업중단 등의 원인으로 작용한다고 하였다. 그리고 성비행의 발생과정에도 사람들로부터의 거부에 대한 예측이 고립감을 유발하고 궁극적으로 성비행과 연결된다고 하였다. 이와 같이 소외감을 경험하는 위기학생에게 지지집단은 보호요인이 될 수 있으며, 주요 지지집단으로는 부모와 교사 그리고 또래집단이 될 수 있고, 특히 학업 중단의 경우 지지집단의 유무는 학교적응에 큰 영향을 준다(한국청소년상담원, 2009)고 하였다.

위기와 관련한 학교 및 지역사회 관련 요인들을 살펴보면, 거주환경이나 사회경제적 상태를 제외한 대부분의 학교요인으로 청소년기 학교생활의 중요성을 보여주고 있다. 학생들이 중도에 학업을 그만두는데 관련되는 요소들에 따르면, 가정 관련 요인으로 만성적인 가정불화, 부모의 이혼, 비 일관적 양육태도, 문제행동에 대한 허용적 태도, 자녀에 대한 낮은 관여 등 가족의 구조적, 기능적 결손과 가난으로 대표되는 낮은 사회경제적 지위가 있으며, 학교 관련 요인으로는 낮은 학업성적, 교육에 대한 부정적 태도, 학교에서의 낮은 지지, 소외감 등이 있는 것으로 나타났다(한국청소년상담원, 2009).

학교에 다니는 학생들은 일상생활의 대부분의 시간을 학교에서 보내기 때문에 학생에게 학교는 큰 의미를 지니게 된다. 학교환경을 구성하는 요인은 학교 규모나 학교 시설과 같은 물리적 환경과 교사와의 관계, 친구들과의 관계, 학업에 대한 동기, 학교 분위기와 같은 심리적 환경으로 구분할 수 있으며, 물리적 환경이 학생의 학교생활에 미치는 영향은 적은 것이 아니지만, 학생들의 학교에 대한 태도 및 가치관을 결정하는 데에는 학교의 심리적 환경이 더욱 결정적인 요인이 된다(고형일, 2007)고 할 수 있다.

5) 위기상담의 분류와 근거

학생 자신의 상황적 욕구 및 발달적 필요를 충족시키기 위해 갖추어야 할 '개인적 특성, 가정의 양육능력, 그리고 학교 및 기타 환경적 요소' 중 어느 하나에서 또는 둘 이상의 결핍에서 위기학생이 나타난다고 볼 수 있다. 여기서 상황적 요구란 학생 개인이 직면하고 있는 상황적 그리고 발달적 위기 해소의 필요성을 말하며, 발달적 필요란 학생이 사회에 공헌하는 성인으로 성장발달하기 위해 필요로 하는 지식, 기술 및 태도의 습득 필요성을 말한다. 이러한 학생의 요구와 필요가 가정, 학교 및 기타 환경적 제재가 제공하는 공식적 그리고 비공식적 보호·교육 기능에 의해 적절히 지원받지 못하면 학생은 점차 문제행동의 빈도와 정도를 증가시켜 가게 되고 그 결과로 필요한 지식, 기능, 태도를 습득할 수 있는 기회를 잃어버리게 되는 결과를 낳는다.

이와 관련하여 학생위기상담은 위기상황을 크게 세 가지로 분류하여 개인적 위기

상황, 가족적 위기상황, 교육적 위기상황이라고 보았다. 그러나 많은 경우 위기학생은 한 가지 문제보다는 몇 가지의 문제를 동시에 안고 있다. 이러한 점을 고려하며, 위기학생이 처해 있는 위기상황은 다음 네 가지 유형 중의 하나로 나타날 수 있다. 첫 번째는 학생이 안고 있는 문제들이 하나의 위기상황 내에 있는 경우이고, 두 번째는 학생이 가지고 있는 문제들이 서로 다른 두 가지 위기상황 내에 있는 경우이다. 세 번째는 학생이 가지고 있는 문제들이 서로 다른 세 가지 위기상황 내에 있는 경우이며, 네 번째는 세 가지 모두의 위기상황에 연관되는 경우이다.

이러한 위기상황들의 조합에 의한 위기학생 분류는 학생들이 어느 한 가지 이상의 복수의 위기상황에 처할 수 있다는 것을 나타내며, 이는 또한 학생들이 나타내는 문제들이 상호 연관되어 있다는 것을 의미한다. 말하자면 한 가지 문제를 가지고 있는 학생은 다른 문제에 연관되기 더 쉬우며, 이들이 서로 상호작용하여 또다른 문제를 연쇄적으로 파생시킬 수 있다는 것이다. 따라서 이들에 대한 개입은 어느 한 영역에 대한 것이 아니라 학생이 처한 복수의 위험요인에 대한 것이어야 한다. 이를 위해서는 학생 개인과 학생을 둘러싸고 있는 환경적 요인들에 대한 주의 깊은 평가로 위기를 분류하여야 적절한 도움을 제공할 수 있다.

04 위기의 유형별 특징

1) 가족문제 관련의 위기 유형

가정의 위기란 어떤 가정이나 그 구성원이 생활을 유지하기 위하여 넘어가지 않으면 그 존속이 불가능한 상황, 즉 위험한 상황에 처해 있음을 말하며, 새로운 상황과 대면하게 될 때 위기를 경험하게 된다고 하였다. 또한 지위와 역할의 상실, 변화에서 위기를 경험하게 되기도 한다. 가정이 위험한 상황에 처함에도 불구하고 만일 그 위험을 극복하게 되면 새로운 성장과 발전의 기회가 될 수 있을 것이다.

현대사회가 급격히 변화하면서 사회뿐만 아니라 가정에 많은 변화를 가져오게 되었다. 많은 자녀를 가졌던 모습에서 소수의 자녀를 갖게 되었고, 가족의 형태는 대가족 제도에서 핵가족 제도로 변화되었다. 이러한 현대사회 가족의 변화 속에서 나타나는 위기의 특징은 첫째, 지도력의 결여로 현대의 가정에는 지도력이 부족하다는 것이다. 전통적인 가장이나, 권위 있는 자가 핵가정에는 없는 것이 원인이다. 부모가 사회 구성원으로 활동하는 시간이 많아졌기 때문에 가정에서 지도력을 발휘할 수 있는 바탕을 만들어 주지 못하고 있다. 둘째, 가치관 형성에 있어 부모의 역할 상실이다. 지식의 습득과 사회 현상의 문제들에 대한 개인의 판단과 사고에 의한 가치들의 정립 속에서 가치관을 세우는 것이 아니라 획일적이고 인위적인 영향으로 자녀의 가치관 형성에 부모가 들어설 자리를 잃었다. 셋째, 대화의 상실로 부모는 맞벌이 부부가 되어 직장과 일터에서 시간을 보내며 자녀와 대화의 부족으로 인생관, 비전, 가치관 등 깊은 만남의 대화는 이루어지기 힘든 현실로 가정의 개념이 변화하게 되었고 그로 인해서 가정위기가 생기게 되었다.

2) 정신건강 관련 위기 유형

(1) 우울

우울이란 슬픈 감정, 외로움 등의 정서적 증상과 죄의식, 무가치감, 사고력 및 주의력 저하, 자살과 같은 인지적 증상, 불면증, 식욕 감퇴와 체중 감소, 피로감 등의 생리적 증상을 포함하는 일련의 심리 상태를 말한다. 우울은 대부분의 사람들이 일상생활에서 경험하는 정서이지만, 병적인 수준의 우울은 특히 학생기와 중년기의 연령층에서 많이 발병하며 남자보다 여자에게서 더욱 많이 보고되고 있다.

학생시기에 나타나는 우울의 특징은 어느 정도 일반적인 증상으로 부적절한 적응이나 그들이 받는 스트레스와 관련이 있다. 우울 증세가 있는 학생들은 전형적으로 비활동적이며, 친구들과의 관계에서 빠져 나와 대부분의 시간을 홀로 보내며, 자신의 방에서 스스로 방어벽을 치고 보낸다. 우울증에 걸리면 주도성 감소, 부정적인 자세, 무기력의 지속, 공격성의 지속, 공격성의 저하, 의욕상실, 식용감퇴 등의 증상을 보인다.

이러한 우울성향들은 자살충동에 직접적인 영향을 끼친다. 학생들은 긍적적 자기 평가태도를 취하지 않으며, 심지어 어떤 일을 극복할 수 있다는 생각조차 하지 않으려 한다. 따라서 우울증을 가지고 있는 초, 중기, 학생들의 증상은 끊임없는 활동restlessness, 타인과의 관계를 강하게 원하거나 회피, 문제행동 등으로 나타날 수 있다.

표 6.2 위기학생 우울의 특징

끊임없는 행동	◆ 초기 학생들은 증가된 에너지로 인해 끊임없이 움직이고, 계속해서 어떤 자극을 추구하고, 쉽게 지루함을 느낌. ◆ 일상적인 활동이나 일을 하는 것을 아주 힘들어하며, 조용하게 앉아서 어떤 일을 깊게 생각하거나 감정을 표출하지 않는 활동을 잘 하지 못함.
타인과의 관계	◆ 타인과의 교제를 절박하게 원하고 계속해서 새로운 상대를 찾으며 보다 흥미로운 친구를 찾으려 함. ◆ 우울한 감정을 회피하려는 강한 욕구를 가지고 있기 때문에 애완동물에게 관심을 쏟거나 거절이나 거부를 당할 위험이 낮은 대상에게 자신의 애정을 주기도 함. ◆ 우울한 생각 및 감정을 갖게 되면 혼자 있는 것을 선호하거나 사람들이 많이 모이는 장소를 회피하는 경향이 있음.
문제행동	◆ 화를 내거나 역정을 부리고, 가출, 도둑질, 무단결석, 다른 반항적 행동 또는 반사회적 행동을 통해 자신의 우울한 감정을 표현함. ◆ 사회적으로 인정되는 권위에 공개적으로 도전함으로써 이들은 주위(자기와 유사하거나 일탈 행동을 하는 동료 등)부터 명성을 얻고 일시적이나마 자신의 자존감이 향상되는 것을 느낌. ◆ 문제행동을 통해 자기가 소중하게 생각하는 사람(예: 부모, 친구 등)의 관심을 끌고자 함.
약물남용	◆ 상습적인 약물 사용은 우울한 느낌에서 벗어나려는 노력의 일환 ◆ 약물을 구하고 이를 사용하는 일이 대부분 불법적인 행동이기 때문에 이러한 행동 자체가 이들에게 스릴과 흥분 욕구를 충족시키기도 함. ◆ 불안이나 우울, 공격적 감정과 행위, 자존심 및 자기 통제력의 저하를 일시적이나마 경감시켜 성취감 및 해방감 등을 맛보게 됨.
자살 행동	◆ 우울과 관련된 자살 징후 1) 학생이 자기 스스로를 무가치하다고 생각하거나, 낮은 자존감을 가지고 있을 때 스스로를 무능력하다고 여기며 자기 주변에서 발생하는 일을 통제할 수 없다고 생각함. 2) 세상에 대해 부정적인 견해를 가지고 있음. 3) 자신의 미래에 대해 부정적으로 생각함. ◆ 정서적 불균형으로 인해 심리적 문제들이 발생할 위험이 많아, 우울한 기분에 의해 충동적으로 자살행위를 보일 위험이 높음.

(2) 불안

불안이란 매우 불쾌하며 막연히 불안한 느낌으로 가슴이 두근거리거나 진땀이 나는 등 신체증상과 관련이 되며 과민성, 안절부절 증상 등을 동반한다(이전옥, 2009). 불안은 심장이 수축되어 숨이 가빠지는 상태로, 생존이 위협을 받을 때 느끼는 염려스런 감정을 말한다. 일반적으로 부정적인 감정과 인지가 혼합된 기분상태로 미래의 위협을 염려하여 앞서 보이는 반응이라 할 수 있다.

불안은 상태불안과 특성불안으로 나눌 수 있다. 상태불안은 시간의 경과에 따라 그 강도가 변화하는 인간의 정서 상태 또는 조건으로 규정된다. 이러한 상태불안은 주관적이고 긴장이나 염려가 의식적으로 지각된 감정이며, 자율신경계의 활동을 일으킨다. 특성불안은 불안경향에 있어 비교적 변화하지 않는 개인차를 가진 동기나 획득한 행동 성향으로, 주어진 환경을 지각하고 대응하는 데 비교적 일관성을 띤 성격적 특성이다. 그러므로 특성불안이 높은 사람은 낮은 사람보다 더 많은 상황에서 위협을 자주 자각하며 위협적인 상황에서 더욱 강한 불안을 보인다.

불안은 아동에서 학생으로 성장하면서 유병률이 높아진다. 심각한 불안으로 인하여 적응력에 문제를 일으키는 불안장애의 생애 유병률은 10~20%에 달하며, 학업부진이나 또래관계의 어려움, 낮은 자존감, 고립감 등 정신건강의 여러 가지 측면에 악영향을 미친다. 또한 학생들의 불안은 학습능률을 떨어뜨리고, 친구가 적고 학업수행에 어려움이 많으며, 결석이나 유급 등 문제를 보일 가능성이 많다고 보고된 바 있다.

불안의 원인에 관해서는 "삼중 취약성" 이론이 제기되는데 생물학적 취약성, 일반 심리학적 취약성 및 특정 심리학적 취약성이 불안을 발달시킨다는 이론이다. 생물학적 취약성은 유전적 경향성을 뜻하며, 일반 심리학적 취약성은 생애초기의 경험으로 형성된다. 특히 심리학적 취약성은 불안과 관련된 초기 학습의 결과로 나타나는 경향이 있다고 설명할 수 있다.

그러나 불안은 우리 인간이 생명을 유지하는데 필수적인 중요한 반응양식으로 인간의 성격이나 적응력을 발전시키는 근본적인 요인이고, 가장 기본적인 자기보호반응에 있어서도 핵심적인 역할을 수행한다고 볼 수 있다. 특히 불안이 경미한 경우에는 감각이 민첩해지고 신체적 증상이 없으면 오히려 동기를 증가시키지만, 중증도 불안을 경험하게 되면 신체적 병리현상이 나타나게 되므로 초기에 중재되어야 함은 물론이다. 또한 연구에 의하면, 부정적인 부모-자녀 간의 갈등, 통제적이거나 과잉 보호적 양육태도, 부모와의 폐쇄적 의사소통, 사회로부터 아동을 격리시키는 가정환경 등도 불안을 야기시킬 수 있다.

(3) 자해·자살

자해란 의식적으로 자살을 의도한 것은 아니지만 조직 손상이 일어날 정도로 심각한 부상을 초래한 계획적이고 직접적인 신체조직의 파괴나 변질을 말한다(Alexandra De George, 2008). 자해행위란 자살의 의도와 동기를 인식하면서 자신에게 손상을 입히는 행위이다(이전옥, 2009).

자살이란 스스로 자기의 생명을 끊는 행위를 말한다. 사전적으로 "자기살인"을 뜻하면서 일반적인 뜻으로는 고의로 자신에게 부과하는 죽음Self-inflicted death라고 볼 수 있다. 세계보건기구WHO는 "치명적 결과를 초래하는 자해행위"라고 하였고, 뒤르켐 Emil Durkheim의 "장차 초래할 결과를 알고서 자신에게 행하는 적극적 또는 소극적 행동으로써, 이는 직접적이거나 간접적인 죽음의 형태를 가진 자신에 대한 살인행위"라고 한 정의가 받아들여지고 있다.

학생의 자해·자살의 유형을 벡Beck과 스티어Steer(1993)는 학생 특유의 감정을 다른 행동으로 표현하는 가연성과 정서적 특징을 기초로 다섯 가지로 구분했다.

표 6.3 자살유형

구 분	내 용
내향성 자살	성격이 내향적이고 소심한 편으로 학교나 가정에서 문제를 일으키지 않지만 혼자서 고민이 많고 표현하거나 처리하지 못하면서 고독감과 소외감으로 자살을 시도하는 유형
감정형 자살	격한 감정과 흥분을 이성적으로 억제하지 못하는 동시에 공격성을 외부로 드러내지 않고 충동적으로 자살을 선택하는 경우
정신장애형 자살	불안장애·우울장애·강박장애·히스테리반응·식욕부진·정신분열증과 같은 정신장애를 앓고 있는 학생들의 감정이 극단적으로 또는 부적절한 상태가 지속되는 상황에서의 자살시도
신체장애형 자살	외모나 신체에 민감하게 반응하는 학생기에 자신의 신체기형이나 장애, 또는 신체상을 수용하지 못해서 대인관계에서 심한 열등감을 느껴 자살을 시도하는 유형
문제행동형 자살	비행·약물남용·가정폭력·왕따와 같은 문제행동을 보이는 학생의 경우, 성인들의 엄격한 규율과 제한된 환경에서의 스트레스를 심리적으로 극복하지 못하고 자살하는 형태

3) 자살의 특성

세계 보건기구WHO에 의하면 "자살이란 치명적인 결과를 초래하는 자해행위"라고 하며, 자살행위란 "어느 정도의 자살의도를 가지고 그 동기를 인지하면서 자기 자신에게 가한 상해"라고 설명한다. 학생들은 대부분 충동적이기 때문에 어떤 특별한 상처를 경험하게 되면 비이성적인 방법으로 행동하거나 자살이라는 극단의 상황으로 몰고 가는 경우가 종종 있다. 특히 학생이 경험하는 절망감은 자살을 마지막으로 생각하는 십대들에게 가장 큰 요인으로 작용한다. 이들은 자신에게 닥쳐오는 심각한 위기들을 적절하게 다루기보다 자포자기하기 때문에 자신의 삶의 가치를 하찮게 생각할 뿐만 아니라 다른 사람도 자기를 사랑하지 않는다고 생각하여 고립감에 빠지게 되고 이는 자살까지 이르게 한다.

학생은 학생 발달 단계상 고유한 인지적, 정서적, 행동적 특성이 있어 성인들과는 다른 이유로 자살을 시도할 수 있다.

(1) 학생 자살은 성인에 비해 우울증 등의 정신질환의 극단적 표현인 경우가 많지 않다. 또한 우울증이 가장 큰 원인인 경우도 성인에 비해서는 급성의 상황적 우울인 경우가 많다. 성인은 우울증이나 정신분열증과 같은 정신질환으로 자살을 시도하지만 학생의 경우 평소에 잘 기능하던 정상 학생들도 갑작스런 스트레스나 어려움을 회피하려는 충동적인 욕구 혹은 남을 조종하려는 의도, 자신에게 부당하게 대했다고 지각하는 가족이나 친구에 대한 보복이 자살의 중요한 결정요인이 될 수 있다는 점이다.

(2) 학생 자살의 또 다른 특징은 대부분 사전 계획 없이 시도된다는 점이다. 학생시기가 인지적으로는 미성숙하면서 정서적으로는 충동성이 심화되는 시기이기 때문이다. 건강한 삶을 위한 조절 역할을 담당하는 자아가 약한 상태에서 학생들은 심리적으로 불안정한 시기에 놓이게 되고, 따라서 자살에서도 성인들은 충분히 납득할 수 없는 사소한 이유로도 학생들은 충동적으로 자살을 시도할 수 있는 것이다.

(3) 학생 자살의 마지막 특성은 자살 의도의 문제다. 성인들의 자살 의도가 자살 시도로 이어지는 경우에 비해 학생의 자살 의도는 자살행동으로 옮겨져 실제로 자살하는 경우가 나타나기도 한다. 학생의 자살행동은 대부분 죽으려는 의지에 따른 것이라기보다는 사회, 심리적 갈등을 해결하려는 방편이나 현실도피의 충동적 행동 또는 자신의 급박한 정서 상태와 절실한 요구를 알리는 신호 등으로 볼 수 있다.

표 6.4　자해·자살의 발생요인

심리적 요인	◆ 자아존중감: 자신의 특성에 대해 개인이 부여하는 가치로서, 사람의 행동 특성에 영향을 주어 다른 사람에 대한 태도나 자기의 행동 양식을 결정하기 때문에 사회적인 적응과 관계가 깊다. 개인의 심리적 요인에 중요한 부분이며 부적응 행동의 하나인 자살원인 등에 영향을 주는 요인으로 볼 수 있음. ◆ 스트레스: 학생의 활동을 제한하는 규율시행, 타인에 의한 거부 혹은 모욕, 새로운 환경으로의 이사, 우정이나 애정관계의 종말, 친지나 친구와의 다툼 등 ◆ 우울: 신체적 변화, 정서적 불안정, 인지적 미성숙, 충동성 조절의 미숙함, 발달과제로 인한 심리사회적인 스트레스
환경적 요인	◆ 가정환경: 가족들로부터 소외 내지는 무관심, 자신을 이해하고 인정해 주지 않을 때, 특히 역기능적인 가족형태일 경우 ◆ 학교환경 요인: 대인관계의 어려움, 낮은 자아 존중감, 선생님과의 적대감 불신, 낮은 학업성취로 인한 열등감, 교칙위반에 따른 정학 및 퇴학 ◆ 사회적 지지: 부모의 부족한 지지와 친밀하지 못함 등의 안전하지 못한 가정 분위기, 교사와 또래의 지지 부족과 상호관계 부족.
임상적인 요인	◆ 최근 미국에서 이루어진 학생 자살에 대한 연구에서도 자살을 성공한 학생의 81~95%가 정신적인 문제가 있었음이 보고됨. ◆ 남자 학생의 경우 행동장애와 약물남용의 문제가 여자 학생에 비해 높게 조사됨.

4) ADHD 개념 및 특징

ADHDAttention Deficit Hyperactivity Disorder, 즉 주의력결핍 과잉행동장애는 학령전기 및 학령기 아동들에게 가장 일반적으로 나타나는 정신과적 장애로서 지속적인 주의력 결핍, 과잉행동 및 충동성의 세 가지 핵심적인 증상을 보이며, 이 때문에 정상적인 학교생활과 가정생활을 하는데 큰 지장을 초래한다(서울시 정신보건센터, 2014).

(1) 주의력 결핍

주의력 결핍 학생의 특징은 주의집중이 어렵고 주의가 산만하다는 점이다. 이러한 학생들은 반복과제에 주의를 집중하기가 어려워 시간이 지날수록 몸을 많이 움직이며 생산성이 떨어지는 주의력 결핍 현상을 보인다. 그 때문에 매 순간 세심한 주의를 기울이지 못해 학습이나 과제를 수행할 때 조심성이 없고 실수를 자주 하게 되며, 필요한 시간만큼의 주의집중을 기대하기 어렵다. 같은 이유로 그들은 지속적인 집중력을 요하는 작업을 피하거나 숙제를 싫어한다. 또한 다른 사람의 말을 귀 기울여 듣지 않으므로 금방 들은 것도 잘 기억하지 못하고, 기억한다고 해도 자세하게 기억하지 못하는 증상을 보인다.

(2) 과잉행동 및 충동성

많은 학생들은 생리적인 특징이나 정서적 불안정으로 말미암아 주위가 산만하고 주의집중을 하지 못하며, 자주 움직여야 한다. 또한 주변에 쉽게 동요되고 흥분하며, 작은 자극에도 예민하게 반응하는 경향이 있다. 과잉행동 및 충동적인 학생들은 자신의 즉각적인 욕구를 억제할 수 없고 행동에 앞서 자신의 행동과 그 결과를 생각하는 데 어려움이 있다. 그들은 즉흥적으로 행동하고, 상황에 맞게 행동 또는 다른 사람들의 지시에 따라 자신이 하던 행동을 조절하거나 멈추는 것이 매우 어렵다. 과잉행동의 증상은 학교 환경에서 두드러진다. 또래 아동과 비교해 보았을 때, 이들은 항상 바쁘게 끊임없이 활동하거나 움직이는 것처럼 보이며, 무언가를 계속 만지작거리거나 끊임없이 말을 하고, 가만히 앉아 있어야 하는 상황에서 잠시도 가만히 앉아 있지 못한다. 이들의 활동은 목적 없이 충동적으로 이루어지며, 목표수행능력이 거의 없고 상황에 맞지 않는 부적절한 행동과 말을 한다(유형근 외, 2010).

표 6.5 │ 주의력 결핍과 과잉행동·충동성의 증상

주의력 결핍	과잉행동 및 충동성
◆ 집중을 오래 유지하지 못함 ◆ 부주의로 실수를 잘 함 ◆ 남의 이야기를 귀담아 듣지 않음 ◆ 과제나 시킨 일을 끝까지 완수 못함 ◆ 주어진 일을 체계적으로 하는 데 어려움 ◆ 학습이나 놀이 중에 주의력이 쉽게 분산됨 ◆ 물건을 자주 잃어버림 ◆ 외부자극에 의해 쉽게 정신을 빼앗김 ◆ 일상적으로 해야 할 일이나 약속을 자주 잊어버림 ◆ 정신적 노력이 많이 드는 일을 귀찮아 함	◆ 손발을 가만히 두지 못하고 꼼지락대고 만지작거림 ◆ 자리에 가만히 앉아있지 못함 ◆ 조용히 놀지 못함 ◆ 모터가 달린 것처럼 계속 움직임 ◆ 지나치게 말을 많이 함 ◆ 생각 없이 말하고 행동함 ◆ 질문이 끝나기 전에 불쑥 대답함 ◆ 차례를 못 기다림 ◆ 다른 사람의 활동에 끼어들거나 방해함 ◆ 차가 오는지 살피지 않고 길에 뛰어 듦

(3) ADHD의 발생원인

신경생물학적 변인은 원인론 역사 속에서 가장 많은 관심을 받았던 분야이다. ADHD에 대한 최초의 가설은 뇌의 구조적 손상으로 인해 주의력 행동통제에 어려움이 발생한다는 것이었다. MRI와 PET 발달로 ADHD를 가진 사람의 뇌의 연결망 부분이 일반 사람의 뇌와 다르거나 이상하다는 것이 발견되었다. 이러한 측면에서 연구된 뇌 영역 중 하나가 전두피질인데, 이 영역은 의도적으로 행동을 억제하고 환경자극에 대한 반응을 매개하는 것과 관련되어 있다. 이와 함께, 신경전달물질인 도파민과 노르에피네프린이 뇌의 특정부위에서 적게 나타나는 것도 ADHD에 영향을 미치는 것으로 추정된다.

유전적인 영향은 ADHD가 가계를 통해 유전되는 장애라는 증거가 지지를 얻고 있는데, 다양한 방법의 연구를 통해 유전적 요인이 지지받고 있다. 일반 사람에 비해 ADHD인 사람의 직계가족들 중에 ADHD를 가지고 있는 가족구성원이 더 많다는 것과, 쌍둥이 중 한 명이 ADHD를 가지고 있을 때 다른 한 명이 ADHD를 가지고 있을 확률은 이란성 쌍둥이보다 일란성 쌍둥이에게서 훨씬 더 높게 나타났다는 쌍생아 연구에서도 유전 가능성이 확인되었다.

환경적 독소요소는 납 중독, 출생 전 약물이나 알코올에 대한 노출 등이 거론되었으며, 인공색소와 방부제 등과 같은 인위적인 식품첨가물이나 형광성 불빛, 공해 등의 현대적인 환경요소들이 ADHD증상의 원인으로 가정되기도 한다.

환경적 요인은 생물학적 변인이 ADHD의 1차적 원인으로 가정되고 있지만, ADHD 관련 행동의 발생 가능성을 증가시키거나 감소시키는 환경 요인 역시 전문적인 상담을 제공하는 입장에서는 중요하다. 선행 사건과 후속 결과는 주의력 문제, 충동성, 행동통제의 심각성을 결정하는 데 중요한 영향을 미친다. 환경적 요인으로는 크게 세 가지로 나눌 수 있는데, 첫째로는 부부 간 불화의 심각성, 부모의 낮은 사회적 지위, 대가족, 아버지의 범죄행위, 어머니의 정신적 장애, 양육기관에서의 성장 여부 등의 한 가지 이상이 복합적으로 관련이 있고, 부모의 정신병리와 부모 불화가 아동의 적응적인 기능 및 정신병리와 유의미한 관련성이 있다. 둘째로는 자녀의 기질과 부모의 성격 간의 상호작용으로서 부모의 성격특성이 학령전기의 자녀를 ADHD로 발전시킬 위험성을 높일 수 있고, 마지막 셋째로는 생물학적 요인과 교사의 대처 방식 간의 상호작용으로서 학생의 부정적 행동특성을 교사가 더 악화시킬 수 있다는 것이다(유형근 외, 2010).

5) 대인관계 위기유형

(1) 따돌림의 개념

집단 따돌림이란 한 학생이 반복적으로 지속적으로 한 명 혹은 그 이상의 학생들의 부정적인 행동에 노출되는 것으로, 여기서 부정적인 행동이란 남에게 의도적으로 상처를 주거나 고통을 주려는 시도를 의미한다. 학교장면에서 학생들 간의 따돌림은 어느 사회에서나 있어온 현상이지만, 최근에 '왕따'란 용어와 함께 그 현상이 만연해지고 있다.

괴롭힘, 학교폭력, 집단 따돌림을 정의하면서 가장 포괄적인 개념을 괴롭힘으로 보고, 괴롭힘을 '공식적 또는 사회적으로 정의된 강자의 위치에 있는 자신들이 스스로의 목적이나 만족을 위해 스트레스를 유발한 의도로 저항할 힘이 없는 사람들을 신체적, 심리적, 사회적, 언어적으로 반복하여 공격하는 행위'라고 하였다.

(2) 따돌림의 특징

흔히 발생하는 집단 따돌림은 낙인, 순환, 반복성, 감지의 어려움, 원인의 다양성과 같은 특징을 가지고 있다. 이러한 특징은 피해자를 심리적으로 더욱 힘들게 하고, 가해자의 행위에 정당성을 제공하기도 한다. 또한 집단 따돌림의 발생을 인지하고, 예방하고, 대처하는 데 어려움을 느끼게 하는 이유가 된다.

대인관계 특히 또래관계에서 힘의 불균형에 의해 나타나는 집단 따돌림은 반복적이고 지속적으로 이루어지며, 공격적인 행동으로 표출되는 특성이 있다. 집단이라는 힘을 내세워 특정한 한 사람을 희생양으로 삼아 자신들의 좌절감을 표출하거나 스트레스를 전가하는 경향성을 지닌다. 단순히 따돌리는 집단 따돌림이 교육의 장인 학교에서 비일비재하게 이루어지고 있다는 사실이 심각성을 더해주고 있다.

집단 따돌림의 특징

◆ 가해자와 피해자가 모두 또래들로 구성되어 있다.
다른 학교폭력의 경우 가해자가 피해자보다 상급생이거나 학교 주변 불량배일 수 있지만 따돌림의 경우 일상적인 생활을 공유하는 학급에서 발생하며 또래관계가 대부분이다.

◆ 가해자보다 피해자에게 그 원인을 귀인시킨다.

가해 학생을 비롯해 일반 학생들은 따돌림을 받는 학생이 그럴만한 이유가 있다고 본다. 즉, '잘난 척 하고 무시하는 아이', '고자질 하는 아이', '어벙벙한 아이' 등으로 따돌림 당하는 학생을 유형화시키므로 그 원인을 피해 학생에게 내재된 것으로 간주한다.

◆ 가해자를 뚜렷이 구분하기 힘들다.

따돌림은 일대일 관계에서 발생하는 언어적, 신체적 폭력이라기보다 다수로부터 행해지는 심리적 폭력이기 때문에 특정한 가해자를 발견하기 어렵고, 피해학생도 자신을 적절히 방어할 수 없는 상황에 처하게 만든다.

◆ 가해와 피해의 경험이 순환 반복되며, 표적의 선택이 불특정하다.

따돌림을 받았던 학생도 다른 학생이 따돌림의 대상으로 정해지면 따돌림의 표적으로부터 벗어나기 위해 가해 행위에 참여하기도 한다. 아울러 따돌림의 표적이 된 이유를 피해 학생은 분명하게 알지 못하기에 따돌림에 참여하는 다수의 학생들도 표적이 될 가능성이 존재한다.

(3) 집단 따돌림 가해자의 특징

집단 따돌림을 주도하는 가해자는 다른 학생들을 대상으로 공격적인 행동을 가한다. 얼핏 폭력을 즐기는 것으로 보이기도 하지만, 이러한 행동을 통해 집단에서 자신의 위상을 높이려는 과시욕이나 집단에서 경험하는 좌절을 해소하고자 하는 등의 이유들이 숨어 있다. 이들은 자신의 행동에 대해 죄의식을 느끼지 않으며, 피해를 입은 상대방의 심리적 고통이 자신과는 무관하다고 생각하는 등 감정이입이 잘 되지 않는 특징을 보이기도 한다.

(4) 집단 따돌림 피해자의 특징

일반적으로 집단 따돌림의 피해자에 대해서는 보통 육체적으로 힘이 약하고, 교실 내에서 다양한 활동을 할 때 무기력하고, 소심하고, 수동적이고, 복종적이며, 자신에 대해 부정적 견해를 가지고 자기주장을 잘 하지 못하는 등의 허약하고 소극적인 면에 초점을 둔다. 그러나 '잘난 척 한다, 남을 무시한다, 이기적이다, 믿을 수 없다, 눈치가 없다, 소극적이다, 지능이 낮다, 못살게 굴고 때린다, 따돌림을 당하는 학생의 편을 들어 준다.' 등의 이유로 집단 따돌림을 당하기도 한다.

집단 따돌림의 여러 요인들

◆ 심리적 요인

사고의 측면에서 피해자들은 심리적으로 자폐적 사고, 무력감, 분노, 외로움, 우울 등 부정적인 정서가 많이 보였으며, 행동적 측면에서 자기표현 능력의 부족, 회피적이거나 엉뚱한 행동, 부적절한 공격적 행동, 내적 혹은 가상 세계로 도피하는 등의 회의적이거나 상황에 맞지 않는 행동들이 나타났다. 이러한 사고, 정서, 행동적 특성과 관련된 역기능적인 대인신념, 부정확한 대인지각, 부적절한 대인행동(사회행동) 등은 따돌림을 당하는 가장 직접적이고 개인적인 요인으로 생각할 수 있다.

◆ 대인관계 요인

따돌림을 당하는 아이들은 또래와의 상호작용에서 배제되어 있거나, 무관심하거나, 소외되어 있거나 또는 적절히 자기를 표현하지 못함으로써, 엉뚱한 행동을 보이게 되고 현실검증력이 떨어지는 아이로 지목되어 결국 계속적으로 따돌림을 당하는 악순환을 겪게 된다. 가해자들은 자신들의 공격이 동료에 의해 목격될 수 있는 상황을 물색하여 갈등과 공격을 가하면서 이를 즐기는 것으로 나타났으며, 가해자들은 오히려 인기가 높은 것으로 나타났다.

◆ 공격성

집단따돌림을 행하는 가해자들은 강한 공격성을 지니고 있는 것으로 보고되었다. 괴롭힘을 가하는 학생들은 공격반응적인 행동패턴과 아울러 이를 실행할 수 있는 강한 힘을 지니고 있는 것으로 나타났다. 따돌림을 행하는 아이들은 성장과정에서 적대적인 기질이 형성되며, 힘과 지배에 대한 강한 욕구를 지니고 있고 다른 사람을 괴롭히고 고통을 주는 데서 만족감을 느낀다고 설명하였다. 그러므로 다른 학생을 따돌리는 학생들은 그렇지 않은 학생들에 비해 공격적인 성향이 높다고 볼 수 있다.

6) 일탈·비행관련 위기유형

(1) 학교폭력의 개념

학교폭력은 일반적으로 학교나 주변에서 학생 상호간에 발생하는 의도적인 신체적, 정서적 가해 행동을 말하는데 타인의 입장에서 볼 때 가볍고 하찮은 놀림이나 괴롭힘이라도 그것을 당하는 학생이 그로 인해 심리적 또는 정신적으로 피해를 입는다면 당연히 폭력 행위가 된다. 폭력이 학교에서 발생할 때 학교폭력이라고 불리며, 우리나라에서는 학교폭력을 보는 관점에 따라 적용범위를 달리하는 개념들이 다양하게 사용되고 있다.

(2) 학교폭력의 특징

학교폭력은 대체로 성인들에게 목격되지 않고 일어나는 특징을 가지고 있다. 교사들은 학교폭력이 알려지더라도 간접적으로 듣게 되고 학부모는 항상 가장 나중에 알게 되는 것이 보통이다. 아직도 사회적으로는 신고 또는 고자질과 같은 행위에 대한 부정적인 시각이 존재하기 때문에 가해학생과 피해학생은 물론이고, 목격자까지도 침묵을 지키는 경우가 많기 때문에 학교폭력의 문제는 과소평가되기 쉽다.

(3) 학교폭력 가해자의 특징

학교폭력의 가해자들의 특성은 남학생들은 대체로 공격적 인성을 소유한 반면, 공격억제력은 약하며, 강한 지배욕망을 가지고 있고, 공격에 대하여 호의적인 태도를 견지하고 있으며, 다른 학생을 괴롭히는 데서 쾌감을 얻는 것으로 나타났다. 이러한 가해자들은 비교적 강인하고 확신적이고, 또래들 사이에서 비교적 인기가 없는 편이며 높은 수준의 테스토스테론 수치와 낮은 수준의 아드레날린 수치를 보이고 있다. 또한 학업성취도는 떨어지는 편이며 학업과 교사에 대해 부정적인 태도, 부모와 밀접하지 못한 관계, 아버지에 대한 부정적인 생각과 부모가 자신을 돌보지 않는다고 주장하는 것으로 나타났다.

(4) 학교폭력 피해자의 특징

남학생 피해자인 경우, 대체로 또래에게 매우 인기가 없으며 또래로부터 거부되고 잘 받아들여지지 않으며 불안해하고 연약하며 자기주장이 확실하지 않고, 매우 예민하고 민감하며 자기존중성이 낮은 편이다. 이들도 가해학생과 마찬가지로 학업성취도가 약간 낮은 편이고 부모들의 과잉보호경향, 일부 피해 학생의 경우 피해 유발적인 경향도 있다고 밝히고 있다. 학교폭력의 피해자들은 신체적 약점과 불안한 반응양태의 결합을 보인다.

| 표 6.6 | 학교폭력 가해·피해학생의 특징 |

가해학생	피해학생
◆ 평균보다 몸집이 크거나 강함 ◆ 공격적 ◆ 충동적 ◆ 공감을 잘 하지 못함 ◆ 협동심이 부족	◆ 다른 아이들보다 신체적으로 강하지 않음 ◆ 소심함, 자기주장이 적음 ◆ 내성적 ◆ 자존감이 낮음 ◆ 친구가 적음

(5) 학교폭력의 유형

학교폭력의 유형은 신체폭력, 금품갈취, 집단따돌림, 언어폭력, 성폭력 등으로 구분하는데 학교현장 및 교육청 등 관련부처에서는 '학교폭력 예방 및 대책에 관한 법률'이 규정하는 개념을 적용하여 실무적으로 접근하고 있다.

| 표 6.7 | 학교폭력 피해학생 유형별 특징 |

피해학생	공격적 피해집단
◆ 동급생보다 힘이 약함 ◆ 육체적 활동이 빈약하고 운동, 싸움에서 무능함 ◆ 불안정하고 우울해하며, 낮은 자존감을 가짐 ◆ 폭력에 대해 보복하지 않아 손쉬운 표적으로 인식됨 ◆ 또래보다는 어른들(부모, 교사)과 가까운 관계를 유지함 ◆ 피해경험의 결과 학업에 대한 열의가 적어질 수 있음	◆ 공격적이나 모욕을 받을 경우 공격적인 반응을 보임 ◆ 주의집중이 힘들고 짜증스러워 함 ◆ 교사를 포함한 어른들에 대해 반감을 가지고 있음 ◆ 자신보다 약한 학생들을 괴롭힘

(6) 학교부적응

학교부적응은 "학교생활의 적응과정에 있어서 욕구불만이나 갈등이 심하여 이로 인한 긴장을 해소하기 위해서 학교를 이탈하고자 하는 행위로 정의하고 있다. 학교부적응이란 여러 가지 다양한 부적응 행동 특성이 학교생활이라는 생활영역에서 나타나는 것으로, 개인의 욕구가 학교 내 환경과의 관계에서 수용 또는 충족되지 못해 갈등과 부적절한 행동을 보이는 것이며, 학교의 교육적 가치와 규범 그리고 질서에 일치하는 타당한 행동을 못하거나 대인관계나 사회적 환경에 대한 개인의 행동양식이 불균형 상태에 놓이는 것이다.

> **학교부적응의 유지 부적응과 분리 부적응**
>
> ◆ 유지 부적응
> - 학교 내의 교육목표, 철학, 내용, 방법, 규칙 등을 위반하면서 등교하는 경우로서 복장이나 용모불량, 흡연, 집단따돌림 주도 등과 같은 학생비행 및 일탈을 동반하는 경우이다.
> - 개인의 지적능력 저하 및 신체기능 약화로 소극적으로 수업에 참여하는 경우(학습부진) 등을 들 수 있다.
> ◆ 분리 부적응
> - 학교 내의 교육목표, 철학, 내용, 방법, 규칙 등이 자신의 교육적 욕구에 미치지 못하여 학교를 떠나는 경우(이들은 보통 검정고시나 홈스쿨링 또는 대안교육을 지향하는 것으로 나타남)
> - 신체적 기능약화, 지적능력 저하로 학교를 떠나는 경우(이후 주로 방문학습, 홈스쿨링, 대안교육 등으로 이어지는 경향이 있음)
> - 여러 가지 이유 및 학교에서의 일방적인 퇴학, 자퇴 등으로 인해 학교를 떠나 지역사회에서 배회하거나 혼자 칩거하는 경우(모든 교육적 활동의 수용을 거부하거나 포기하는 상태) 등이 있다.

(7) 학교 부적응의 특징

학교생활의 적응 과정에 있어서 욕구불만이나 갈등이 심하여 일단 부적응 학생으로 낙인이 되면 교사의 관심 대상이 되기보다는 방치의 대상이 된다. 욕구 충족이 방해받을 경우 개체가 환경에 따라 욕구를 적절히 조절하거나 융통성 있게 처리하지 못하고 이상 반응으로 이를 해결하려는 행동을 부적응 행동이라 하였으며, 행동이나 욕구, 감정, 사상 등이 사회의 요구나 규범에 비추어 용납되지 않을 경우에는 부적응 행동이 일어날 수 있다.

(8) 성폭력 문제

성폭력은 각 개인의 성별과 '성'과 '폭력'에 대한 경험 인식에 따라, 그 밖에도 각자의 가치관에 따라 어디서부터 어디까지가 성폭력이고 어떠한 행위가 친근감이나 애정의 표현이 되는지에 대해 다른 판단을 내릴 수 있기 때문에 명확히 규정을 내리는 것은 간단한 일이 아니다. 따라서 현실적으로 어떤 행동이 성폭력에 해당하는가에 대한 전문가와 일반인들이 가지고 있는 개념에도 차이가 있다(아동 성폭력 대응 매뉴얼, 2007).

> **관련 법 규정: 아동·학생 성보호에 관한 법률**
>
> ◆ "아동·학생"은 19세 미만의 자를 말한다. 다만, 19세에 도달하는 해의 1월 1일을 맞이한 자는 제외한다.
> ◆ "아동·학생의 성을 사는 행위"는 아동·학생의 성(性)을 사는 행위를 알선한 자 또는 아동·학생을 실질적으로 보호·감독하는 자 등에게 금품이나 그 밖의 재산상 이익, 직무·편의제공 등 대가를 제공하거나 약속하고 다음 각 항목의 어느 하나에 해당하는 행위를 아동·학생을 대상으로 하거나 아동·학생으로 하여금 하게 하는 것을 말한다.

청소년기는 인간의 성장과 발달에 있어서 가장 중요한 시기로 급격한 변화와 함께 상대적으로 적은 시간에 많은 발달과제를 성취해야 하는 시기이다. 또한 청소년기에는 성호르몬 분비 등에 의한 신체의 제2차 성징이 나타나므로 성에 대한 높은 관심을 갖게 되며, 신체의 변화에 대해 극도로 신경과민이 발생하기도 하여 성적 성숙으로 인한 이성에 대한 호기심과 흥미가 유발되어 성욕이 발생한다. 사춘기의 성의식은 본질적으로 성욕이나 성충동이 그 밑바탕에 내재되어 있어서 성이나 이성에의 관심이 고조되고 성충동의 갈등이 일어나게 된다.

(9) 인터넷·스마트폰 과다사용 위기유형

세계 보건기구WHO의 정의에 따르면 중독이란 술이나 마약, 담배 또는 기타 물질에 대한 심리적 의존이나 생리적 의존을 의미하며, 중독은 계속 사용하지 않을 수 없는 강박적 갈구와 내성의 증가에 따라 용량이 증가됨에 그들 약물의 공급이 갑작스럽게 단절되거나 양이 감소되었을 때 나타나는 금단증상의 출현 등으로 정의한다. 이러한 중독은 약물이나 화학물질이 아니라 과도한 특정행위에 대한 집착이나 이 행위를 하고자 하는 충동조절의 문제에 의해서도 생길 수 있다. 최근에는 이러한 중독의 개념이 인터넷·스마트폰을 사용하는 문제에까지 확산되고 있다.

인터넷·스마트폰 과다사용 장애라는 용어를 처음 제안한 골드버그Goldberg는 중독 개념을 병리적이고 강박적인 인터넷·스마트폰 사용으로 규정하고 진단기준으로 내성, 금단 등의 요소를 포함시킨다. 인터넷·스마트폰 과다사용 중독 장애를 병적 도박과 같은 행동적 충동조절 장애의 일종으로 이해하고, 병리적이고 강박적인 인터넷·스마트폰 사용이라고 정의한다.

인터넷·스마트폰 과다사용 학생들은 낮은 자존감, 높은 공격성, 낮은 자기 통제력, 대인관계의 어려움, 소극적 스트레스 대처, 산만한 의사소통의 공통적 문제를 가지고 있다.

인터넷·스마트폰 과다사용의 특성

◆ 낮은 자존감: 인터넷·스마트폰 과다사용 학생은 자신감이 없고, 현실생활에서 부족한 자존감을 보상하기 위해 게임에 더 빠져들게 된다. 게임 안에서는 자기 마음대로 행동할 수 있고 게임에서의 높은 레벨이 일시적인 자신감을 주기 때문에 게임을 멈추고 싶지 않기 때문이다.

◆ 높은 공격성: 폭력적인 가상현실 게임은 공격적이며, 적대적인 태도를 보인다. 게임 과다몰입 학생들이 공격성이 높은 것은 그만큼 많이 좌절되었다는 것을 의미하며 가정과 학교에서의 많은 좌절로 인해 분노가 많이 차 있고, 그래서 친구관계에서도 거친 언어를 쓰거나 공격성향을 보이는 것이다.

◆ 낮은 자기통제력: 지나치게 인터넷·스마트폰에 몰두하는 것이 자신의 미래에 어떤 영향을 미칠지 생각하는 능력이 떨어진다. 낮은 자기 통제력으로 인해 학업수행이 떨어지고 좌절되어 게임에 더 몰입하는 악순환을 겪게 된다.

◆ 대인관계의 어려움: 인터넷·스마트폰 학생들은 대인관계 효능감이 떨어지고 다른 사람들과 관계를 잘 맺지 못하는 경향이 있다. 또한 현실에서 대인관계를 잘 맺지 못해서 생긴 외로움을 충족하기 위해 게임에 빠져들기도 한다.

◆ 소극적 스트레스 대처: 인터넷·스마트폰 과다사용 학생들은 스트레스 대처방식이 소극적·환상적이며 게임을 통해 해결하고자 하는 경향이 있다. 게임 과다사용 집

단은 일반 집단보다 친구와의 불화, 따돌림을 많이 겪었고 수면 습관의 변화, 성적 부진에 대한 고민, 지각과 결석 등의 학교 스트레스를 더 많이 경험한다.

◆ 산만한 의사소통: 인터넷·스마트폰 과다사용 학생의 의사소통은 일반적으로 산만한 의사소통이 많으며, 생각이 자주 바뀌고 혼란스러우며 특정 주제에 집중하지 못한다. 다른 사람의 생각이나 말에 집중하지 못하며 자신의 의사를 명확하게 드러내기보다 주로 회피한다.

05 위기상담의 목표

1) 위기개입

위기개입은 위기에 처한 학생의 자기 폐쇄적 행동과 부적응적 사고와 감정을 적응적인 사고, 감정, 행동으로 대처하고 효과적인 대처기술의 습득을 돕는 과정이다. 이를 위해 상담교사는 학생과 그 가족들이 다음 네 가지 목표인 위기반응의 정상성 이해, 위기상황에 대한 관점 변화, 위기상황에 대한 감정 인식 및 수용, 위기상황 대응기술 개발을 성취할 수 있도록 돕는다. 위기개입의 목표에 대해 좀 더 구체적으로 살펴보면 다음과 같다.

위기개입의 첫 번째 목표는 위기가 정상적인 삶의 일부임을 깨닫도록 돕는 것이다. 이를 위해 학생과 그 가족이 현재 처한 위기가 무엇이고 발생원인을 명확하게 인식할 수 있도록 돕는다. 또한 학생이 자신의 대처기술을 통해 특정상황을 극복하지 못한 이유에 대한 탐색을 돕는다. 이 작업을 통해 학생과 가족 구성원들은 위기상황을 직시할 수 있게 되고 자신들의 행동, 사고, 감정패턴이 상황에 적절하지 않았음을 깨닫게 된다.

위기개입의 두 번째 목표는 위기촉발요인과 현재 상황에 대해 다른 관점을 갖도록 돕는 것이다. 이를 위해 상담자는 학생과 위기상황을 재평가함으로써 다른 관점에서 위기상황을 직시하도록 돕는다. 목표달성을 위해 상담자는 학생이 새로운 정보를 탐색하고 문제해결방안에 대해 이미 알고 있는 것을 재고해 보도록 한다. 이때 상담자는 부정적이거나 왜곡된 해석에 도전하는 한편, 긍정적이거나 중립적인 해석은 적극 검토한다. 이 때 상담자는 위기상황은 외부에서 촉발되기보다 흔히 내부에서 창출

된다는 점을 지적해 줄 수 있다.

위기개입의 세 번째 목표는 위기상황에 대한 학생의 감정을 인정하고 수용해 주는 것이다. 위기상황은 학생의 왜곡된 지각, 인지, 감정, 행동을 초래하지만, 왜곡된 인지, 감정 행동패턴은 위기상황의 원인이 되기도 한다. 따라서 왜곡된 감정이 변화되려면, 현재 경험하고 있는 감정이 위기의 일부임을 인식하는 한편, 적절한 방식으로 감정을 표출하여 위기과정에서 발생한 긴장감을 해소해야 한다.

위기개입의 네 번째 목표는 학생이 적응적인 문제해결 전략을 강구하도록 돕는 것이다. 상담자는 학생이 이미 알고있는 대처방안을 검토하고 대안적인 방안을 함께 모색하는 한편, 학생에게 새로운 대처기술을 가르치고, 연습시키며, 위기상황에 적용하도록 돕는다.

위기상황 극복을 위한 네 가지 목표와 전략은 서로 중첩되고, 이러한 일련의 과정이 매우 빠르게 진행되는 경향이 있다. 이처럼 위기는 암묵적으로 서서히 진행되다가도 순간적으로 발생한다. 따라서 위기개입은 일상적인 상담에서의 상호작용과는 달리 상담과정을 합치거나 짧게 나누어서 진행하게 된다는 특징이 있다.

06 위기상담의 과정

위기개입은 문제해결 패러다임에 기초하여 다섯 단계로 첫 번째, 위기 및 학생자원 사정, 두 번째, 학생의 사고와 감정 전환, 세 번째, 해결방안 모색, 네 번째, 해결방안 결정, 다섯 번째, 해결방안 적용 및 평가로 진행된다. 위기개입 과정을 단계별로 살펴보면 다음과 같다.

1) 제 1단계: 위기 및 학생자원 사정

위기개입의 첫 단계에서는 위기상황과 학생의 자원에 대해 사정한다. 즉, 위기촉발사건 발생 전후의 학생의 사고, 감정, 행동에 대해 탐색하면서 학생의 위기대처기술을 사정한다. 상담교사는 일차적으로 학생의 문제, 감정, 계획을 표출할 수 있도록 반영과 명료화 등의 적극적 경청기술을 통해 격려한다. 위기에 처한 학생은 흔히 사고와 감정의 인식과 표출을 어려워한다. 이 경우, 상담교사는 학생에게 구체적인 정보제공을 요청하거나, 문제의 특정 측면에 초점을 맞추는 쪽으로 상담의 방향을 일시적으로 전환한다.

이 시점에서는 학생의 개인 내적 역동에 대해 깊이 탐색하지 않는다. 만일 시간에 여유가 있고 이런 유형의 개입이 상담교사의 근무조건에 명시되어 있다면, 위기상황이 지난 후에 상담을 실시한다. 이 외에도 상담교사는 학생 자신이나 타인에 대한 위험요소 여부를 평가한다. 만일 학생이 자살시도 가능성이 있거나 위험에 처해 있다고 판단되면, 즉시 개입하여 부모와 관계기관에 알리고, 필요한 경우 입원 또는 기타 의료지원을 요청한다.

2) 제 2단계: 학생의 사고와 감정 전환

위기개입의 두 번째 단계에서는 위기상황에 대한 학생의 감정 인식과 표현 능력 증진 및 문제에 대해 긍정적 사고로 대체하도록 돕는다. 상담교사는 학생의 문제의 소유권, 즉 문제해결에 대한 책임의식을 갖도록 돕는다. 문제의 소유권ownership이란 문제해결을 위해서는 학생이 그 상황에서 떠맡아야 할 부분을 인식하고, 스스로 변화를 일구어 내야 한다는 사실을 인정하는 것을 말한다. 이를 위해 반영, 직면, 재구조화와 같은 상담기술을 활용하되, 필요한 경우 정확한 정보와 자료를 제공함으로써 위기상황에 대해 명확하게 인식하도록 돕는다.

학생 위기상황으로 인해 언어적 행동과 비언어적 행동이 일치하지 않고, 상담사와 학생의 지각 사이에도 큰 차이가 날 수 있다. 상담사는 직면을 통해 이러한 차이를 지적해 준다. 또한 위기상황에 감정적으로 압도되어 습관적으로 사용하던 대처기술이 무력화되면서 학생은 전체 상황을 부정적이고 희망이 없는 관점에서 조망하게 된다. 그러므로 상담교사는 재구조화reframing를 통해 새로운 관점을 제시해 주는 한편, 위기상황이 학생에게 미치는 영향에 대해 이해하기 쉽게 설명해 준다.

3) 제 3단계: 해결방안 모색

위기개입의 세 번째 단계에서는 가능한 해결방안과 그 효과를 탐색하도록 돕는다. 이 작업은 문제의 세분화에서 시작할 수 있다. 위기는 흔히 문제 전체를 즉각적이고 완전하게 해결해야 한다는 생각에서 출발한다. 만일 문제를 체계적으로 다룰 수 있을 정도의 분량으로 나눌 수 있다면, 학생은 심리적으로 압도되지 않은 상태에서 각 요소에 대한 해결방법을 분리해서 마련할 수 있을 것이다. 세분화된 문제해결은 가장 변화가 용이한 부분을 택하여 실시함으로써 학생이 성공감을 맛볼 수 있도록 한다. 이러한 경험은 학생에게 강력한 문제해결 동기를 제공한다.

4) 제 4단계: 해결방안 결정

위기개입의 네 번째 단계에서는 위기상황 해결을 위한 대안을 평가하고 최적의 해결방안을 결정한다. 상담교사는 학생과 함께 브레인스토밍을 통해 산출된 문제해결을 위한 대안들의 장단점을 면밀히 검토하여 2~3개의 대안을 선정한다. 이 과정에서 상담교사는 학생의 감정 상태와 학생이 명확하게 생각하고 있지 않을 가능성에 대해 지속적으로 관심을 갖는다. 상담교사는 반영을 통해 학생이 자신의 감정을 이해하고 명료화를 통해 대안에 대해 심사숙고할 수 있도록 돕는다.

만일 학생이 비현실적인 해결방안을 고집한다면, 상담교사는 직면을 통해 현실적인 대안을 마련할 수 있도록 한다. 최종적으로 한 가지 문제해결방법이 선정되면, 상담교사는 학생이 이 방법을 위기상황 해결에 도움이 될 것으로 믿고 있는지, 부정적결과의 가능성은 없는지, 그리고 학생이 기꺼이 실행에 옮기고자 하는지에 대해 탐색한다. 탐색이 끝나면, 해결방법의 적용방안과 결과에 대한 평가방법을 구체적으로 계획한다.

5) 제 5단계: 해결방법 적용 및 평가

위기개입의 다섯 번째 단계에서는 문제해결 방법을 적용하고, 그 결과를 평가한다. 위기는 대체로 매우 빠른 속도로 진행되므로, 학생은 문제해결 방안을 신속하게 적용해야 한다. 위기개입 과정의 2, 3단계에서 상담교사는 해결방안 적용을 위한 일정을 수립하고, 학생에게 문제해결 여부에 대해 논의한다. 또한 반영과 명료화 기술을 사용하여 학생이 문제 상황을 보다 명확하게 인식하고 해결방안을 심화하도록 돕는다. 그리고 교수법을 활용하여 학생이 새로운 대화기술을 습득하도록 돕는 동시에 다양한 기법(예: 모델링, 미술치료, 놀이치료, 매체를 활용한 비언어적 활동 등)을 활용하여 학습효과를 극대화 한다.

이 접근은 대처기법을 단순히 구두로 설명하는 것보다 훨씬 더 빨리 습득할 수 있다는 장점이 있다. 이 외에도 역할연습을 통해 학생이 새로운 대처기술을 습득하도록 하는 한편, 학생이 자신 또는 위기상황과 연관이 있는 사람들의 역할을 담당해 보게 하여 잠재적 문제를 예측하고 다른 사람들의 관점에 대한 통찰을 얻을 수 있게 한다.

그런 다음, 학생이 위기해결 여부를 어떻게 파악할 수 있는지에 대해 논의한다.

07 위기학생을 위한 다면적 지원

학생에게 위기를 촉발하는 외상적 사건은 학생 자신은 물론 가족, 교직원 지역사회에까지 영향을 미친다. 그러므로 외상적 사건발생을 예방하고 위기상황에 신속하게 대응하기 위해서는 위기관리 시스템을 구축해야 한다. 위기관리 시스템은 작게는 학교단위별로, 크게는 국가규모로 구축된다. 여기서는 학교에 한정된 위기대응 전략으로 위기대응팀 편성 및 운영, 생활교육 실시, 또래상담자 프로그램 운영을 중심으로 살펴보기로 한다.

1) 위기대응팀 편성

위기대응팀은 학교장과 상담교사를 비롯해 팀에 도움이 될 만한 교직원으로 구성한다. 이 팀의 주요 임무로는 구성 및 운영에 관한 규정 제정, 위기관리 매뉴얼 제작, 위기유형별 대응계획 수립, 위기대응에 관한 홍보 및 교육실시, 위기발생 시 개입 등이다. 이러한 내용은 규정에 명시하고 충원 규정도 마련한다. 매뉴얼에는 위기의 유형, 유형별 전형적인 반응, 개입전략을 명시하는 한편, 위기개입에 필요한 기관에 관한 정보(전화번호, 주소, 연계서비스 기관)를 수록한다.

매뉴얼이 완성되면, 팀의 구성원들은 위기유형별 대응계획을 수립하고 매뉴얼에 따라 학교구성원들을 대상으로 위기개입 전략에 대해 홍보와 교육을 실시한다. 만일 학교에서 사망사건 또는 비극적인 사건이 발생하는 경우, 위기대응팀은 장례 절차, 추모행사, 참석자 범위 등에 관한 규정을 마련하고 학교구성원들에게 정서적 지지를 제공하기 위한 계획을 수립·실행한다.

2) 생활교육 실시

위기대응을 위한 두 번째 전략은 학년별로 생활교육을 실시함으로써 학생들이 위기상황에 잘 대처할 수 있도록 돕는 것이다. 생활교육에서 다루어야 할 내용은 다음과 같다.

표 6.8 위기극복을 돕는 생활교육 예방활동 프로그램

회 기	내 용	시 간
1	◆ '위기'란 무엇인가에 대해 논의한다 ◆ 촉발사건의 유형에 관하여 이야기를 나눈다	40분
2	◆ 학생들에게 자신이 직접 체험하였거나 주위 사람들이 겪은 위기에 대해 글로 작성해 보도록 한다	40분
3	◆ 학생들이 위기에 대한 즉각적인 감정과 장기적으로 남게 되는 감정을 탐색해 보도록 한다. ◆ 학생들 각자의 위기대처 방안에 대해 이야기를 나눈다 ◆ 위기상황에서 부모와 교사가 학생들을 도울 수 있는 방법에 관하여 토의한다.	40분

이 모형은 예방적인 위기개입 도구로 유용하다. 상담교사는 소속 학교의 상황에 맞게 프로그램을 수정하여 사용할 수 있다. 학생들이 위기를 효과적으로 다룰 수 있는 대처기술을 습득한다면, 상담교사는 그만큼 학생들의 위기상황을 수습하는 데 투입해야 할 시간과 노력을 줄일 수 있을 것이다. 위기대응 전략에는 교사 대상 자체연수를 통해 학생들에게서 위기에서 비롯되는 징조를 발견해내 필요한 경우 개인상담을 통해 학생의 위기대응을 돕는 방안이 포함된다. 그러나 위기에 처한 학생의 징후는 오히려 또래들이 더 자연스럽게 발견할 수 있다.

3) 또래도우미 프로그램 운영

위기대응을 위한 세 번째 전략은 또래도우미 프로그램을 활용한 것이다. 대표적인

또래도우미 프로그램으로는 또래중재, 또래상담, 또래촉진 프로그램을 들 수 있다. 또래peer란 학교생활의 경험을 공유하는 비슷한 학년 또는 연령대의 학생들을 말한다. 또래는 발달과정상 많은 공통점이 있고 처지가 비슷하여 교사들과는 달리 자연스러운 만남과 상호작용이 가능하다는 이점이 있다. 이러한 이점을 활용하여 교육과 훈련을 통해 다른 학생을 돕게 하는 것이 이 프로그램의 핵심이다.

또래도우미 프로그램의 전제는 문제를 겪고 있는 학생이 교사보다는 또래에게 어려움을 털어놓기 쉬울 것이라는 것이다. 따라서 또래중재자는 갈등중재를 위한 기본 지식과 기술을, 또래상담자는 학업, 출·결석, 또래관계, 가족관계, 실존적 문제(죽음, 상실, 삶의 의미), 자살, 약물, 성, 섭식문제 등에 관한 상담기술, 기법, 전략에 관한 훈련을 받는다. 그러나 상담은 보다 전문적인 지식과 경험을 요구된다는 점에서 또래상담 프로그램은 다른 또래도우미 프로그램과는 다소 차이가 있다.

4) 또래중재

또래중재peer mediation란 소정의 훈련과정을 이수한 학생이 또래학생들 사이의 갈등해결을 돕는 과정을 말한다. 또래중재 활동의 기본 취지는 다음과 같다.

> ◆ 학생들은 어려서부터 대중매체를 비롯한 다양한 채널을 통해 폭력과 갈등에 노출되면서도 갈등해결 방법을 배울 수 있는 기회가 거의 없다.
> ◆ 교실, 학교식당, 운동장 등에서 학생들의 갈등상황을 조기에 발견하여 심각한 문제로 확대되기 전에 갈등해결을 가장 잘 도울 수 있는 사람은 훈련을 받은 학생이다.
> ◆ 훈련을 받은 또래중재자가 학생들 간의 마찰을 해소하고 윈윈해법win-win resolution을 창출함으로써 학교폭력도 감소시킬 수 있다.
> ◆ 학교에서 갈등중재 훈련을 받은 학생은 가정, 지역사회와 같이 다른 상황에도 이 기술을 사용할 수 있다.

또래중재자는 갈등해결 절차와 방법에 대한 교육과 훈련을 받는다. 또래중재자 훈련은 일반적으로 ① 갈등 및 해결요소의 이해 촉진, ② 효과적 의사소통, ③ 문제해결, ④ 절충기술 전수, ⑤ 평화와 비폭력에 관한 교육적 기초에 중점을 둔다(Shith & Daunic, 2002). 또래중재 프로그램은 갈등상황 발견 및 문제해결 방법에 관한 강의와 역할연습을 통해 중재연습으로 구성된다. 이 과정을 완수한 또래중재자는 학교현장에서 또래학생의 잠재적 갈등상황을 발견하는 한편, 갈등해결을 위해 교사나 상담교사를 대신하여 중재를 담당한다. 상담교사는 또래중재 프로그램의 조정자 역할을 맡는다. 전형적인 또래중재 과정은 다음과 같다(Bickmore, 2002).

◆ 중재과정의 참여와 비밀보장 원칙에 동의한다.
◆ 대상 학생의 상황과 문제에 대한 관점을 도출한다.
◆ 해결 가능한 부분을 탐색·소통하도록 돕는다.
◆ 갈등해결 방법을 모색하여 쌍방이 받아들일 수 있도록 한다.
◆ 문제가 해결되었음을 확인하고 갈등 중재를 종결한다.

5) 또래상담

또래상담peer counseling이란 기초적인 상담자 훈련을 받은 학생이 도움이 필요한 학생에게 상담교사를 대신하여 상담서비스를 제공하거나 상담교사에게 상담을 의뢰하는 등 또래학생을 돕는 활동을 말한다. 또래중재가 학생들 사이의 갈등 중재에 초점을 둔다면, 또래상담은 다른 학생들에 대한 상담에 초점을 맞춘다. 또래상담자는 갈등해결 방법뿐 아니라 상담자가 훈련을 받은 학생이라는 점에서 또래상담자와 차이가 있다. 또래상담자는 기본적인 상담기술을 비롯해서 의사소통, 대인관계, 의사결정, 기술과 전략 등에 관한 교육과 훈련을 받는다. 또래상담 활동을 실행하려면 다음 네 가지 사항에 유의해야 한다.

◆ 또래상담 활동의 목적과 범위를 명확히 규정한다.
◆ 또래상담자에게 책임감과 관련된 종합적인 훈련이 요구된다.
◆ 또래상담 활동에 대해 세심한 지도감독이 요구된다.
◆ 윤리적·법적으로 합당한 서비스를 제공하도록 해야 한다.

또래상담 활동의 성패는 또래상담자 선발 훈련의 질과 철저함, 그리고 또래상담자에 대한 지속적인 관리와 지도감독에 달려 있다. 또래상담 활동은 행정가, 교장, 학부모들의 지원을 필요로 할 뿐 아니라 철저하게 관리되어야 한다. 또래중재와 또래상담 외에도 또래촉진 활동이 있다.

6) 또래촉진

또래촉진peer facilitation이란 또래촉진자로 훈련받은 학생이 상담교사의 보조자, 튜터, 또래의 특별한 친구, 소집단 리더 역할을 담당하는 일련의 활동을 말한다. 먼저, 상담교사 보조자로서의 또래촉진자는 학교상담실에서 봉사할 수 있도록 교육을 받는다. 교육내용으로는 방문객 맞이하기, 전화 받기, 자료정보 수집 및 배포 돕기, 상담실 또는 교실에서의 일상 업무 등이다. 이러한 업무는 또래도우미의 간접 활동에 속한다.

둘째, 튜터tutor로서의 또래촉진자는 다른 학생의 숙제 또는 학업을 돕는다. 그리고 때로 학업성적에 방해가 되는 문제에 대해 조언하기도 한다. 셋째, 특별한 친구로서의 또래촉진자는 도움이나 지지가 필요한 학생과 가까운 조력관계를 형성하고 다른 사람들이 그 학생에게 관심을 기울이고 있다는 사실을 알리는 역할을 담당한다. 넷째, 소집단 리더로서의 또래촉진자는 다양한 형태의 집단토론을 촉진하는 역할을 담당한다. 또래촉진자 훈련을 받은 학생은 또래상담자로서 활동하지 않는다. 또래상담자로서 훈련받지 않은 학생이 또래상담자를 담당하는 것은 윤리적으로 적절하지 않기 때문이다.

7) 학교폭력 예방 및 대처

학교폭력 예방을 위해서는 학생에 대한 지도감독 강화를 비롯해서 또래모임 활성화, 인권 친화적 학교문화 조성, 예방교육 및 인성교육 강화, 학교폭력에 관한 법률교육 실시 등과 같은 조치가 요구된다. 그럼에도 만일 학교폭력이 발생한다면, <학교폭력예방 및 대책에 관한 법률> 제12조 제2항에 따라 반드시 학교폭력대책자치위원회 심의를 거쳐 조치를 취한다. 이 법률은 가해 학생과 보호자 또는 피해학생과 보호자의 의사와 관계없이 학교폭력 사건에 반드시 적용되어야 한다. 이는 학교의 장이 임의로 학교폭력 사건처리를 막기 위한 조치다.

8) 학교폭력 사건의 처리

만일 학교폭력이 발생한다면, 교사는 사건에 대해 객관적이고 이성적으로 대처한다. 교사의 적극적인 대처 의지는 사건 당사자뿐 아니라 다른 모든 학생들에게도 교육적 효과를 가져다 줄 수 있다. 학교폭력 사건에 대해 교사는 다음과 같이 대처한다.

08 학교폭력 대처를 위한 지침

- ◆ 객관적이고 이성적인 태도로 상황을 명확하게 파악한다.
- ◆ 지지와 격려를 통해 피해학생을 안심시킨다.
- ◆ 가해학생과 피해학생의 대질 면담보다는 교사와 개별면담을 실시한다.
- ◆ 육하원칙에 의거, 피해학생의 진술내용을 상세히 객관적으로 기록한다.
- ◆ 학교장, 전문상담교사, 보건교사, 학교폭력 책임교사 등과 연계하여 법률 또는 규정에 합당한 문제해결방안을 모색한다.

1) 피해학생 면담

학교폭력 피해학생 면담에서는 무엇보다도 공감적 이해를 기반으로 적절한 위로와 지지를 통해 신뢰관계를 구축한다. 그런 다음, 면담내용에 대한 비밀보장 원칙과 학생보호 방침, 그리고 학교폭력대책자치위원 회의절차, 내용, 진행과정, 준비상황, 보호조치 등에 관하여 설명해 준다. 그리고 나서 피해상황을 파악하고, 가해학생과 목격학생의 진술을 참고하여 객관적이고 명확한 자료를 확보한다.

2) 가해학생 면담

가해학생에게는 피해학생의 충격과 상처를 이해시키고 폭력을 사용하게 된 경위를 듣는다. 이때 폭력은 어떤 경우에도 용인되지 않고 가해학생의 폭력행위는 법을 위반하는 잘못된 행위라는 사실을 알려 준다. 그런 다음, 폭력행위에 대한 조치과정, 종류, 내용, 절차를 설명해 주고, 객관적 자료를 확보한다.

3) 피해·가해학생 부모 면담

피해학생 부모면담에서는 확인된 사실에 대해 부모가 정확하게 알고 있는지를 파악한다. 또한 추가할 의견이나 자료 또는 학교에 대한 요구사항이 있는지 확인한다. 가해학생 부모면담에서는 가해학생 부모가 자신의 자녀도 피해자라고 주장한다면, 구체적인 자료를 근거로 진술하도록 요청한다.

4) 피해학생에 대한 조치

<학교폭력예방 및 대책에 관한 법률>이 정하고 있는 피해학생의 보호조치는 다음 다섯 가지, 즉 심리상담 및 조언(제1호), 일시보호(제2호), 치료 및 치료를 위한 요양(제3호), 학급교체(제4호), 전학권고(제5호)가 있다. 이러한 조치는 상황에 따라 여러 개를 동시에 부과할 수 있다(<학교폭력예방 및 대책에 관한 법률> 제16조 제3항).

5) 가해학생에 대한 조치

학교폭력대책자치위원회는 피해학생 보호와 가해학생 선도·교육을 위해 필요하다고 인정되는 경우, 가해학생에 대해 일정한 조치를 취할 것을 학교장에게 요청할 수 있다(<학교폭력예방 및 대책에 관한 법률>, 제17조 제1항). 이러한 요청에 대해 학교장은 해당 학생에 대해 반드시 당해 조치를 취해야 한다(<학교폭력예방 및 대책에 관한 법률> 제17조 제5항).

이 조치는 보호자의 동의를 얻을 필요가 없다는 점에서 피해학생에 대한 보호조치와 다르다. 가해학생에 대한 조치로는 서면사과(제1호), 피해학생 및 신고, 고발 학생에 대한 접촉, 협박, 보복 금지(제2호), 학교에서의 봉사(제3호), 사회봉사(제4호), 학내의 전문가에 의한 특별교육 이수 또는 심리치료(제5호), 출석정지(제6호), 학급교체(제7호), 전학(제8호), 퇴학처분(제9호)이 있다.

6) 학교폭력 지원기관 의뢰

학교폭력을 효과적으로 예방하고 대처하기 위해서는 다음과 같은 제도와 기관을 적극 활용한다.

(1) 배움터지킴이 제도는 2005년 5월에 처음 실시된 스쿨폴리스school police, 즉 학교 경찰제도로서 퇴직 경찰과 퇴직교원들을 중심으로 학교 내 후미진 곳에 대한 반복 순찰 등의 활동을 통해 피해학생 보호와 가해학생 선도업무를 담당하게 하는 제도이다.

(2) 117 학교폭력 신고센터는 학교폭력 관련 신고전화를 경찰청이 운영하는 117로 통합하여 학교폭력 사건에 효율적으로 대처하도록 설립한 기관이다. 이 센터는 학교폭력 신고를 접수하는 한편, 경미한 사안은 '여성·학교폭력피해자 ONE-STOP지원센터'로 이송하지만, 중대한 사안은 경찰이 즉각 개입·조치하도록 한다.

(3) 굿바이 학교폭력은 교육부가 2012년 9월 10일에 개발·보급한 것으로, 학교폭

력 관련 자료와 신고·상담서비스를 시간과 공간에 구애됨 없이 이용할 수 있는 학교폭력 예방 애플리케이션이다.

(4) '여성·학교폭력피해자 ONE−STOP지원센터'는 2005년 8월 국내 최초선진보호시스템을 갖춘 폭력(성폭력, 학교폭력, 가정폭력, 성매매 피해 등) 피해자를 위해 무료로 24시간 의료, 상담, 수사에 필요한 진술 녹화 및 증거 채취, 법률지원, NGO 연계 등의 서비스를 제공하는 통합지원시스템 제도다(법무부, 교육과학기술부, 부산광역시교육청, 2011).

(5) Wee 프로젝트는 2009년 6월 보고된 국정과제인 '학교안전통합시스템'을 말한다. 이를 기반으로 전국에 Wee클래스 1,530개, Wee센터 80개, Wee스쿨 3개가 구축되었다. 여기서 Wee는 'Wee+education'과 'Wee+emotional'을 의미하는 합성어에 하트(♥)를 접목한 브랜드네임이다. Wee프로젝트는 3단계 안전망, 즉 Wee클래스, Wee센터, Wee스쿨로 구축되어 학생들에게 다양하고 전문적인 서비스를 제공한다(교육과학기술부, 한국교육개발원, 대전광역시교육청, 2011).

1차 안전망인 Wee클래스는 학교생활 적응에 어려움을 겪는 학생들이 즐거운 학교생활을 영위할 수 있도록 다양한 프로그램이 운영되는 감성소통 교실이다. 2차 안전망인 Wee센터는 지역교육지원청에 설치되어 단위학교에서 지도하기 어려운 학생들을 위해 전문가가 맞춤형 상담서비스를 제공하는 기관이다. 3차 안전망인 Wee스쿨은 시·도·광역 단위로 설치되어 학교생활 적응에 심각하게 어려움을 겪는 학생들이 기숙하면서 교육, 치유, 적응에 도움을 받도록 한 장기 위탁교육기관이다. 여기서는 학생들에게 심성교육, 직업교육, 사회적응력 프로그램 등이 제공된다.

7) 자살예방 방안

학교현장에서의 대표적인 위기상황으로는 학교폭력, 자살, 그리고 상실, 애도를 꼽을 수 있다. 학생들의 자살을 예방하기 위한 방법으로는 다음 세 가지, 즉 긍정적인 학교분위기 조성, 자살예방 프로그램 운영, 고위험군 학생 조기 발견이 있다.

(1) 긍정적인 학교분위기를 조성하는 것이다. 학교분위기는 학생들을 비롯한 전체 구성원들의 정서와 정신건강에 영향을 미친다. 여기서 긍정적인 학교분위기란 구성원들 간에 신뢰를 바탕으로 지지와 격려를 통해 상호작용하는 풍토를 말한다. 긍정적인 분위기가 조성된 학교에서는 학생들이 훈육절차에 참여한다. 문제행동이 발생하는 경우, 교칙위반 정도에 따라 합리적으로 처리될 수 있는 시스템이 갖추어져 있다. 이러

한 학교의 상담교사는 학생들에게 상호작용의 역할모델로 모범을 보이는 한편, 교직원들에게는 격려성 피드백을 제공함으로써 긍정적인 학교분위기 조성에 앞장선다.

(2) 자살예방 프로그램을 운영한다. 자살예방 프로그램 운영을 통해 상담교사는 자살에 대한 학생 자신과 다른 사람들의 사고와 감정을 이해할 수 있도록 돕는다. 자살예방 프로그램은 학생들의 발달수준과 지적 능력을 고려하여, 자살의 원인과 예방을 위한 방법, 자살신호, 경고징후, 경고신호를 나타내는 친구와의 대화방법, 친구를 위해 도움을 구하는 법 등을 포함시킨다. 프로그램 운영에는 또래도우미 또는 또래상담자들을 적극 활동한다.

(3) 고위험군 학생을 조기에 발견한다. 자살위험 학생의 경고징후는 행동, 언어, 상황, 인지 단서 그리고 성격특성의 변화에 관한 범주로 구분된다.

첫째, 자살생각을 실행에 옮기려는 학생은 대체로 적어도 한 가지 이상의 경고징후를 행동으로 나타내는 경향이 있다. 자살위험 학생들이 흔히 나타내는 행동단서는 다음과 같다.

둘째, 자살위험 학생은 노골적으로 언어단서를 표출하는 경향이 있다. 이들은 다음과 같이 자살을 암시하는 미묘한 경고 메시지를 표현하기도 한다.

셋째, 자살위험 학생들에게는 공통적으로 나타나는 상황 단서들이 있다. 이들이 흔히 나타내는 상황 단서는 자살력, 즉 이전의 자살시도 경험, 현재 처한 위기에의 대응 불능(특히 상실이 포함된 위기), 갑작스러운 생활환경의 변화(예: 중요한 타인의 죽음, 상실, 부모의 이혼, 애완동물의 죽음, 기타 높은 스트레스 유발 조건)이다.

상담교사와 담임교사는 학생의 삶이나 갑작스럽게 겪게 되는 생활상의 변화에 대해 깊은 관심을 가져야 한다. 왜냐하면 갑작스럽게 발생하는 생활상의 큰 변화는 학생으로 하여금 자살생각으로 이어지게 하는 경우가 있기 때문이다.

넷째, 자살위험 학생들은 사고패턴에 있어서 특정 주제나 선입관을 나타낸다. 이들이 흔히 나타내는 인지 단서는 다음과 같다.

복수/앙갚음, 처벌 회피, 처벌받아 마땅함, 다른 사람의 처벌을 바람, 구체적인 원인에 대한 희생자 되기, 죽은 친구/친척을 만나고 싶어 함, 죽음의 시간 또는 방법을 통제하고 싶어 함, 참을 수 없는 상황 또는 해결할 수 없는 갈등으로부터의 도피이다.

만일 학생이 이러한 유형의 주제에 관하여 언급한다면, 상담교사는 이러한 인지 단서 외에도 또 다른 경고징후가 있는지 살펴보아야 한다.

다섯, 자살을 시도하거나 자살로 세상을 떠난 학생들의 성격특성은 다음과 같다.

빈약한 자기개념, 약한 의사소통 기술, 부적절한 대치전략, 강한 성취욕, 소극적인 대인관계, 자기 파괴적 행동 경향성(한 가지 생각 또는 관계에의 몰입), 극단적 죄책감 또는 책임감 등이다.

8) 자살위험 상담 개입전략

자살위험 학생이 발견되는 경우, 외부 전문가에게 의뢰하는 것이 바람직하다. 그러나 만일 상담교사가 자살위험 학생을 도와야 하는 경우에는 이 학생에 대한 정확한 사정을 실시하고, 자살포기각서를 작성하도록 한다.

(1) 위험요소 사정

자살위험 학생 면담 시, 상담교사는 자살위험 학생의 자살생각과 행동을 주의 깊게 관찰한다. 이는 학생의 자살생각이 주의를 끌기 위한 것이라는 생각이 드는 경우에도 마찬가지다. 또한 죽음과 자살에 대한 학생의 생각과 감정을 탐색하되, 자살 가능성을 평가절하해서는 안 된다. 자살위험 학생에 대한 사정은 심층면담과 질문지를 통해 실시한다.

(2) 위험요소 심층면담

심층면담은 자살위험이 있다고 판단되는 학생의 자살의도와 치명성 정도를 파악하기 위해 실시한다. 자살 위험성과 치명성 정도를 파악하기 위한 가장 간단한 방법은 해당 학생에게 직접 물어보는 것이다. 심층면담을 위한 지침은 다음과 같다.

첫째, 공감적 이해와 수용적 존중을 기반으로 신뢰분위기를 조성한다. 이 방법은 학생의 마음을 알아주는 한편, 자신이 자살할 경우 마음 아파할 사람이 있다는 생각이 들게 되어 자살생각과 자살시도를 억제할 수 있다. 그러므로 담담하면서도 여유 있는 자세로 학생이 편안한 마음으로 이야기할 수 있도록 돕는다. 또한 학생들과의 대화에 집중하여 경청하는 동시에 학생의 비언어적 단서를 주의 깊게 살핀다. 예를 들어, 좌불안석, 어조 또는 음성의 변화, 반감의 눈빛, 심각한 얼굴표정, 시선회피, 꽉 다문 입술 등은 자살과 관련된 의미 있는 신호로 간주할 수 있다. 자살위험이 있는 학생면담을 위한 지침은 다음과 같다.

(3) 자살위험이 있는 사람의 이야기에 대한 경청 지침

- 온 마음과 정성을 다해 주의를 기울인다.
- 일상적인 이야기처럼 자살에 대해 담담하고 열린 마음으로 대화하라.
- 자살생각에 대해 비난도 찬성도 하지 말라.
- 상대가 극단적인 감정 상태라면, 그 감정을 완화하라.
- 상황이 어려워져도 상대를 돕기 위해 같은 자리에 있을 것이라고 말하라.
- 상투적인 위로의 말보다는 진정성 있게 공감적으로 반응하라.
- 상대에게 확인받지 않은 채로 이해한 척하지 말라.

심층면담에서 상담교사는 자살에 대해 불편해 하는 비언어적 단서를 보이지 않도록 유의해야 한다. 예를 들어, 학생과 시선접촉을 피하거나, 목소리가 떨리거나, 다리를 떨거나, 안경을 자주 고쳐 쓰거나, 머리 또는 필기구를 자주 만지는 등의 행동은 학생에게 불안감의 표시로 여겨질 수 있다. 어떤 이유에서건 상담교사가 학생을 불편해하거나 경청하지 않는다고 느낀다면, 학생은 더 이상 자신의 진솔한 이야기를 털어놓기 어려워질 것이다.

둘째, 학생의 자살생각과 실행 여부 및 계획에 대해 집중 탐색한다. 즉, 언제, 어디서, 얼마나 자주 자살을 생각하거나 시도한 적이 있는지에 대해 구체적으로 알아본다. 심층면담에서 탐색이 요구되는 사항은 다음과 같다.

(4) 자살위험 학생을 위한 심층면담 탐색 사항

- 자살동기
- 자살 준비 정도
- 자살시도에 대한 태동
- 자살관련 정신장애 여부
- 삶 또는 죽음에 대한 희망 정도
- 자살생각을 하게 된 기간과 정도
- 자살을 위한 잠재적 수단 또는 도구
- 자살에 따라 예상되는 주변의 반응과 기대

일련의 질문을 통한 탐색이 진행되면서 학생의 자살의도 여부와 계획이 점차 드러날 것이다. 이러한 질문에 대한 답변이 구체적일수록, 학생의 자살시도 가능성은 높아진다. 따라서 고위험군으로 판명되는 학생에 대해서는 학부모 면담과 동의를 통해 외부전문가에게 개입을 의뢰한다. 만일 학생의 위기상태가 더욱 심각하다고 판단되는 경우에는 입원과 같은 의료적 개입을 적극 고려한다. 왜냐하면 입원조치가 학생을 자실로부터 보호할 수 있는 유일한 방법인 경우도 있기 때문이다.

셋째, 가족력과 생애사를 기반으로 학생이 자신의 삶을 돌아보면서 자살생각을 유발한 배경과 과정에 대해 돌아보도록 돕는다. 심층면담에서 상담교사의 자살생각에 대한 질문에 학생이 즉각적으로 대답하지 못하거나 망설이는 듯한 반응을 보이거나 과장되게 부정하는 것은 학생이 자살에 대해 생각해 본 적이 있거나 생각하고 있다는 것으로 유추·해석할 수 있다. 만일 자살에 대해 심각하게 고려해 보지 않은 학생이라면, 단순히 '아니오'라고 대답할 것이기 때문이다. 자살위험 학생이 자살의도 노출에 저항을 보이는 경우, 상담교사는 부드러운 어조로 "어떤 생각을 해 보았나요? 그저 스쳐 지나간 것이라도 이야기해 보세요."라고 말하면서 학생의 저항을 누그러뜨린다. 다음은 상담교사가 자살위험의 경고징후를 보이는 학생을 면담한 내용의 일부다.

(5) 자살위험의 경고징후를 보이는 학생과의 면담 내용

교사: 혹시 자살이나 죽음에 대해 생각해 본 적이 있니?

학생: (무언가 망설이는 태도를 보이며) 음...

교사: 유미야, 현재 현재가 겪고 있는 어려움 때문에 자살이나 죽음에 대해 생각해 본 적이 있는지 궁금하구나.

학생: 아, 아니요. 정말 해 본 적 없어요.

교사: (부드러운 어조로) 누구나 성장과정에서 잠시 죽음에 대해 생각해 보기도 하는데, 유미의 머리 끝에 아주 잠시 스쳐 지나간 것이라 하더라도 죽음에 대해 생각해 본 것에 대해 이야기해 주겠니?

학생: 음, 글쎄요.

교사: 나와 함께 이런 주제로 이야기를 나누는 것이 어려운 것처럼 보이는데, 지금 유미의 느낌 또는 생각이 드는지 궁금하구나.

넷째, 자기점검, 즉 상담교사 자신의 내면에서 떠오르는 순간순간의 감정과 사고를 점검한다. 자기점검은 상담교사로 하여금 학생에 대한 역전이 발생을 막아주는 역할을 한다. 역전이를 막기 위한 자기점검 진술의 예로는 "부모와의 관계에 관한 학생의 진술에 대해 나는 어떻게 느끼고 생각하는가?", 그리고 "지금 학생의 진술이 진실이라고 생각되지 않는 이유는 무엇인가?" 등이 있다.

(6) 질문지

자살위험 학생 사정에 있어서 학생이 면담을 통해 자살의도를 밝히기 어려워하는 경우, 일련의 질문지를 활용한다. 자살위험 여부를 파악할 수 있는 질문지로 Beck 등(Beck, Kovacs, & Weissman, 1979)의 자살생각 척도, 컬과 길(Cull & Gill, 1988)의 자살가능성 척도, 중(Zung, 1990)의 자살 잠재성 검사 등이 있다.

먼저, 자살생각 척도Scale for Suicidal Indeation, SSI는 피검자의 자살의도와 생각의 정도에 대해 3점 척도로 된 19개 문항으로 구성되어 있다. 이 질문지는 자살생각에만 초점이 맞추어져 있어서 피검자의 자살생각의 심각도를 단시간에 알아볼 수 있다는 장점이 있다.

둘째, 자살 가능성 척도Suicide Probabillity Scale, SPS는 14세 이상 학생을 대상으로 하며, 4점 리커트 척도로 된 30문항으로 구성되어 있다. 질문지의 하위척도는 무망감(8문항), 사회적 지지(6문항), 자살생각(5문항), 자기평가(6문항), 소외·적대감(5문항)으로 나뉜다.

셋째, 자살 잠재성 검사Index of Potential Scucide, IPS는 5점 리커트 척도(0~4)로 된 50개 문항으로 구성되어 있다. 이 검사에서 평균 43점 이하이면, 자살행동이 나타나지 않는 것인 반면, 73점 이상이면 자실시도가 나타날 것으로 예측할 수 있다. 이 검사는 문항 수가 다소 많은 편이지만, 자살 잠재성 정도와 자살생각의 동기를 동시에 알아볼 수 있다는 장점이 있다.

(7) 자살포기각서 작성

상담교사는 적절한 시기에 학생으로부터 자살포기각서, 즉 자신을 해치는 행동을 하지 않겠다는 서약서에 서명을 받는다. 그 이유는 아무리 자살위험이 있는 학생일지라도 구체적인 기간이 명시된 약속을 준수하려는 경향이 있기 때문이다. 그러므로 서약서에는 학생이 동의하는 기간이 구체적으로 명시되어 있어야 한다.

(8) 상실·슬픔

가까운 사람이나 애완동물의 죽음에서 비롯되는 상실감과 슬픔은 학생의 학교생활과 학업 등 생활 전반에 영향을 미칠 수 있다. 성인에 비해 어린 학생은 죽음에 대해 다양하게 반응할 수 있다. 예를 들어, 유치원과 초등학교 저학년 아동 중에는 죽음을 되돌려 놓을 수 있고(가역적), 마치 잠이 든 것처럼 여기거나, 상실감으로 인해 자기 곁을 떠난 사람에 대한 분노를 남아 있는 사람들에게 표출하곤 한다.

자신을 보살펴 주던 사람이 세상을 떠나는 경우, 아동은 장차 누가 자신을 보살펴 줄 것인지에 대해 염려하게 된다. 또한 자신이 그의 죽음에 대해 비난 받아야 마땅하고, 다음은 자신이 죽을 차례라고 믿기도 한다. 그 결과, 밤에 자다가 오줌을 싸거나 손가락을 빨거나 지나치게 의존적이 되는 등 퇴행적 행동을 보인다. 이들에게는 계속해서 보호와 보살핌을 받을 것이고, 죽음에 대한 책임이 없음을 재확인시켜 줄 필요가 있다.

일찍이 엘리자베스 퀴블러-로스(Elizabeth Kubler-Ross, 1970)는 슬픔을 당한 사람의 애도과정을 6단계로 정리하였다. 이 모형은 치명적인 질병에 걸린 사람들이 자신의 운명에 대처해 나가는 과정이기도 한데, 경험적 연구로도 그 타당성이 입증되었다(friedman & James, 2009; Maciejewski et.. 2007).

(9) Kubler-Ross의 애도과정

◆ 충격Shock단계: 사랑하는 사람 또는 친구의 죽음이 처음에는 사건에 대한 부인을 동반한 무감각한 상태가 됨.

◆ 고통Pain / 죄책감guilt 단계: 몹시 고통스러워하며, 곁을 떠난 사람에게 미처 하지 못한 말과 행위에 대한 후회와 죄책감을 동반함.

◆ 분노anger 단계: 상실에 대한 깊은 좌절감, 공격성, 분노를 느낌

◆ 고독loneliness / 우울depression 단계: 2~3개월이 지나면서 상실 대상자에 대한 그리움을 동반한 깊은 우울에 빠짐

◆ 훈습Working through 단계: 상실 후 4~6개월이 지나면, 텅 빈 느낌과 함께 절망감을 극복하고 삶을 지속하기 위한 해법을 찾기 시작하면서 점차 심한 우울은 사라지고 종전의 기분상태를 회복함.

◆ 수용acceptance 단계: 상실감을 극복하기 위한 방법을 발견하면서 목표설정이 가능해지고 점차 종전의 생활패턴을 회복함.

아동이 만 5세경이 되면, 점차 죽음이 최종적이라는 사실을 이해하게 되지만, 죽음은 다른 사람에게서만 일어나는 것으로 여긴다(Krupnick, 1984). 만일 이 시기의 아동이 죽음과 그 이후의 일에 관하여 질문하는 경우에는 사실적인 정보를 제공해 주어야 한다. 그리고 가까운 사람의 죽음이 이들의 삶을 방해할 수 있으므로 낮 시간 동안 일정한 생활패턴을 유지할 수 있도록 하여 아동이 통제불능감에 대처할 수 있게 한다. 이 외에도 어린 아동은 자신의 슬픔을 퇴행, 짜증, 공격행동, 주의산만, 훈육문제, 부정적 태도 등을 통해 발산한다.

아동이 만 10세 정도가 되면, 죽음을 최종적이고, 필연적이며, 보편적 현상으로 지각하고 죽음의 원인을 이해할 수 있게 된다(Glass, 1991). 그러면서 이들은 가까운 사람의 죽음에 대해 흔히 무기력감 또는 두려움을 느낀다. 따라서 죽음에 따라 발생하는 분노감과 자신에 대한 염려가 슬픔에 대한 자연스럽고 정상적인 반응이라는 점을 알고 있을 필요가 있다. 이들은 우울, 격노, 죄책감, 혼란과 같이 강한 정서반응을 나타내거나, 수면문제 또는 섭식문제를 호소하기도 하며, 때로 반사회적 행동을 나타내기도 한다. 이 시기의 학생은 어른처럼 보이기 위해 슬픔을 통제해야 한다고 믿을 수 있다. 또한 어린 아이 같다는 말을 듣지 않기 위해 타인의 도움을 청하거나 위로받지 않으려고 하며 감정을 억누르기도 한다. 그러므로 이들에게 슬픔을 표현하고 지지와 위로를 받도록 해야 한다.

9) 상실·슬픔에 대한 개입전략

가까운 사람이 세상을 떠나게 된 학생을 돕기 위한 방안으로는 교사연수, 부모교육, 개인·집단 상담이 있다. 조력방안에 대해 좀 더 자세히 살펴보면 다음과 같다.

(1) 슬픔과 애도에 관한 교사연수를 실시한다. 교사는 학생의 슬픔과 애도를 직접적으로 도울 수 있는 위치에 있는 학교구성원이다. 슬픔에 빠진 학생이 애도과정을 잘 극복할 수 있도록 돕기 위한 교사연수 프로그램의 핵심내용은 슬픔과 애도과정에 대한 이해, 발달단계별 학생의 죽음에 대한 인식, 죽음에 대한 교사의 태도, 가까운 사람을 잃은 학생을 돕는 요령 실습 등으로 구성한다. 이 외에도 교사가 학생과 그 가

족이 죽음과 상실에 잘 대처할 수 있도록 돕기 위한 구체적인 방법과 지역사회 자원에 대한 정보제공을 포함시킬 수 있다.

(2) 부모교육을 실시한다. 가까운 사람을 잃게 된 학생을 돕기 위해서는 이들을 곁에서 지지해 주고 이해해 줄 수 있도록 학부모를 가르치는 일을 빼놓을 수 없다. 부모교육 내용으로는 자녀의 말에 경청하는 법, 죽음에 관하여 설명하는 법, 슬픔과 상실에 관한 의사소통 수단으로 미술과 놀이를 사용하는 법 등에 관한 강의, 시연, 실습 등이 포함된다. 특히 강의를 통해서는 학생의 슬픔 반응에 영향을 미치는 발달상 고려사항을 가르치는 한편, 가까운 사람을 잃었어도 여전히 친구들과 함께 웃고, 달리고, 뛰어 놀 필요가 있다는 점을 일깨워 준다.

또한 자녀가 장례식이나 다른 가족의 제사에 참석해야 하는지와 같은 실질적 고려사항을 결정하는 것에 대해서도 자문해 준다. 예를 들어, 특별히 가정의 전통과 문화의 관례에 위배되지 않는다면, 자녀의 장례식과 추모식 참석을 허락하도록 조언한다. 그러나 아동이 참석을 원치 않는 경우에는 강요하지 않는 대신, 개인적으로 추모할 수 있도록 촛불을 켜 주거나 기도문이나 시를 읽을 수 있는 자리를 마련해 준다.

(3) 개인상담 및 집단상담을 실시한다. 상담교사가 직접적인 서비스를 제공하는 경우, 학생에게 지지와 무조건적 관심을 보여준다. 슬픔으로 어려움을 겪고 있는 학생은 자신의 사고, 감정, 반응에 귀 기울여 주는 사람이 곁에 있다는 사실을 알고 있을 필요가 있다. 특히 추상적 사고내용을 언어로 소통하기 어려운 어린 아동을 이해하기 위해서는 미술과 놀이기법을 사용한다. 상담교사는 학생에게 다음에 제시된 내용을 토대로 애도는 개인적인 과정이므로 정형화된 속도로 진행되지 않을 수 있음을 설명해 준다.

(4) 슬픔과 상실의 특징: 슬픔은 시간이 필요한 정상적인 과정으로, 슬픔을 해소하기 위해 걸리는 시간은 정해져 있지 않다. 슬픔을 겪는 사람은 누구나 슬픔 수준이 높고 낮은 기간이 있어서 괜찮다가도 갑자기 눈물이 나기도 한다. 상실은 강한 정서를 동반하므로 대화, 놀이 그림 그리기, 시 쓰기, 댄스 등 어떤 식으로든 표출되어야 한다. 계속해서 슬퍼할 수 있는 사람은 아무도 없다. 그러므로 슬픔에서 잠시 벗어나 친구들과 놀거나 혼자만의 시간을 갖는 등 쉬는 시간이 필요하다.

애도과정에 있는 학생과의 상담에서는 다양한 상담기술과 기법 그리고 격려와 희망을 소통하는 법이 필요하다. 애도과정에 있는 학생은 흔히 고통의 끝이 없다고 여길 수 있다. 상담교사는 시간이 점차 아픔을 줄여 줄 것이고 삶은 계속될 것임을 이야기해 주면서 좋았던 순간과 기억들을 떠올려 보게 한다. 그리고 어려웠던 순간의 기억을 상기시켜서 아픔에 잘 대처하도록 돕는다. 슬픔에 빠진 학생은 때로 자신을 보살피는 일을 잊는가 하면, 부모 역시 슬픔 때문에 자녀를 보살펴야 한다는 사실을 잊기도 한다. 이 경우, 슬픔을 겪는 사람은 흔히 자신의 신체적 안녕을 등한시할 수 있다는 사실을 일깨워 주면서 적당한 수면을 위하고 식사를 하도록 조언한다.

10) 긍정적 개인요인을 통한 치료

위기 학생의 보호요인으로써 개인요인이라 함은 위기학생이 가지고 있는 개인정서 및 심리적 요인과 유능감 등을 말한다. 개인요인으로서의 대표적인 것으로는 긍정적 가치관, 긍정적 자기정체감, 자아존중감, 자기유능감, 사회적 유능감이 보호요인으로 작용을 한다. 이러한 요인들은 비행을 유발하는 충동과 불안 등의 상황에서 자신을 통제할 수 있는 힘이 된다. 그리고 준법정신과 책임감을 발달시켜 비행을 억제하는 능력을 키워나가게 한다.

특히 위기학생의 경우 불안정한 가정환경, 학교부적응의 갈등을 겪고 있는 경우가 대부분이어서 가정 및 학교 등 주요 생활영역에서 자신이 긍정적으로 받아들여지는 경험이 일반학생에 비해 충분히 적을 수 있다. 그러므로 위기학생에게 있어 자존감은 개인 발달 및 사회적응에 보호요인으로 작용을 하는 중요한 요인으로서 자아에 대한 긍정적인 경험과 인식을 통해 다른 개인요인의 형성과 발달에 영향을 주는 역할을 한다 (한국청소년상담원, 2009.10.)고 할 수 있다.

(1) 가족지원을 통한 치료

위기학생의 비행의 원인이 되는 주요 원인인 학업중단의 경우 가장 중요한 보호요인으로 지지집단으로서의 역할을 들 수 있다. 물론 가족은 지지 집단 이전에 학생에게 가장 많은 영향을 주는 일차적 환경이며 건강한 성장을 결정하는 요인이기도 하다. 그러나 그 중에서도 부모의 지지는 학업중단 및 비행을 방지하는 주요 보호요인이다. 가족 보호요인으로 원만한 부모—자녀관계, 부모의 정서적 지지, 양육태도 등을 중요 보호요인으로 보고하고 있다.

한편 구조적 결손가정 학생은 일반가정 학생보다 자아존중감이 낮고 우호적이지 못하며 신뢰성이 부족하며 열등감·무기력함으로 어려움을 겪게 된다. 하지만 가족의 구조적인 결손보다는 가족원 간의 의사소통, 가족분위기, 가족갈등과 같은 가족의 기능적인 역할이 비행에 더 많은 영향을 미친다고 보고하고 있어 가족의 지지와 관계방식이 위기학생의 중요한 보호 요인임도 기억해야 한다.

가정 내의 보호요인인 가족 환경 및 부모－자녀 관계의 영향과 부모의 지지체계로서 애정과 안위를 제공하고 온화한 자녀 양육방식이 사회적응력을 높여주며 긍정적인 성격형성을 도와 학교적응에 긍정적인 영향을 주며 비행을 포함한 모든 분야의 일탈을 줄이는 것으로 보고하고 있다. 가정 내의 보호요인 중 특히 부모의 정서적 지지를 바탕으로 한 학습관여는 학교적응에 도움이 되며 개인적·가족 관련 요인으로 발생되는 위험요인을 줄이는 역할을 하는 보호요인이라고 볼 수 있다.

또한 유능하고 애정적이며, 자녀와 부모의 가치를 공유하며, 가족응집력과 뚜렷한 역할 규정과 같은 부모의 민주적 양육태도는 학생의 적응유연성을 발달시켜 위기유연성에 대한 전반적인 보호요인으로 작용한다고 볼 수 있다. 특히 가족응집력과 같은 부모－자녀 간의 높은 유대감은 학생의 성경험에 영향을 주는 보호요인으로 작용한다고 하였다. 그러나 이와 같은 기능이 이루어지지 않을 때 자녀는 애정을 받기 위해 여러 가지 노력을 하게 되는데 그 방법으로 공격적 행동, 자기 비하, 무관심 등의 성격을 형성하여 목적을 이루고자 한다(한국청소년상담원, 2009.11).

(2) 사회적 지원을 통한 치료

학생의 위기상황에 영향을 주는 사회요인으로서의 보호요인으로는 가장 먼저 학교를 들 수 있다. 그 다음으로 주로 학교 내에서 이루어지는 또래관계 그리고 지역 사회요인으로 구분할 수 있다. 위기학생은 가족 이외에 친구나 동료로 불리는 또래집단과 가장 많이 상호작용을 주고받게 된다. 이러한 중에서 친구의 지지는 학교에서 받게 되는 학업 및 교사와의 관계 및 또래집단과의 관계 등에서 받게 되는 스트레스를 완화해주는 중요한 역할을 한다. 선행연구에서도 또래관계의 경우 학생은 또래로부터 받는 정서적지지, 즉 또래와 관계를 잘 유지하고, 적어도 한 사람 이상만이라도 친밀한 관계를 유지할 수 있어야 한다고 하였다. 그리고 친구보호요인 중 가장 중요한 요소인 친구 지지는 자신을 이해해주거나 도움을 받을 친구가 많을 때 비행억제의 개연성이 많다고 보고하고 있어 위기학생의 보호요인으로 중요함을 시사하고 있다.

학교의 경우 대부분의 학생들이 시간을 보내는 장소이고 학생의 성장에 중요한 지적, 정서적, 신체적 발달이 이루어지는 곳이다. 그러므로 학교에 대한 낮은 소속감은 비행과 위험행동에 대한 위험요인이 될 수 있다. 학업중단을 한 학생의 경우 대다수가 비행을 저지르게 되고 위험요인에 노출되어 있는 상황이므로 학교적응이란 위험요인에서 학생을 보호하는 직접적인 요인이 된다.

그러나 집단스포츠 활동, 학교, 종교, 지역사회조직의 운동 팀과 같은 특정집단의 활동과 같은 학생들의 단체 활동 참여는 위험행동의 보호요인으로 작용한다. 단체 활동에 참여하는 학생의 경우 부정적 또래압력이나 또래규준의 영향을 더 적게 받으며, 성인의 감시 없이 시간을 낭비함으로써 파생되는 부정적인 결과에 대해서도 효과적으로 대처할 수 있다고 하였다. 그러므로 지역사회자원은 학생의 심리 정서적 안정은 물론 신체적 발달과정을 강화하고 보호하는 역할을 하여 복지지원과 위기학생이 사회구성원으로서 제 기능을 다하도록 지원을 하는 역할을 다해야 한다.

(3) 전문상담 지원을 통한 치료

위기학생들은 크게 세 가지 종류(학교위기, 가정위기, 감정정서위기)로 분류된 위기를 겪고 있는 것으로 분석되었다. 첫째, 학교위기는 학습부진 및 부적응으로 학교생활의 위기를 겪고 있는 아동 및 학생들을 포함한다. 둘째, 가정위기는 학교에서나 사회에서 표면적으로 드러난 학생의 행동은 특별한 문제가 없으나 가정이 이혼, 편부모, 가정폭력, 중독 등의 가정환경의 위기에 처해 있는 아동 및 학생들을 포함한다. 세 번째로는 감정 정서위기로 학교에서 성적이 우수하고 반장, 부반장의 리더십을 발휘하지만 부모와의 갈등 및 대화 단절, 우울, 불안, 분노 및 감정 조절의 어려움을 가진 아동 및 학생들을 포함한다. 각각의 위기유형은 각기 다른 상담절차와 교육지원 서비스를 통해 다양하게 지원되어야 하는데 자세한 설명은 [그림 6.1]과 같다.

먼저 학교위기는 개인의 우울과 불안을 치료하는 개인상담, 가족의 구조와 의사소통에 초점을 둔 가족치료, 집단구성원들과의 관계를 통해 치료하는 집단상담, 학교적응을 위한 특별적응교육, 학업을 지원하고 향상시키는 학습치료를 통해 단계적으로 치료할 수 있도록 서비스를 지원해야 한다. 가정위기는 개인상담, 가족치료, 집단상담, 학습치료를 통해 학교와 사회에 적응하도록 지원한다. 마지막으로 감정·정서위기는 개인상담, 가족치료, 집단상담, 그리고 학업 및 진로상담을 통해 미래를 계획할 수 있도록 돕는 것이 필요하다고 할 수 있다.

그러므로 학교상담 현장에서 가장 효과적인 상담지원 서비스는 다음 그림이 보여준 절차대로 진행하는 것이 바람직한 것으로 보인다. 그런 학생이 처한 열악한 사정과 환경을 감안하여 개인의 우울과 불안을 치료하는 개인상담기법이라도 우선적으로 제공해야 할 필요가 있으며 여러 가지 위기유형의 학생들에게 공통적으로 적용할 수 있는 위기학생을 위한 전문상담기법의 연구개발이 필요하다.

그림 6.1　위기유형별 상담절차도

C / H / A / P / T / E / R 07

학부모 상담의 이해

07 학부모 상담의 이해

---

01 학부모 상담

학부모 상담은 학부모 자신의 문제를 다루지만 궁극적인 목표는 자녀(학생)의 성장과 발달을 돕기 위한 차원에서 이루어지므로, 부모 자신의 다양한 관심사보다는 자녀의 건강한 학교생활에 초점이 맞추어진다. 즉, 개인의 인생 전반의 관심사나 가족 구성원 전체보다는 특히 학교에 다니는 자녀를 매개로 부모-자녀 간 문제를 다룬다는 것이 일반 상담과 구분되는 가장 큰 특징이 될 것이다. 학교 장면에서 중점을 두어야 할 대상은 학생이므로 학부모 상담 역시 학생의 성장과 발달을 위한 전략적 차원에서 이루어진다(강은주, 2007).

1) 학부모 상담의 개념

학부모 상담은 일반 상담과 달리 학생의 발달을 돕기 위한 전략적 차원에서 이루어진다. 학부모 상담의 내용은 부모와 자녀 간 문제에 한정하며 자녀의 문제행동 개선이나 변화를 가져오기 위해 먼저 학부모가 변화될 것을 강조한다. 학교에서 이루어지는 학부모 상담은 학부모 교육이나 학부모 자문과 유사한 개념으로 이해된다. 학부모 교육이나 학부모 자문이 학생에게 초점을 맞추어 학생의 문제행동을 개선할 수 있는 방안에 도움을 주는 것이라면, 학부모 상담은 학생의 변화에 앞서 부모 자신의 변화를 강조한다. 부모가 상담을 통해 자신에 대한 이해를 넓힘으로써 자녀의 문제행동이 온전히 자녀만의 문제가 아니고, 부모 자신의 영향이 있음을 새롭게 인식하게 되어 스스로의 변화를 시도할 수 있게 하려는 것이다. Dinkmeyer와 Carlson(1973)은 학부모 상담, 학부모 교육, 학부모 자문의 세 가지 과정이 모두 부모에게는 직접 도움을 제공하고 학생에게는 간접 도움을 제공한다는 의미에서 동일한 과정이라고 주장하였다. 그러므로 학부모 상담은 자녀를 위한 학부모 교육과 학부모 자문을 포함하는 광의의 개념으로 사용될 수 있다.

학부모 상담이 효율적으로 이루어지기 위해서는 학부모의 자기 이해 뿐 아니라 자녀에 대한 심리적, 발달적 이해 및 자녀를 지각하는 부모의 관점에 대한 새로운 이해가 필요하다. 자녀에 대해 자신이 어떻게 지각하고 있는지 인식하고, 자신의 지각을 합리적으로 이해할 수 있도록 도와주어 자녀의 문제행동에 대해 객관적으로 바라볼 수 있게 하며, 문제해결을 위한 능동적이고 적극적인 힘을 기를 수 있도록 조력하기 위해 학부모 상담을 하게 된다. 이와 더불어 상담을 통해 자기 이해와 조절 능력이 증진되어 자녀로 인한 자신의 정서적 어려움 등 가족생활 패턴의 긴장요인이 되었던 문제들을 효율적으로 다룰 수 있게 되기를 바란다.

2) 학부모 상담을 위한 상담자의 태도

우리나라의 부모들은 자녀의 문제를 곧바로 자신의 문제로 동일시하는 경향이 있어서, 자녀 문제로 상담에 임하는 부모는 뭔가 잘못했다고 느끼며 불안해하고 걱정을 하며 비난받을까봐 두려워하는 편이다. 부모 노릇을 잘 못했다는 죄책감과 자녀의 문제가 곧 자신들의 책임이라고 느끼는 등 불편한 심리적 상태에 놓이는 경우가 많기 때문이다. 부모가 자녀의 문제를 먼저 인식하여 전문상담자의 도움을 구하기도 하지만, 학교에서 선생님이 먼저 자녀의 문제를 이유로 학부모와의 상담을 요청할 경우에 그 불편함은 한층 더 가중된다고 할 수 있다(김계현 외, 2014). 따라서 학부모 상담을 맡게 되는 상담자나 교사는 무엇보다 학부모의 마음을 충분히 이해하고 배려하며 존중하는 태도를 가지는 것이 중요하다. 학생이 최선의 상태로 발전하기 위해 공동 협력하는 과정으로 인식할 수 있도록 학부모와의 관계를 설정하는 것이 필요하다. 때로 일반적 수준의 자녀교육도 하지 않고 방치하거나 지나친 학대 수준의 통제를 행사하는 부모도 있다. 하지만 이러한 경우에라도 교사 및 상담자는 단정적이고 평가적인 태도로 부모를 대하지 않는 것이 협력적 관계를 구축하는 데 도움이 될 것이다.

02 학부모 상담의 필요성

학생을 이해하고 학생이 겪고 있는 어려움에 대해 근본적인 도움을 주기 위해서는 학생의 부모, 즉 학부모를 고려해야 한다. 학부모들은 부모교육이나 부모상담의 내용으로 부모의 역할에 관해 높은 요구를 보인다. 일상적인 부모의 역할은 대중매체나 인터넷을 통하여 가장 쉽게 많은 정보를 접할 수 있는 내용임에도 불구하고 요구가 높게 나타난 것은 학부모들이 일반적인 정보를 원하는 것이 아니라 자기 자녀를 잘 아는 담임교사나 학교상담자로부터 자기 자녀의 문제에 해당되는 구체적인 정보를 얻고 싶어하는 것으로 해석할 수 있다(이원영, 배소연, 2000).

따라서 학생 개개인과 개별 가정 및 부모에게 초점을 맞춘 학부모 차원의 능동적이고 근본적인 부모교육이 필요하며 이는 곧 학부모 상담이 될 것이다.

즉, 일반 상담과 달리 학생으로 연결된 학교장면에서의 학부모 상담은 부모로서 알아야 할 지식이나 기술을 익히도록 돕는 부모교육과 부모 자신의 문제를 해결하고 부모로서 온전히 설 수 있도록 돕는 부모상담을 통합한 상담모형이 필요하다.

학생들의 학업관련 어머니와의 갈등에서 부모 자녀관계의 영향은 특히 사춘기의 중학생과 대학입시에 당면해 있는 인문계 고등학생들에게 중요하게 적용되고 있음을 알 수 있고, 학생들의 학업관련 갈등을 줄이기 위해서는 가정에서의 바람직한 부모 자녀관계가 매우 중요함을 알 수 있다. 따라서 취학 전 유아나 초등학생 뿐 아니라 입시에 시달리는 중·고등학생 자녀를 둔 학부모에게도 학부모가 궁극적으로 원하는 자녀의 올바른 성장과 행복한 삶을 위해 필요한 것이 무엇인지 부모 자신의 이해를 돕는 학부모 상담이 필요하고, 상담의 내용은 개인의 일생 전반에 초점을 두어야 할 것이다. 학교상담의 중요한 목적은 예방에 있다(김계현, 김동일, 김봉환, 김창대, 김혜숙, 남상인, 조한익, 2000).

03 학부모 상담의 목표

1) 학부모 상담의 목적에 따른 학부모 상담의 유형 구분

교사들은 초등학교의 학부모 상담을 크게 두 가지 유형으로 구분지어 생각하고 있었다. 첫 번째는 학부모에게 자녀의 학교 생활 전반에 관하여 정보를 전달하기 위해 대화를 나누는 일반적인 상담이고, 두 번째는 학생에게 문제가 생겼을 때, 또는 학부모와 갈등 상황에 놓였을 때 그 문제를 해결하기 위한 상담이다.

(1) 정보 전달을 위한 학부모 상담

교사들이 학부모 상담을 이야기 할 때 가장 먼저 떠올리는 것은 첫 번째 유형의 상담으로 대표적인 예가 매 학기 초마다 운영되는 학부모 상담 주간의 학부모 상담이다. 보통 3월 말과 9월 말에 운영되는데 학급 내의 전체 학부모를 대상으로 학급 담임교사와 1회 이상 개별 상담을 실시하는 것을 원칙으로 하기 때문에, 교사는 짧은 기간 동안 학급의 거의 모든 학부모들과 연락을 취하며 학부모 상담이 집중적으로 가장 활발하게 이루어지는 시기이다. 학부모 상담 주간이 끝나면 학기 중에는 해결해야 할 특별한 문제가 발생하지 않는 한 학부모 상담 신청이 거의 들어오지 않기 때문에 상담 건수로만 보면 교사가 한 학급을 맡아 1년 동안 진행하게 되는 학부모 상담 중에 많은 수가 이 학부모 상담 주간에 집중되어 있다.

담임교사들은 새 학기를 시작하자마자 한 달 남짓의 기간 동안 새로 맡은 학급의 학생들을 파악하고 학부모 상담을 위한 준비를 시작한다. 이 때에는 주로 자녀의 학교 생활을 학부모에게 알리기 위한 정보 전달을 목적으로 하는 학부모 상담이 이루어진다.

정보 전달을 위한 학부모 상담 전에는 교사가 학생에 대하여 전달하고자 하는 내용을 학부모 상담을 통해 학부모에게 알리고 나면 학부모가 아는 것만으로 학부모나 학생에게 도움이 될 것이라는 기대를 한다. 하지만 문제 해결을 위한 학부모 상담을 할 때에는 좋은 결과를 얻을 것이라는 기대를 할 수 없다고 했다.

이는 이전의 학부모 상담 경험에서 학습된 결과였는데, 문제 해결 과정에서 교사와 학부모가 의견차를 보이며 대립하는 경우가 많고 학부모가 교사의 조언을 받아들이거나 문제 해결을 위해 협력하는 경우는 많지 않기 때문이다.

(2) 문제 해결을 위한 학부모 상담

두 번째 유형의 상담은 학급에서 학생들 간의 다툼이 생기거나 학습과제를 성실히 하지 않는 등 학생의 학교생활을 개선하고자 가정의 도움이 필요할 때 문제 해결을 목적으로 하는 학부모 상담이다. 학부모 상담 주간에 진행되는 학부모 상담을 제외하면, 학기 중에 교사가 하게 되는 학부모 상담에 속한다.

문제 해결을 위한 학부모 상담 중에서도 어떤 문제를 해결해야 하는지에 따라 교사가 학부모 상담을 통해 상담 목적을 달성하리라는 기대가 달라진다. 학습과 관련된 문제, 폭력 등의 문제 행동에 대한 학부모 상담은 성공 예상을 할 수 있지만, 특히 기대치가 낮은 것은 학생의 교우관계에 대한 상담이다.

학부모 상담이 정보 전달을 위한 것인지 문제 해결을 위한 것인지 이 두 가지 유형 중 어느 쪽에 속하는가에 따라 교사의 체험이 상당 부분 달라지게 된다.

표 7.1 학부모 상담의 목적에 따른 교사의 학부모 상담 체험 과정의 차이

목 적	정보 전달	문제 해결
기 대	도움이 될 것이다(긍정적 기대)	해결되지 않을 것이다(부정적 예상)
과 정	학부모의 유형: 자녀가 원만한 학교생활 중이나 자녀의 학교생활 모습과 학교의 교육활동에 관심이 많음. 교사에게 호의적임.	학부모의 유형: 자녀의 학교생활에 갈등상황 또는 문제 발생 후 일방적으로 교사에게 해결을 요구함. 갈등이나 문제의 원인을 자녀보다 교사나 학교환경에서 찾음.
회 기	주로 1회의 학부모 상담으로 끝나는 경우가 많음.	학생 상담과 병행하거나 여러 회기로 이어지는 경우가 많음.

(3) 학부모 상담에서 교사를 대하는 학부모의 태도

교사 개인의 특성에 따라 학부모 상담의 체험이 달라진다. 이 때 교사 개인의 특성이란 교사의 성별, 나이, 자녀 양육환경 유무 등이다.

교사가 여성일 경우 교사가 남성인 경우보다 친근함을 표현하지만, 연약해 보일 경

우 예의범절을 제대로 지키지 않고 교사를 무시하는 태도를 보이기도 한다고 느낀다.

교사의 나이가 상담하는 학부모보다 적을 경우 반말, 은근한 무시, 가르치려는 듯한 말투, 무례한 태도를 보이는 경우가 있다고 느낀다.

자녀 양육경험이 없는 경우 아이를 키워보지 않아서 모른다는 직접적인 말로 교사의 전문성에 대해 의심을 표현하기도 한다.

교사들 모두 직접적으로 학부모보다 나이가 어리다는 점, 양육경험이 없다는 점을 들어 학부모로부터 반말, 무시, 의심, 막무가내의 요구를 받아본 경험이 있으며, 이에 대해 학부모에게 항의하거나 정정을 요구하는 등의 적극적인 대응을 하지 못하고 수동적으로 인내하는 것만이 거의 유일한 대체방안이다.

(4) 학부모 상담 요청 주체와 목표에 따른 상담 과정의 차이

① 교사 요청 시

주로 학생에게 문제 행동이나 문제 상황이 발생한 경우, 교사가 학교에서 지도하는 것만으로는 좋은 결과를 얻기 어렵다고 예상되고 학부모의 협력을 구하면 더 나은 결과가 예상될 때 교사가 학부모에게 상담을 요청한다.

ⓐ 유형 1: 무관심한 학부모는 상담에 응하지 않거나 교사를 피한다. 아니면 마지 못해 상담에 응하지만 대부분 학생의 학교생활에 관심이 없거나 해결의지가 없다.

ⓑ 유형 2: 적극적인 학부모는 교사에게 죄송하다는 말을 하며 학부모 상담에 적극적으로 응한다. 이 경우 학부모는 교사를 존중하며 협력하여 문제를 해결하고자 하는 의지를 가지고 있으며 교사의 말에 잘 따라준다.

② 학부모 요청 시

학생에게 문제 행동이나 문제 상황이 발생하지 않더라도 학부모가 먼저 교사에게 연락하여 상담을 요청하는 경우가 있다.

ⓒ 유형 3: 정보를 얻고자 하는 학부모는 학생의 학교생활을 궁금해 하며 학부모 상담을 요청한다. 면담의 형태가 아니라 편지나 전화 등의 방법을 취하기도 한다. 학부모 상담 과정에서 교사가 제공하는 학생의 학업과 교우관계 정보를 얻으면, 교사에게 감사를 표시하고 상담을 마친다. 교사와 학부모 간에 갈등 상황이 발생하지 않으며 대체로 협조적인 관계를 형성한다. 예의를 지켜 정중하게 이루어지는 학부모 상담 과정과 상담 후 감사를 표현하는 학부모를 보며 교사는 학부모에게 교사로서 존중받는 느낌을 받는다.

ⓓ 유형 4: 문제 해결을 요구하며 불만을 토로하는 학부모는 교사에게 학부모 상담을 요청한다. 학부모가 교사에게 문제 해결을 요청하는 가운데 교사와 학부모는 학생을 사이에 두고 적대관계가 된다. 학부모는 공격적인 태도로 교사를 대하며 학생과 학부모 자신을 방어한다. 교사가 해결해 줄 수 없는 문제를 무작정 해결해 달라고 떼쓰는 느낌이다.

상담 목표가 달성되지 않는 경우가 대부분이다. 학부모가 교사를 하인 취급하며 명령에 복종하기를 강요당하는 느낌이다. 교사는 학부모로부터 문제 원인을 추궁당하는 느낌이나 공격받는 느낌이 들고 문제가 해결되지 않을 것이라는 부정적인 예상을 한다. 교사는 학부모에게 존중받지 못하고 무시당하는 경험을 하며 좌절감을 느낀다.

04 학부모 상담의 과정

1) 학부모 상담의 과정

학생의 건강한 발달과 성장이라는 궁극적인 목적을 위해 부모와 함께 노력하기 위한 학부모 상담의 과정을 살펴보면 다음과 같다(김계현 외, 2014).

(1) 부모 맞아들이기

학부모 상담은 대개 학생의 문제로 인해 교사가 학부모를 학교로 불러들이는 형태로 이루어지기 때문에, 교사나 상담자는 학부모가 편안하게 상담에 임할 수 있도록 부모의 성별과 연령을 고려하여 어색하지 않을 방법으로 맞이하는 노력이 필요하다. 상담에 임하기 위해 찾아온 학부모에게 정중하게 인사를 하고 자리를 권하며 찾아와 준 것에 감사를 표현하는 등 적극적인 환영의 메시지를 전달함으로써 학부모의 불편한 심경을 다소 완화시켜 교육을 위한 협조자로 기능할 수 있게 조력한다.

교사나 상담자가 학부모 상담을 먼저 요청한 경우라면, 상담의 필요성을 전달받았을 때의 부모의 심경에 대한 이야기를 들어보고, 학부모 상담을 요청하게 된 배경과 이유를 보다 상세하고 구체적으로 설명하는 것이 필요하다. 이때는 학생의 문제점만 전달하는 것보다는 학생의 장점 및 가능성에 대해서도 함께 알려주는 것이 매우 중요하다. 학생에 대한 균형 잡힌 시각을 가지고 있음을 보여줄 수 있을 때 학부모의 불편한 마음도 완화되며 더욱 협조적인 자세로 상담에 임할 수 있다.

학부모가 먼저 교사나 상담자를 찾아 온 경우라면, 우선 그러한 이유를 잘 들어보고 수용적이고 진솔한 자세로 필요한 도움을 주고자 하는 태도를 보여주어야 한다. 학생에게 문제가 있다고 학부모가 느끼게 된 계기가 된 사건은 무엇인지, 그러한 문제는 언제부터 시작되었는지, 문제의 원인에 대해서 학부모의 입장은 어떠한지, 문제를 해결하기 위해 어떤 노력을 해왔으며 그 결과는 어떠했는지 등에 대해 잘 이해하도록 노력한다.

(2) 가족 구조와 기능 이해하기

학생과 학부모를 효과적으로 돕기 위해서는 현재 문제의 직접적인 계기나 상황만을 고려하는 것이 아니라, 부모-자녀 관계를 포함한 가족 관계를 이해하려는 노력이 병행되어야 한다. 학생이 속해있고 중요한 영향을 받고 있는 가족 전체의 역동과 기능을 이해하지 않고서는 성공적인 학부모 상담이 이루어지기 어렵다. 이를 위해 가족의 문제해결 능력과 의사소통 기술을 평가한다. 잘 기능하는 가족은 다양한 문제를 쉽게 해결하고 미해결된 문제가 적은 반면, 역기능적인 가족은 문제에 효과적으로 대처하지 못하는 경우가 많다. 가족들이 문제를 어떻게 인식하고 있으며, 그 문제에 관해서 적절한 사람과 의사소통할 수 있는 능력이 있는지, 그리고 문제해결을 위해 여러 대안을 창출하고 가장 적합해 보이는 하나의 대안을 선택하고 실행하는 과정은 어떠한지에 대한 정보를 수집한다. 문제해결 능력은 가족의 상호작용 과정이 효과적일 때 보다 건강하게 기능하므로 가족구성원의 의사소통 능력과 방해요인 및 촉진요인 등에 대한 정보를 통해 가족을 이해한다. 또한 건강한 가족은 개별성과 관계성이 적절한 균형을 이루어야 하지만, 역기능적인 가족은 가족 체제 내에서 연합, 삼각관계, 융합과 분리, 비합리적이고 경직된 가족규칙 등이 매우 강력하게 작용하고 있는 경우가 있으며, 자녀가 청소년기에 정체성을 확립하고 개별화 과정을 이루어 나가려고 시도할 때 갈등이 심화된다. 때문에 가족의 체계와 상호작용 및 분리와 개별화를 향한 노력에 대처하는 가족의 기능을 파악하는 것이 필요하다.

(3) 상담목표 설정하기

학부모 상담에 있어서도 상담의 목표가 있어야 긍정적인 방향으로 상담이 진행되도록 계획할 수 있다. 학부모 상담의 목표를 설정하는 방법도 일반적인 상담목표 설정방법과 크게 다르지 않지만, 대부분 학생에게 문제가 있어서 상담이 진행되기 때문에 학부모 입장에서는 '어떤 문제 행동이 줄어드는 것'을 목표로 삼기 쉽다. '게임하지 않기', '친구들과 싸우지 않기' 등의 부정적 목표보다는 '무엇을 더하면 좋을지'를 기준으로 목표를 정하는 것이 바람직하다. '~않기'보다는 '~하기'라는 바람직한 방향을 제시하는 목표를 긍정적 목표라 하는데, 긍정적 목표는 학생의 바람직한 부분에 관심을 갖게 함으로써 부모-자녀 관계가 더욱 긍정적인 방향으로 발전할 가능성을 높인다.

(4) 학부모와 학생의 변화를 위해 개입하기

아동 및 청소년은 부모의 영향을 많이 받는 존재이기 때문에 학부모 상담은 학생의 변화뿐만 아니라 학부모의 변화를 촉진하기 위한 개입에도 관심을 두고 있어야 한다. 변화를 위한 개입은 부모, 학생 및 가족에 대해 교사 및 상담자가 이해하고 평가한 결과 및 상담목표를 설정한 바에 근거하여 이루어져야 한다. 이때 적용할 수 있는 개입 기법은 다양하게 있을 수 있지만 현실치료에서 사용하는 WDEP과정은 도움이 될 수 있다. 원하는 것이 무엇인지와 관련된 바람을 파악하고 현재 원하는 목표를 이루기 위해 어떤 행동을 하고 있는지, 그 행동은 목표를 이루는 데 도움이 되고 있는지 평가하는 과정을 거쳐서 새로운 계획을 세우고 자기가 통제할 수 있는 범위 내에서, 매일 실천할 수 있도록 격려한다.

2) 학부모 상담 단계별 절차

(1) 1단계: 부모의 자기 이해

자기 이해 단계에서 상담자는 주관적 면담과 감정분석 기법을 활용하여 학부모가 자녀에게 느끼는 분노의 감정이나 비난 또는 도덕적 판단 등을 분노 외에 존재하는 자신 안의 다양한 느낌과 비난이나 판단이 아닌 자신의 욕구로 번역해서 자기 내부에 존재하는 욕구와 잠재능력을 스스로 알아챌 수 있도록 돕는다.

첫 면담부터 교사와 학부모 간 신뢰를 꾸준히 형성하는 것이 중요하고 이러한 신뢰관계와 부모 자녀 관계에 대한 기본적인 이해를 바탕으로 자기 이해 과정에서는 본격적인 자기 내부의 심리적 탐색 작업에 들어간다.

학부모 자신의 심리적 탐색 작업에서 교사는 Adler 단기 상담 접근법에 기반하여 격려와 지지를 사용한다. 즉, 얼마나 오랜 시간 동안 상담을 지속하느냐보다는 자기 이해의 요소에 초점을 두고, 과거가 아닌 현재와 미래에 목적을 두며, 지지와 격려를 통해 자신감을 갖게 하고 희망을 준다.

(2) 2단계: 부모의 자녀 이해

자녀를 이해하는 방법 중 하나로서 강점 찾기는 학부모 상담에 대한 학부모의 요구분석 결과에서 나타난 자녀의 적성에 관한 요구에 상응하는 전략이 될 수 있다. 자녀가 가지고 있는 독특한 점을 찾아 인정하고 키워주면 자녀의 자기 존중감을 향상시킬 수 있을 뿐 아니라, 부모 자녀 간 친밀도를 높여 관계에 긍정적 영향을 미치고 이것은 갈등이나 문제해결에 있어서 큰 자원이 된다.

부모와 자녀와의 관계를 증진시키기 위해 혼자서만 생각하고 깨우치는 것이 아니라 자녀에게 적용하여 보고, 자녀의 반응과 변화를 봄으로써 상승효과를 경험할 수 있는데 이 때 자녀의 변화를 일으키고 촉진시키기에 유용한 것은 이 강점을 발견하여 계발 또는 발휘할 수 있도록 격려, 지지해 주는 것이다.

(3) 3단계: 목표설정

1~2단계를 거치는 과정에서 학부모는 자신에 대한 이해를 넓힘으로써 자녀의 문제 행동이 온전히 자녀만의 문제가 아니고 자신이 자녀에게 미치는 영향이 있음을 새롭게 알게 되어 그 동안의 인식과 태도를 바꾸게 되고 나아가 행동의 변화를 시도하게 된다. 자녀에 대해 자신이 어떻게 지각하고 있으며, 자신의 지각을 합리적으로 이해할 수 있도록 도와주어 자녀의 문제 행동에 대해 객관적으로 바라보고, 문제 해결을 위한 능동적이고 적극적인 힘을 기른다. 또한 자녀의 성격특성 및 입장을 이해하게 되면 지금까지 문제로 인식했던 상황에 대해 새로운 각도와 시각으로 조망할 수 있게 된다.

학부모가 현재의 상태를 객관적으로 바라보고 변화할 준비가 되었을 때 비로소 상담의 목표를 설정한다. 목표설정을 위해 먼저 학부모가 상담을 시작하는 맨 처음에 진술했던 문제에 대해 새로운 인식을 바탕으로 다시 정의해 본다.

(4) 4단계: 실행

실행 단계에서는 학교상담자가 내담자인 학부모의 변화를 위해 함께 협력한다. 1~3단계는 내담자에게 변화를 위한 동기부여와 책임감을 갖게 하는데 기초가 되므로 상담자는 앞의 과정 동안 충분하고 사려 깊은 경청과 탐색을 해야 한다.

05 학부모 상담의 역할

학부모의 학교교육 참여에 대한 역할은 교육현장에서 보면 여러 가지 형태로 나누어 볼 수 있다. 그리고 학부모의 여건과 지역사회의 문화, 학교의 조건에 따라 유형화 할 수 있다.

Vincent(1996, 2000)는 그의 저서에서 교사와 학부모, 학부모와 지역의 역할, 학부모 그룹에 대한 관계를 논하고 있다. 그는 적절한 학부모의 행동과 다른 학부모와의 관계 그리고 교사와 학부모의 관계에 대해 총 4가지의 주제를 선정하고 이를 역할로 구분하여 표현하고 있다.

먼저 학습자와 지원자로서의 학부모는 현재 대부분의 가정과 학교의 관계를 설명해 주고 있는 모형이다. 학부모들은 학교의 다양한 행사에 지원을 하도록 요구되고 가정과 교실에서 교사의 보좌관으로 활동하게 된다.

교실 속의 학부모는 학급을 운영하는 데 학부모들의 도움을 받아 학급 및 학교운영하는 것을 이야기하고 교육과정과 학부모는 학교 및 학급의 교육과정을 작성, 운영하는 데 학부모들의 의견을 수렴하여 작성하는 것을 이야기한다. 또 가정과 학교의 계약은 학교 및 학급을 운영하는데 가정이 학교의 지원자로서 많은 도움을 주는 역할을 이야기한다.

두 번째는 소비자로서의 학부모이다. 소비자로서의 학부모는 학부모 헌장에 입각하여 학부모의 의무와 권리를 중요하게 여기고 있다. 학부모는 정부의 가이드라인을 수용하지만 그에 따른 권리를 요구하고 자신이 원하는 교육형태를 취사선택할 수 있다.

마지막으로 참여자로서의 학부모는 기존의 학습자와 지원자로서의 학부모보다 좀더 민주적인 형태로 학교교육에 참여하고 학부모 간 중요한 네트워크를 만들어 의사소통을 할 수 있다.

표 7.2 학부모 상담의 목적에 따른 교사의 학부모 상담 체험 과정의 차이

학부모의 역할	학습자/지원자	소비자	독립자	참여자
기능	전문적인 지지 및 배려와 접근	학교의 의무에 대한 격려와 높은 기준	학교와 적은 관계 유지	자녀 학교의 운영방식에 대한 참여
기제, 구조	◆ 제도의 운영을 통한 교육과정 지원 ◆ 학교의 교육적 행사 지원 ◆ 학교의 사회적 기금 마련 행사에 조직 및 운영	◆ 학교의 선택 및 입학원의 제공 ◆ 정부의 가이드라인 정보수용	◆ 작은 가정 ◆ 학교의 소통 및 상호작용 ◆ 학부모의 대안적인 교육 형식의 제공 예: 기초학력 보충교육	◆ 학부모 위원 ◆ 적법한 학부모 그룹 ◆ 지역 및 나라의 교육 그룹 및 조직의 회원
중점	◆ 교육적인 주제; 학생 개개인 ◆ 별도 교육과정 활동 및 기금 조성−모든 학급 및 학교	◆ 교육적인 주제 ◆ 제한적인 관리를 포함한 학생 개개인 ◆ 예: 학교의 서열 변화를 위한 투표	◆ 학생 개개인	◆ 교육의 수준별 다양성에 대한 잠재적인 모든 면에 대한 중점 ◆ 학생 개개인 ◆ 모든 학교 ◆ 지역 및 국가 교육 주체

출처: Vincent(2000: 2).

Theory and Practice of School Counselling

상담자의 자질 및 상담윤리의 이해

08 상담자의 자질 및 상담윤리의 이해

01 상담자의 자질 및 상담윤리에 대한 기본 이해

상담자가 어떤 가치관을 가지고 내담자를 대하느냐에 따라 상담의 흐름이 달라질 수 있다. 또한 상담자로서 상담과정에서 발생할 수 있는 여러 가지 상담윤리적 문제들에 대해 기준들을 가지고 있어야 한다. 상담결과에 영향을 주는 요인들로서는 상담에서의 윤리문제, 가치와 더불어 상담자라면 반드시 고려해야 할 상담에서의 주요 문제들을 내포하고 있다.

학교상담은 학교상담 전문가가 주도하고 이 전문가의 역할을 하는 것이 상담교사 또는 상담전문가를 의미하는데, 본서에서는 상담자로 통칭한다. 이들 상담자는 학생들의 학업발달, 진로발달, 개인의 사회성 발달을 도모하는 역할을 한다.

이번 장의 집필 목적은 상담자로 하여금 내담자들에게 책임 있는 서비스를 제공할 때 반드시 숙지하고 있어야 할 상담윤리 기준에 대한 인식을 높이고, 상담자와 내담자의 사이에서 일어나는 상담관계와 상담 장면에서 흔히 발생할 수 있는 윤리적인 쟁점들을 살펴보기 위함이다. 본서에서는 내담자를 상담할 때 자주 직면하게 되는 상담의 주요 윤리적 문제들을 다룰 때 필요한 지침을 제공하는 역할을 할 것이다. 제 8장은 한국상담학회, 한국상담심리학회, 한국학교상담학회, 미국심리학회(Ameriacan

Psychological Association, APA, 2002), 미국학교상담자협회American School Counselor Association, ASCA와 같은 국내외의 주요 학회에서 제정한 상담 및 심리치료 윤리강령 및 지침 등의 관련된 자료들을 살펴보았다.

02 상담자의 자질

윤리적 자질을 갖춘 상담자가 되기 위해 기본적으로 준비해야 할 것은 다음과 같다. 첫째, 자신의 삶에 문제가 있다면 모두 해결해야 한다. 둘째, 내담자 입장에서 상담을 받아 보는 경험을 해보는 것이 중요하다. 셋째, 상담에 대한 전문적인 역량을 쌓아 상담자 자신이 상담을 잘할 수 있을 것이라는 확신을 갖고 임하여야 할 것이다. 넷째, 자신의 삶과 대인관계를 평가할 수 있는 역량을 개발하여야 한다. 다섯째, 상담자는 내담자의 성별, 연령, 사회계층, 인종, 성적 소수자, 가치관 등 다양성을 인정하는 윤리적 상담을 지향하여야 할 것이다. 여섯 번째, 내담자와 성적으로 연루되어서는 안되며, 자살 또는 타해에 대한 징후 등 중대하고 특별한 이유가 없는 한 상담내용에 대한 비밀보장을 하여야 한다.

1) 상담교사의 윤리적 기초

학교상담을 하다보면, 수시로 윤리적 난관에 부딪히곤 한다. 어려운 상황에서 윤리적 결정을 내리기는 쉽지 않기에 이러한 일들을 상담장면에서 상담교사의 윤리적 책무와 법적 책임으로 나누어 윤리적 학교상담에 필요한 쟁점들로서 살펴보고자 한다.

상담에 대한 윤리적 문제는 상담관련 학회나 문헌 등에서 지침을 제공하고 있지만 그것들은 제공 지침들이 포괄적이어서 현장의 상담자들에게는 그러한 윤리 지침들이 실제 발생한 윤리 문제를 해결하는 데 구체적인 도움이 되지 않는 경우가 많다. 따라서 실제 상담에서 발생할 수 있는 다양한 윤리적 문제들에 대한 구체적이고 명확한 윤리적 지침을 찾기가 어려운 실정이다.

상담자의 윤리문제와 관련하여 고려할 수 있는 원칙은 상담자는 내담자의 권리 및 상담에 대한 윤리관을 충분히 인식하고 있어야 하며, 내담자의 가치는 존중받고 보호되어야 한다. 따라서 이번 장에서는 상담에서 발생할 수 있는 윤리적 문제에 대한 뚜렷한 기준들을 제시한다기보다는 실제 상담현장에 종사하고 있는 사람들의 윤리적 쟁점들에 대해 생각해 보고 건전한 상담윤리 견해를 갖도록 도울 수 있다.

2) 상담교사의 윤리적 책무

상담교사는 전문가로서 자신에게 주어진 책무를 다하여야 한다. 다음 두 가지 측면에서의 상담교사의 책무성을 살펴볼 수 있다.

첫째는 '상담교사가 우리 사회에 필요한 존재인가'이고, 두 번째는 '상담교사가 자신에게 주어진 역할을 성실히 수행하고 있는가' 하는 부분이다. 상담교사는 자신에게 주어진 책무를 완수할 수 있도록 돕기 위한 지침이 필요하다. 강진령(2016)에 의하면 상담교사는 첫째, 끊임없이 변화를 추구해야 하며, 둘째, 상담학회 등에 가입하여 전문가로서 활동하고 높은 수준의 전문성을 증명해야 하며, 셋째, 학교상담 프로그램을 능숙하게 계획, 설계, 실행, 평가해야 한다고 하였다. 넷째, 학교상담에 필요한 기술, 기법, 전략을 지속적으로 업데이트하며, 다섯째, 학교구성원들의 요구와 프로그램 성과를 주의 깊게 평가해야 하며, 여섯째, 학교 안팎의 전문가들과 네트워크를 구성하여 협력관계를 유지해야 한다.

상담교사는 학생인 내담자가 편안하고 안전하게 느낄 수 있는 역량을 가진 자로서 학생의 복지와 안녕에 대해 진정성 있는 관심을 가져야 한다. 또한 상담 윤리기준과 관련 법률을 준수하며 다른 전문가들과 상담기법, 전문성 등을 나누어야 하며, 스스로 해결할 수 없는 문제가 있다면 다른 전문가의 도움으로 자신의 문제부터 해결해야 할 윤리적 책임이 있다. 상담자의 자질에 따라 학습동기를 불러일으키기도 하고 감정에 긍정적 변화를 일으킬 수 있도록 변화에 필요한 활동을 기꺼이 수행하고 도와야 한다.

3) 상담교사의 직무

상담교사는 개인상담, 집단상담, 생활교육, 학부모 교육, 학급 또는 집단단위의 생활교육 등 다양한 활동을 한다. 상담교사의 직무를 영역별로 세분화하여 살펴보면 다음과 같다.

개인상담, 집단상담, 컨설팅, 교직원 자체연수 실시, 학생상담에 활용하기 위한 심리검사 실시, 학부모 교육, 학교상담 프로그램 계획 조정 평가, 또래상담자 프로그램 운영, 학교상담실의 홍보 등이 있다.

미국학교상담협회(ASCA, 2005)에서는 학교상담자의 직무를 크게 상담, 코디네이팅, 컨설팅, 대집단 생활교육으로 구분하였다.

첫째, 상담은 학교상담의 직접 서비스에 속하는 활동으로, 일대일 또는 소집단 형태로 학생의 정서행동문제와 발달상의 관심사를 주로 다룬다. 상담은 크게 학업상담, 예방상담, 발달상담으로 나뉜다. 학업상담은 학생의 학습동기를 높여주고 학습을 즐겁게 할 수 있도록 촉진시키는 역할을 하며, 예방상담은 내담자의 사회기술 부족 등에서 나타나는 문제들의 발생을 사전에 방지할 수 있으며, 발달상담은 학생에게 의사소통 기술, 대인관계능력 향상, 갈등해결기법 등과 같은 사회적 기술을 배워 내담자의 내적 성장과 심리적 발달을 도모하는 역할을 한다.

둘째, 코디네이팅은 학교상담 프로그램을 체계적으로 관리하는 과정이다. 학교상담 프로그램의 틀은 학교마다 조금씩 차이가 있을 수 있으며, '조정'이라고도 불리는 코디네이팅 활동을 통해 상담교사는 학교와 지역사회를 이어주는 네트워크 역할을 한다. 그리고 또래상담 프로그램, 스터디그룹 운영 등 기획 관리 역할을 한다.

셋째, 학교상담자의 컨설팅 역할은 학생의 사회적 관계 속에서 주요한 타인들과 긴밀하게 활동하는 파트너십이 포함된 간접적인 서비스를 의미한다. 제 3자인 학생을 간접적으로 돕는 역할로 교사, 교감, 학교행정가, 학부모 등 다른 전문가를 돕는 자문 역할이다.

넷째, 대집단 생활교육은 학생의 학업, 진로, 사회성 발달을 위한 발달 지향적 생활교육을 의미한다. 대집단 생활교육은 대상 규모가 크고 중독, 폭력과 같은 예방교육에 적합한 주제를 다룬다는 점에서 소집단 상담과는 구분을 한다. 대집단 생활교육은 학교의 규모, 주제, 상황에 따라 학급, 학년 또는 전체 학년을 대상으로 실시할 수 있다. 대집단 생활교육을 통해 상담교사는 지속적으로 전교생을 대상으로 학교상담 서비스를 제공할 수 있다.

4) 가치관 주입

가치는 개인의 세계와 문화에 대한 이해를 반영하는 것으로, 무엇이 옳고 그르며, 좋고 나쁘며, 괴롭고 즐거운지에 대한 자신만의 고유한 의미이며, 각자 다른 가치관 양상을 보인다. 그러므로 상담교사는 자신의 가치관을 파악하고 있어야 하며, 자신의 가치관이나 신념이 학생에게 주입되지 않도록 노력하여야 한다.

03 학교상담에서의 비밀보장

상담교사가 내담자의 사생활을 보호해 주고 상담 관계 속에서 알게 된 내담자의 개인적인 정보에 대해 비밀보장해 주는 것은 특별히 주의하여 이행해야 할 중요한 윤리적 법적 의무다. 학교상담에서 자발적 내담자의 경우라면 비밀보장이 조금 수월하겠지만, 징계 및 벌칙의 일부로 상담을 받도록 한 경우에는 누가 상담을 받는지에 관한 비밀보장이 이루어지기 어렵다. 상담자가 이러한 의무를 이행하기 위해서는 우선 상담에서 비밀보장은 무엇을 의미하며, 상담자가 비밀보장을 하는 것은 왜 중요한지에 대해 잘 이해하고 있어야 한다.

1) 비밀보장의 의미

상담에서 비밀보장은 윤리적인 의미의 개념으로, 학생의 사생활 보호, 존중해 주어야 할 상담교사의 의무를 뜻한다. 내담자의 사생활과 개인적인 상담 내용을 보호하기 위해 생겨난 개념들이다. 상담자가 내담자의 사생활을 보호하는 것은 한 개인이 상담을 받고 있다는 것 자체가 사생활이기 때문에 내담자가 상담 대기실에서 누구인지 알려지지 않게 하는 것과 상담을 받고 있다는 사실이 알려지지 않게 하는 것까지 포함된다. 또한 심리검사 결과나 상담 녹음, 내담자의 상담정보를 내담자의 동의 없이 알리지 않는다. 비밀보장 원칙이 중요한 이유는 학생이 상담과정에서 이야기한 내용이 제 3자에게 노출되지 않을 것이라는 확신이 있을 때, 상담교사를 신뢰하고 솔직담백하게 진정성 있는 대화를 할 수 있기 때문이다.

상담초기에 상담교사는 학생에게 학생의 사적인 정보는 학생의 동의 없이 공개하지 않을 것임을 설명하고, 상담동의서를 받는다. 상담동의서를 통해, 학부모나 교사가 학생을 이해하고 도울 수 있는 정보가 필요할 경우 학생의 동의를 구하고 학생의 감정, 생각, 행동, 태도 등에 관한 정보를 학생을 둘러싼 어른과 공유할 수 있도록 한다.

2) 비밀보장 예외의 원칙

비밀보장 예외의 원칙이 있다. 비밀보장의 예외적인 경우는 크게 다섯 가지로 나뉜다. 첫째, 자해, 자살 의도가 드러날 때이며, 둘째, 사회의 안전을 위협하는 행위에 대한 의도가 분명할 때이고, 셋째, 전염병에 감염된 사실을 알게 되었을 때이며, 넷째,

법원의 명령이 있을 때이고, 다섯째, 아동학대, 방치에 관한 사실이 노출되었을 때 예외로 한다.

(1) 자해나 자살 위협

내담자가 자신을 해칠 의도나 계획을 말하는 경우, 내담자가 자신의 생명과 관련하여 하고 싶은 대로 할 자유를 갖는다고 주장하더라도 상담자는 내담자를 보호하기 위해 비밀보장의 원칙을 파기할 윤리적 법적 의무를 갖는다(Remley & Herlihy, 2005).

(2) 사회의 안전 위협

상담자에게 내담자는 자신을 둘러싼 사람들을 위협할 계획을 말한다면, 상담자와의 비밀보장의 원칙을 파기하게 되고 그 위협을 받을 당사자를 보호하기 위해 경고할 의무를 갖는다.

(3) 전염성이 있는 치명적인 질병에 노출된 내담자

상담내용에서 내담자에게 전염성이 있는 질병이 있다는 이야기를 들은 상담자는 그 병에 전염될 위험이 있는 제 3자에게 그 사실을 알려주어 보호해야 할 책임을 갖는다. 그러나 전염성에 대한 정보를 유출하기 전에 내담자가 자신의 병에 대해 제 3자에게 알리지 않았다는 점과 내담자가 빠른 시일 내에 그 사실을 제 3자에게 말할 의사가 없음을 확인한 후 신중을 기해 제 3자에게 알려야 한다. 상담자는 내담자에게 전염성이 있는 치명적인 질병이 있는 것을 알게 된 경우, 내담자의 사생활 침해를 최소한으로 하여 제 3자가 피해를 입지 않도록 보호할 상담자의 법적 윤리적 의무를 지켜야 한다.

(4) 법원의 명령

상담자가 상담을 통해 알고 있는 내담자에 관한 정보와 상담자의 전문적 관점을 필요로 하는 경우 법원은 상담자에게 내담자에 대한 정보 유출을 명령할 수 있는데, 상담자는 내담자의 정보를 유출하기 전에 판사에게 내담자가 상담내용을 공개하기를 원하지 않는다는 사실을 언급할 필요가 있다. 재차 판사가 판결을 위해 내담자의 정보공개를 요청한다면 상담자는 정보를 공개하기 전에 내담자에게 그 사실을 알리고, 판결에 필요한 최소한의 정보만 공개한다.

(5) 아동학대나 방치

상담자의 윤리강령에는 아동학대나 방치를 알게 된 경우에는 비밀보장의 원칙을 파기할 수 있음을 분명하게 명시하고 있다. 이러한 의무를 적절하게 수행하기 위해서는 상담자가 아동의 학대나 방치 가능성을 정확하게 평가할 수 있어야 한다. 상담과정 중에 아동의 학대 및 방치사실을 파악한 경우는 관계 기관에 신고하여 아동을 보호해야 한다. 내담자가 자신의 부모에게 학대받은 사실을 상담장면에서 말한 후, 신고하지 말아 달라는 부탁을 상담자에게 할 경우라도 학대받는다는 사실을 안 이상 보고할 윤리적 법적 의무를 갖고 있다는 것을 염두에 두어야 한다. 스스로 결정을 내리기 어려울 경우 아동보호기관 또는 법률전문가나 상담 수련감독자, 상담학회 윤리위원회에 자문을 구하여 신중한 결정을 내려야 한다.

(6) 미성년자 대상 학교상담

18세 미만의 미성년자가 학교에서 상담하는 경우, 상담교사는 미성년자인 내담자를 둔 부모나 보호자, 담임교사, 학교 기관장 등의 권리도 존중해 주어야 한다. 상담교사는 그 교직원에게 상담 내용은 비밀보장을 전제로 한 것임을 알리고 일차적으로 내담자에게 직접 물어보도록 제안하고 그래도 상담자에게 요청하는 경우는 내담자에게 허락을 받고 난 후 '누구에게도 공개하지 않을 것'을 당부한 후 최소한의 정보만을 제공하여야 한다.

04 학교상담에서의 사전동의

미국 상담자 윤리강령(ACA, 2005)에 따르면, 상담자는 서면으로 하는 사전동의 방식과 구두로 하는 사전동의 방식 두 가지를 모두 사용할 것을 명시하고 있다. 새로 개정된 윤리강령을 준수하기 위해서는 상담자는 구두로 하는 사전동의 방식과 서면으로 하는 사전동의 방식을 모두 사용할 것을 명시하고 있다. 여기에서는 내담자가 충분히 동의내용에 대하여 이해했는지를 반드시 점검해야 한다.

1) 구두방식의 장·단점

구두로 사전동의를 구할 경우 장점은 상담자가 내담자의 개별적인 욕구에 맞춰 사전동의를 얻는 데 필요한 정보를 인간적으로 말해 줄 수 있다는 점이다.

한편 구두로만 사전동의를 구하는 경우의 단점이 있는데, 가장 큰 단점은 내담자들이 한꺼번에 여러 가지 너무 많은 정보 때문에 혼란을 일으킬 수 있으며, 내담자가 상담자의 설명을 얼만큼 이해하고 기억하는지 가늠할 수가 없다는 점이다.

2) 서면 방식의 장·단점

서면으로 사전동의를 구할 경우 장점은 상담절차를 문서로 보관하고, 실시하기가 용이하며 신뢰할 수 있다.

단점은 상담을 하기 전에 서명을 해서 제출하도록 하는 경우 사전동의 절차는 형식에 불과하게 되며 실질적으로 내담자의 권리를 보호받지 못할 수 있다.

05 상담자와 내담자 관계

이중관계란 상담 이전에 이미 관계가 설정된 사람과 상담관계를 추가적으로 맺는 것을 말한다. 이중관계와 다중관계라는 용어는 다양한 직업윤리 규정에서 혼용해서 서로 사용되는데, 미국상담학회(ACA, 2005)에서는 비전문적 관계라는 용어로 사용된다. 상담교사가 학생과 두 가지 이상의 연관 관계를 맺고 있는 경우 이중관계, 또는 비전문적 관계라고 할 수 있다. 예를 들어, 상담교사가 내담자와 친척관계, 또는 상담자의 친구의 자녀 또는 직장동료를 상담하는 경우를 뜻한다. 이중관계가 비윤리적이라고 규정짓는 이유는 이전의 관계가 전문가로서 객관성을 떨어뜨리고, 전문적인 노력을 무력화할 수 있기 때문이다(Corey, corey, & Callanan, 2011).

이중관계를 피할 수 없는 경우에는 외부 전문가에게 의뢰하는 것이 바람직하며, 만약 학생을 의뢰할 외부 전문가가 없을 경우, 상담교사는 학생과의 이중관계가 상담에 영향을 미치지 않도록 최선의 조치를 취해야 한다.

한국상담학회 윤리강령(2016)

제11조(다중관계)

① 상담자는 내담자와의 친밀한 관계를 인식하고, 내담자에 대한 존중감을 유지하며 내담자를 이용하여 상담자 개인의 필요를 충족하고자 하는 활동 및 행동을 하지 않는다.

② 상담자는 객관성과 전문적인 판단에 영향을 미칠 수 있는 다중관계를 피해야 한다. 상담자가 내담자를 지도하거나 평가를 해야 하는 경우라면 그 내담자를 다른 전문가에게 의뢰한다. 단, 내담자의 복지를 위해 상담자와 내담자가 사전 동의를 한 경우와 그에 대한 자문이나 감독이 병행될 때는, 상담관계를 맺을 수도 있다.

③ 상담자는 특별한 경우를 제외하고는, 내담자와 상담실 밖에서 사적인 관계를 맺지 않는다.

④ 상담자는 내담자와의 관계에서 상담료 이외의 어떠한 금전적, 물질적 거래관계도 맺지 않는다.

한국상담심리학회 윤리강령(2009)

4. 상담관계

가. 이중관계

(1) 상담심리사는 객관성과 전문적인 판단에 영향을 미칠 수 있는 이중관계는 피해야 한다. 가까운 친구나 친인척 등을 내담자로 받아들이면 이중관계가 되어 전문적 상담의 성과를 기대할 수 없으므로, 다른 전문가에게 의뢰하여 도움을 준다.

(2) 상담심리사는 상담할 때에 내담자와 상담 이외의 다른 관계가 있다면, 특히 자신이 내담자의 상사이거나 지도교수 혹은 평가를 해야 하는 입장에 놓인 경우라면 그 내담자를 다른 전문가에게 의뢰한다. 그러나 다른 대안이 불가능하고, 내담자의 상황을 판단해 볼 때 상담관계 형성이 가능하다고 여겨지면 상담관계를 유지할 수도 있다.

<중략>

다. 여러 명의 내담자와의 관계

(1) 상담심리사가 서로 관계를 맺고 있는 둘 혹은 그 이상의 내담자들 (예: 남편과 아내, 부모와 자녀)에게 상담을 제공할 것을 동의할 경우, 상담심리

사는 누가 내담자이며 각 사람과 어떠한 관계를 맺게 될지 그 특성에 대해 명확히 하고 상담을 시작해야 한다.

(2) 만약 그러한 관계가 상담심리사로 하여금 잠재적으로 상충되는 역할을 수행하도록 요구한다면, 상담심리사는 그 역할에 대해서 명확히 하거나, 조정하거나, 그 역할로부터 벗어나도록 한다.

학교상담학회 윤리강령(2004)

1. 학생에 대한 책임
2. (4) 자신의 객관성을 손상시키거나 내담자에게 해를 끼칠 위험을 증가시킬 수도 있는 이중관계(가족, 가까운 친구 또는 동료를 상담하는 것)는 피한다. 이중관계를 피할 수 없는 상황이라면, 상담자는 해를 끼칠 잠재적 가능성을 없애거나 줄이기 위해 조치를 취해야 할 책임이 있다. 그러한 안전조치에는 사전동의, 자문, 수퍼비전, 상담기록 등이 포함될 수 있다.

06 상담교사의 자기관리

상담교사는 학생의 내적 성장과 심리적 발달을 돕는 역할을 한다. 상담교사는 보통 한 학교에 한 명씩 배치되어 근무하게 되며 다른 전문직에 비해 업무의 과중 등 업무의 경계선 모호함 등으로 정체성 혼란 등 여러 가지 스트레스를 겪을 수 있다.

1) 상담교사의 소진

상담교사는 직무와 관련된 스트레스로 때로 소진되기도 한다. 여기서 소진이란 과도한 업무량과 스트레스로 인해 상담에 대한 흥미와 능력을 상실하게 되는 현상을 말한다. 상담교사를 소진시키는 요인에는 낮은 처우로 인해 불만이 있는 상담교사의 경우, 상담교사 1인이 감당하기에는 너무 많은 학생 수, 상담실 운영을 위한 예산부족 등 행정적 재정적 지원 미흡, 전문가로서 높지 않은 사회적 지위, 개인적인 문제 등 다양한 요인을 찾을 수가 있다.

첫째, 상담교사는 처리할 업무의 우선순위를 정함에 있어 학교행정가나 교사, 주변 사람과의 견해차 때문에 소진될 수 있다. 상담교사는 학생들 사이의 상호작용과 경험을 강조하는 인본주의적 목표에 중점을 두었다면, 학교장이나 교사는 질서유지와 교칙준수와 같은 보수적인 생활지도의 목표를 중시하기 때문에 약간의 견해차가 존재할 수 있다.

둘째, 상담교사는 자신의 업무에 대한 주변 사람과의 기대 차이 때문에 스스로 스트레스를 받을 수 있는데, 대체로 교사와 학교장의 역할에 대해서는 비교적 명확하게 이해하고 있으나, 상담교사의 역할에 대해서는 서로 다른 의견을 가질 수 있다. 예를 들어 자신이 이수한 교육과 훈련 내용과 상관이 없는 일에 종사하게 될 수도 있다.

셋째, 교직경험이 없는 상담교사가 학교환경 이해에 한계를 느끼고, 교사의 직무에 비해 상담교사의 직무가 일정한 틀과 지침을 따르고 있어 당황할 수 있다.

2) 상담교사의 자기관리

상담교사가 소진 요인으로부터 자신을 보호하고 관리할 수 있으려면, 스스로 효과적으로 통제하고 동기화하는 것이다. 자기통제와 동기화를 위한 변인으로는 인지, 신체건강, 환경, 담당학생 수, 업무효율성, 자기개발이 있다.

첫째, 인지는 자기통제에 중요한 기능을 담당하는데, 스스로 성심껏 최선을 다했다는 믿음이 있을 때, 상담교사는 자신에 대한 다른 사람의 건설적인 비평을 도전으로 기꺼이 받아들일 수 있다.

둘째, 스트레스 감내력은 신체건강의 척도가 될 수 있다. 신체건강은 스트레스를 잘 대처하고 자신의 긍정적 힘을 잘 이끄는 것이며 규칙적인 식사습관과 운동은 스트레스로 인한 소진을 예방할 수 있다.

셋째, 환경은 학교와 상담실의 환경 외에 교직원과의 관계의 질을 의미한다. 상담교사는 일반교사와 달리 학교당 한 명씩 배치되고 업무의 성격이 다르다는 점에서 다른 교직원으로부터 '특별히 하는 일 없이 월급만 받는 교사'로 질시의 대상이 되기도 한다. 질시의 대상으로부터 스트레스를 극복하기 위해서는 적절한 개방성과 좋거나 싫음, 선호도, 욕구 등을 솔직하게 표현하는 등 자기 주장적 태도가 요구된다.

넷째, 담당학생 수를 적정선으로 정할 수 있다면, 상담교사의 소진을 어느 정도 막을 수 있을 것이다. 그러나 학생 수와 상담교사의 이상적인 비율을 정하기는 쉽지 않은 일이다.

다섯째, 업무효율성 증진은 상담교사를 동기화하고 근무시간과 업무에 대한 통제감을 높인다. 수업계획표 작성, 시간표 관리, 사이버 상담, 행정서류 정리 및 보관, 수리적 계산, 통계처리, 개인정보 등의 업무에 있어서 효율성을 극대화할 수 있다.

여섯째, 자기개발과 성장은 상담교사의 소진 방지를 위한 방안으로서 뿐 아니라 전문가로서의 책무이기도 하다. 상담교사는 상담분야의 석사학위, 박사학위 또는 전문가 자격을 취득하였더라도 꾸준히 자신의 전문적 역량을 지속적으로 강화해 나가야 한다.

마지막으로, 학교의 암묵적 규칙의 이해는 상담교사가 학교에 대한 적응력을 높일 수 있게 해줌으로써 소진의 가능성을 감소시키게 된다. 상담교사는 제반 소진요인을 극복하여 긍정적인 학교 분위기 조성에 있어서의 선도자, 학생의 삶에 긍정적인 변화를 이끌어 내는 정신건강 전문가, 학교상담과 생활교육 프로그램 관리자, 학생의 잠재력을 극대화하는 교육자, 옹호자가 될 수 있다(강진령, 2016).

P/A/R/T
02

학교상담의 실제

Theory and Practice of School Counselling

트라우마 단기 접근법

CHAPTER 09 트라우마 단기 접근법

---

01 신체감각체험중심치료(Somatic Experiencing)의 개요

피터 레빈Peter A. Levine(1942~)의 40년간 스트레스와 트라우마 분야에서 개발된 신체감각체험중심치료Somatic Experiencing이다.

---

02 트라우마의 개념

"트라우마는 치유될 수 있다."

트라우마는 사건에서 생겨나는 것이 아니라 사건에 대한 우리의 반응으로 엄청나게 충격적인 순간이 시간 상에 얼어붙으며 만들어진 내면의 구속복이다. 우리의 본능적 에너지가 '옷을 다 차려 입었지만 갈 데가 없는' 것처럼 트라우마 증상들은 사건자체에 의해 생기는 것이 아니다. 증상들은 그 경험에서 남은 잔여에너지가 몸 밖으로 방출되지 않을 때 생겨난다. 이 에너지는 신경계에 갇힌 채 남아 우리의 몸과 마음을 사정없이 파괴할 수 있다. 트라우마는 그 증상을 촉발한 사건 자체 때문에 발생하는 것이 아니라 해소 및 방출되지 못하고 남은 에너지 때문에 생기는 것이다. 방출되지 못한 에너지는 신경계에 갇힌 채 남아 우리의 몸과 마음을 사정없이 파괴할 수 있으므로 에너지의 본능적 대처 과정을 신체감각느낌을 통하여 치유해야 한다고 주장한다.

03 트라우마의 반응(정향, 생존)

1) 정향 반응

동물이 새로운 것을 경험할 때 보이는 행동이다. 건강한 정향 반응은 예측, 놀람(정지반응), 경계심, 호기심 등이다. 운동감각과 지각적 알아차림의 형태이며 트라우마를 겪은 사람들은 정향반응 자원이 줄어들고 얼어붙기 반응이 활성화 된다.

2) 보호적인(방어) 생존 반응

동물이든 사람이든 외부의 위협상황에 직면하면 싸우기, 도망가기, 얼어붙기 등의 방어 행동을 하게 된다. 본능적으로 공격이 필요한 상황이라면 싸우기나 도망가기를 하게 되지만 그렇지 못할 때는 얼어붙기(부동성)를 한다. 이 때 얼어붙기(부동성)는 충격적인 순간 경험한 잔여에너지의 방출을 어렵게 한다. 방출되지 못한 잔여에너지의 방출을 돕는 데 필요한 신체감각체험중심치료의 간단한 동작을 소개하고자 한다.

04 실습: 사적인 거리두기로 신체감각 알아차리기

전후좌후 방향으로 안정적인 사적 거리에 대한 신체감각 경험하기

05 실습: 건강한 공격성(지지해 줌)

- 상담자가 내담자에게 등과 어깨를 지지해 줘도 될지 동의를 구한다.
- 내담자의 뒤에 서서 등에 두 손을 얹는다(10-20초).
- 내담자는 몸의 반응을 살핀다.
- 내담자의 뒤에 서서 양 어깨에 두 손을 얹는다(10-20초).
- 내담자는 몸의 반응을 살핀다.
- 상담자는 내담자에게 몸의 반응이 어떠했는지 묻고, 몸의 경험을 나눈다.
- 내담자는 자리에 앉아서 몸을 움직여 보고 주위를 둘러보며 안정화를 취한 후 종료를 한다.

06 건강한 공격성(큐션 던지기, 밀어내기)

- 상담자가 준비한 큐션을 보낸다.
- 내담자에게 부드럽게 보낼 때는 내담자의 이름을 부르면서 진행한다.
- 내담자가 상담자의 이름을 부르며 큐션을 보낸다.
- 몇 차례 반복하면서 신체감각을 경험하고 확인한다.
- 집단상담에서도 활용할 수 있다.
- 준비물: 부드러운 큐션

07 기쁨(joy)을 몸으로 경험하기

두 사람이 마주 앉는다.

상담자와 내담자를 정한 후 아주 천천히 진행한다.

상담자1: 의자에 몸을 편안하게 앉아 보세요.

상담자2: 최근 경험한 3정도의 기쁜 경험을 떠올려 보세요.

상담자3: 어떤 일이 있었는지 얘기해 주셨으면 합니다.

상담자4: 그때 기억을 떠올리면 몸에서 어떤 반응이 있는지요?

내담자1: (몸에서 느껴지는 반응을 말한다(예: 가슴 두근, 손에 땀...))

상담자4: 좋은 느낌인가요?

내담자2: (좋은 느낌 여부를 알려준다)

상담자5: 그럼 좋은 느낌을 2-3분 충분히 느껴 보세요.

　　　　　주의사항: 내담자가 너무 깊이 빠지지 않도록 관찰한다.

상담자5: 몸을 움직여 보시고, 주위를 둘러보세요. 지금 몸 상태는 어떠신지요?

안정화를 확인 후 활동을 종료한다.

C / H / A / P / T / E / R 10

유아기 상담의 실제

10 유아기 상담의 실제

사례 1 : "나도 동생처럼 잘하고 싶어요"

01 내담자 인적 사항

1) 유치원생(남, 만 6세)
2) 상담을 시작하게 된 경위: 어머니가 상담을 받아본 경험으로 자녀도 상담을 받으면 좋을 것 같아서 상담 의뢰

02 내담자의 행동 관찰

눈 맞춤을 잠시만 하고 피한다. 질문에는 '몰라요'라는 단어를 많이 사용하고 몇몇 단어에는 부정확한 반응이 나타났다. 앉아 있는 것을 어려워 하고 몸을 비틀거나 책상에 엎드리는 행동을 자주 하는 것으로 보아 집중이 어려운 것으로 보인다.

03 가족관계

1) 부(34세): 자영업. 자녀들이 유치원과 어린이집을 갔다 온 후에는 2~3시간 정도 영업장에서 아이들 양육과 일을 함께하는 상황.
2) 모(34세): 회사원. 과거에 상담 받은 경험이 있으며 내담자에 대한 잘못된 편견을 가지고 양육에 다양한 영향을 주고 있는 상태로 보임.
3) 남동생(4세): 부모님과 이웃들에게 형과 비교해서 다양한 관심과 지지를 더 많이 받고 있음.

04 내담자 호소문제

1) 내담자: 몰라요. 그냥 엄마가 가보자고 해서 왔어요.
2) 의뢰자(어머니): 아이가 별 문제는 없지만 소극적이어서 걱정이에요.

05 내담자의 이해

내담자는 모든 면에서 자신감을 향상시키는 태도가 요구된다. 특히 동생과 비교당하는 환경에 지속적으로 노출된 것이 유발 요인으로서 부모님도 내담자가 소심한 성격 때문이라고 단정적으로 인식하는 것은 내담자 현재 행동의 유지 요인이라고 본다. 따라서 주 양육자인 어머니 상담을 통하여 내담자를 바르게 이해하고 지지하도록 하였다.

06 상담목표 및 전략

1) 상담목표

자신감을 가지고 친구들과 적극적으로 놀이할 수 있다.

2) 상담전략

(1) 내담자가 '몰라요'라는 말을 반복적으로 사용하는 이유를 찾아본다.
(2) 양육자인 어머니가 가지고 있는 잘못된 개념을 알아차리게 한다.
(3) 대화법을 통하여 내담자의 자존감을 높이는 언어를 사용하여 내담자를 지지하도록 한다.

07 상담진행 및 상담의 효과

1) 상담진행

본 상담은 50분 중에서 30분은 내담자와 상담하고 20분은 어머니와 상담을 하였다. 내담자에 대한 어머니의 양육방법을 통하여 내담자의 자존감을 높이는 데 초점을 맞추었는데 어머니가 직장과 남편의 사업을 함께 하면서 여러 가지 어려운 상황이 발생하여 5회기로 종료되었다.

2) 상담의 효과

초기 면접 시 호소문제에서는 어머니가 다소 모호한 태도를 취하였는데 상담을 진행하면서 자녀에 대한 불편감과 자신의 양육방법에 대하여 객관적으로 알아차리는 기회가 되었다. 내담자는 상담을 진행하면서 엄마가 요즘은 소리지르지 않고 말로 이야기한다고 하였는데 이는 어머니가 자신의 언어를 절제해서 사용함으로 나타나는 변화라고 보여진다. 상담의 효과를 위하여 주 양육자인 어머니의 긍정적인 태도와 언어적 지지가 있을 때 내담자의 자존감이 높아질 수 있기 때문에 어머니를 통한 상담은 내담자에게 매우 효과적으로 나타날 수 있다고 보여진다.

08 축어록

상1: 어떻게 지냈니?

내1: 몰라요.

상2: ○○야, 뭘 모르지?

내2: 다 몰라요.

상3: 그럼 오늘은 뭐할까?

내3: 몰라요. (말하면서 의자에서 일어서려 함)(중략)

상10: 이 그림에 대해서 이야기 해줄래?

내10: 몰라요. (중략)

상22: 이 나무는 몇 살이니?

내22: 몰라요.

상23: 몇 살인지 궁금하다.

내23: 100살이에요.

상24: 그렇구나. 이 나무는 어디에 사니?

내24: 몰라요. (말을 하고 난 후에 상담자가 가만히 쳐다보자. 잠시 쳐다보다가 웃으면서) 제주도에 살아요. (중략)

상28: 이 나무는 어떠니?

내28: 안 좋아요. 대나무니까요. 나쁜 나무예요. 나쁜 소식을 들었어요. 사라질 수도 있어요. 넘어질 것 같아요.

상29: 누가 넘어질 것 같은데?

내29: 대나무가 날려 보내요. 나빠요. 부러질 것 같아요. 떨어질 것 같아요. (중략)

상41: 사람은 뭐하고 있니?

내41: 풍선을 가지고 있어요. 먹고 있어요. 좋아하는 손이니까요.

상42: 이 사람은 어떤 사람이지?

내42: 좋아요.

상43: 이 사람을 너는 어떻게 생각하니?

내43: 나쁘다고 생각해요.

상44: 어떤 게 나쁘다고 생각하니?

내44: 때리는 게요. 손으로요. (중략)

C / H / A / P / T / E / R 11

초등학생 상담의 실제

11 초등학생 상담의 실제

사례 1 : "학교오기가 두렵고 힘들어요"(등교거부증)

01 내담자 인적 사항

1) 초등학교 3학년(남, 만 9세)
2) 상담을 시작하게 된 경위: 학생의 등교거부에 대한 부적응 행동에 담임교사 상담
   의뢰

02 내담자의 행동 관찰

내담자는 마르고 작은 체형의 어색한 표정으로 어머니의 손을 잡고 불안한 눈빛으로 상담실을 들어서며 두려운 표정으로 눈을 깜빡이는 틱 증상을 보인다. 머리는 정리가 안 되어 있으며 부스스하다. 낯선 표정으로 상담실을 두리번거리며 살핀다. 어머니와 상담을 하는 동안 아동은 함께 온 어린 동생의 유모차를 지키며 동생에게 관심을 보인다. 상담자의 상담진행 안내와 상담실 소개로 교실과 다른 상담실의 밝고 따뜻한 분위기에 긴장을 풀고 안도하는 모습을 보였다.

03 가족관계

1) 아버지(39세): 사무직. 일 문제로 한 달 1번 귀가함. 자녀양육 관심 있음. 내담자에게 장남의 책임을 부여해 예기불안을 제공함.
2) 어머니(37세): 전업주부. 남편과 떨어져 자녀양육의 스트레스로 내담자와 밀착된 정서를 보이며, 장남인 내담자에게 정서적으로 의존하는 모습을 보임.
3) 여동생(7세): 초등학교 1학년. 활달하고 독립적이고 내담자와는 무관심의 관계.
4) 남동생(8개월): 유아. 내담자는 동생의 출생으로 질투와 돌봄의 책임을 요구하는 양가감정을 보임.

04 내담자 호소문제

1) 내담자: 행동이 느려 놀림받고, 교사에게는 야단맞아 눈치를 보기 때문에 머리가 아프고 어지럽다. 동생이 태어나 엄마가 등교준비를 도와주지 못해 짜증을 낸다.
2) 담임교사: 4학년 1학기 후반부터 병과를 이유로 잦은 결석과 지각이 있으며, 신체적 증상으로 등교거부를 하여 교사는 어머니를 설득하여 상담에 의뢰했다.
3) 어머니: 두통과 가슴통증, 복통 호소로 등교거부를 하여 소아청소년과 진료 후 등교를 시키지 말라는 의사의 조언에 따라 통증을 호소 시 등교시키지 않고 있다.

05 내담자의 이해

내담자는 예기불안과 학교공포로 인한 등교거부를 보이고 있다. 새로운 환경을 접하게 되면 높은 긴장과 불안으로 인하여 눈을 깜박이는 틱 증상을 보이며 손이 차가워지고 두통을 호소하는 모습을 보이고 또래와 교사의 관계에서 부적응을 보이고 있다. 치료목표는 미술치료 및 놀이치료를 진행하며 인지행동의 치료방법으로 내담자의 학교적응과 대인관계의 불안을 조절하며 정서적 안정감을 유지하도록 상담을 진행한다.

06 상담목표 및 전략

1) 상담목표

(1) 내담자의 사회성 발달을 위한 역할놀이와 모델링 학습으로 친구관계 확장.

(2) 자신의 재능에 대한 인정 욕구충족을 위한 학급에서 모둠 활동 참여 도움

(3) 가족과의 정서적 활동으로 불안을 낮추고 안정감을 키우도록 지지함.

2) 상담전략

인지행동 치료 요법으로 학교장면에서 불안 상황에 대처하는 적응기술을 훈련한다.

07 상담진행 및 상담의 효과

1) 상담진행

미술매체와 놀이를 통한 이야기를 진행해 자신의 수행능력에 대한 스토리텔링으로 자신감을 표현하고 자신의 인정욕구와 교우관계에 적극적인 참여를 하게 되었다. 학부모 상담을 병행하며 부모의 성격과 자녀의 기질 및 성격에 대한 이해와 자녀의 욕구를 충족시켜 주기 위한 노력으로 분리된 가족의 화합을 위해 가족 여행 및 친구를 초대하는 생일 파티 등의 가족 이벤트를 통하여 내담자가 안전한 환경과 즐거운 경험을 함으로써 친구들 관계에서 자신감을 회복했다.

2) 상담의 효과

자녀의 학교생활 부적응의 등교거부행동은 부의 부재로 부모가 요구하는 장남으로서의 과도한 책임감과 높은 예기불안으로 나타났다. 부모 자녀의 위계와 경계선의 구조적 문제를 이해하며 개선하는 과정을 통하여 가정에서 자녀가 느끼는 과도한 불안 정서를 조절하며 치료적 상담과정에 참여하는 학부모의 변화를 가져와 가족관계의 구조적 문제를 해결하고 건강한 가족관계를 형성하며 이는 학교생활의 적응을 가

져와 내담자의 치료적 상담과정이 건강한 가족의 모습을 만들어 가게 되었다.

08 축어록

(중략)

내26: 네... 그래서 아침에는 머리가 아파요.

상27: 어떻게 아픈데...

내27: 그냥 머리가 아파요.

상28: 그래~ 그래서 혼자 올 수가 없니?

내28: 네... (중략)

상32: 그럼 천재는 어떻게 오지?

내32: 엄마가 데려다 주지 않으면 혼자서 오기가 힘들어요. (중략)

상34: 그래~ 오늘은 어떻게 왔어?

내34: 오늘은 저 혼자 오고 엄마가 멀리서 뒤따라 왔어요.

상35: 그래~ 혼자서 오려고 노력했구나?

내35: 네~ 그런데 아침에 학교에 올 생각을 하면 잠들기가 힘들고 걱정이 돼요.

상36: 그랬구나~

내36: 네... 친구들이 교실에서 소곤거리고(꾀병이라고).. 이상한 눈으로 보는 것 때문에..

상37: 그랬어~ 그럼 친구들이 어떻게 해주면 좋겠어?

내37: 친구들이 그냥 관심이 없으면 좋겠어요.

상38: 그러면 마음이 편하겠어?

내38: 네~ 과학시간에 액체의 부피를 재는 실험을 하고 보고서를 빨리 쓰라고 해서
    짜증이 났어요...

상39: 그랬구나. 천재가 좋아하는 과학시간이었네.

내39: 네. 과학실험은 재미있는데... 빨리 쓰라고 해서 화가 났어요... (중략)

상44: 지금도 불안해? (교실에 입실하는 시간이 다가오자 행동이 느리고 시간을 지체하는
    모습을 보인다)

내44: 네...

상45: 선생님이 손 좀 잡아 볼까? (손이 차갑고 축축하며 긴장한 모습을 보이고 부들부
    들 떨고 있다.) 신체화 증상을 보인다.

(중략)

01 내담자 인적사항

1) 초등학교 5학년(남, 만 11세)
2) 상담을 시작하게 된 경위: 엄마의 행동에 수시로 간섭하는 행동을 보여 엄마가
   상담 의뢰

02 내담자의 행동관찰

붉은 색 점퍼와 검정색 운동복을 착용하였으며, 검은 피부로 건강한 모습이나 과체중으로 움직임이 느리고 둔해 보였다. 웃음기 없는 무표정한 낯빛은 약간 우울한 표정을 띠었으며, 머리카락이 눈을 가리고 있어서 바라볼 때는 머리를 흔들어야만 쳐다볼 수 있어서 불편하게 보였다. 대답할 때는 눈을 아래로 뜨고 짧고 간결하게, 말끝을 흐리면서 마무하는 경향을 보였다.

03 가족관계

1) 아버지(39세): 회사원. 내담자에게 부정적인 지적을 주로 하며 정서적인 거리
   감이 보임.
2) 어머니(38세): 회사원. 내담자와 친밀감을 형성하고자 하나, 내담자는 회피적
   애착유형을 보임.
3) 동생(여, 만 7세): 초등학교 1학년. 부모의 관심과 지지를 받음.

04 내담자 호소문제

1) 내담자: 살 빼고 싶어요.
2) 의뢰자(어머니): 엄마에게 수시로 전화해서 간섭하는 행동에 대하여 왜 그런지 알고 싶어요.

05 내담자의 이해

엄마와는 월 2~3회 정도 주말에 만나며, 생후 3개월부터 5세까지 외조모의 손에 의해 양육되었다. 영유아기에는 엄마와 헤어질 때 어려움이 없었으나, 5세 이후 동생이 태어나고, 엄마와 함께 생활하면서부터 어린이집에 갈 때와 같이 엄마와 헤어짐이 힘든 상황이 자주 있게 되었다.

성적은 상위권으로 수학과 체육을 좋아하고 또래들과는 비교적 잘 어울리는 편이며 리더십도 어느 정도 있는 편이며, 축구를 좋아하나 과체중으로 잘 하지 못한다고 한다.

4학년 무렵부터 엄마의 행동에 지나치게 간섭하는 태도를 보이기 시작하였고, 과체중은 영유아기 이후 지속된 것으로 보인다.

06 상담목표 및 전략

1) 상담목표
(1) 어머니에게로 향하는 불안감을 인식하고 해결방법을 찾는다.
(2) 어머니의 어떤 행동에 불안감을 느끼는지 구체적으로 알아본다.
(3) 어머니가 어떻게 해야 하는지 알아본다.

2) 상담전략

(1) 어머니의 양육태도 구체화

(2) 불안정서 유발요인 탐색

(3) 아버지와 정서적 대화

07 상담진행 및 상담의 효과

1) 상담진행

어머니와 공동양육자(외할머니)의 양육태도 탐색 후 매체를 활용하여 불안 정서를 다루었고, 폭식행동에 대한 대체행동으로 규칙적인 운동을 병행하였다.

부모 상담으로 부모의 욕구와 내담자의 욕구를 대화를 통해 타협하며, 부모와의 신뢰로운 관계형성으로 내담자에게 확신감과 스스로 통제하는 방법을 기르게 하였다.

또한 부모님과의 신뢰관계 회복은 내담자 내면의 비합리적인 불안한 심리가 점진적으로 잦아들게 되었다.

2) 상담의 효과

부모의 내담자에 대한 공감과 긍정적 수용은 점차적으로 내담자의 정서적 안정을 찾게 하였으며, 건강한 부모자녀 관계회복을 가져오게 하였다.

내담자의 주말 축구교실 참여는 건강한 섭식행동과 성공적인 체중조절을 할 수 있게 하였으며, 신체에 대한 자신감은 자아존중감의 회복과 또래관계의 증진된 모습을 보이게 되었다.

(중략)

상28: 아빠가 때론 무섭고 때론 착하다고 했는데 무슨 뜻인지 말해줄 수 있니?

내28: 아빠는 말 안 들으면 소리를 엄청 질러요.

상29: 소리 지르실 때 어떤 느낌이 드니?

내29: 무서워서 아무 말 안하고. 그리고 방으로 들어가기도 하고요.

상30: 아빠에게 말을 안 듣게 된 이유를 설명한 기억이 있다면 어떤 것이 있을까?

내30: 기억이 잘 안 나요.

상31: 그렇구나! 날씬한 모습을 상상한다고 했는데…….. 날씬해지면 어떨 것 같아?

내31: 멋질 것 같아요. 축구를 잘 할 것 같아요. 아이들이 놀리지도 않아요.

상32: 너를 놀리는 친구가 있어?

내32: 가끔요~

상33: 그러면 너는 어떻게 하니?

내33: 나두 같이 별명 부르고 놀려요. 그런데 우리 반에는 없어요.

상34: 그렇구나. 싸우기도 하니?

내34: 아니요. 그냥 서로 놀려요.

상35: 너 물건을 만지는 아이들을 제일 싫어하는구나.

내35: 초등학교 3학년부터 그랬어요. 1, 2학년 때는 안 그랬어요.

상36: 공부를 열심히 하는구나. 학원을 뭐뭐 다니니?

내36: 공부방 일주일에 3번, 학습지 2개. 그리고 주말에 축구

상37: 공부하기가 어때?

내37: 그냥... 좀 힘들지만, 다녀야 해요.

상38: 축구선수가 되는 게 첫 번째 소원이구나. 두 번째는 살 빠지는 거고, 세 번째 는 좋아하는 애랑 사귀는 거고... 지금 사귀는 여자친구 있니?

내38: 6학년 올라가서 고백하려구 해요.

상39: 음 그렇구나. 너의 고백을 받아줬으면 좋겠구나. 근데 혹시 안받아주면 어떻 게 하지?

내39: 그럼 살 빼서 다시 고백할 거예요. 아빠도 중 2때 키가 엄청 컸대요.

상40: 그래~ 너희 아빠 정말 크시더구나. 날씬하고... 너두 그렇게 될 수도 있겠구 나. 여자친구하고도 잘 되었으면 좋겠네. 외딴 곳에 혼자 살게 되면 동생이랑 같이 살고 싶구나. (중략)

Theory and Practice of School Counselling

중학생 상담의 실제

12 중학생 상담의 실제

사례 1 : "수업시간 힘들어요"

01 내담자 인적 사항

1) 중학교 3학년(남, 만 15세)
2) 상담을 시작하게 된 경위: 수업태도 불량과 교사에 대한 태도 불손으로 담임교
   사 상담 의뢰

02 내담자의 행동관찰

키가 크고 잘생긴 얼굴로 고개를 숙였다 들었다 하는 행동을 반복하며 고개를 들
어 쳐다볼 때 찡그리는 표정을 짓는다. 그리고 손가락으로 책상에 계속 낙서하는 행
동을 보인다.

03 가족관계

1) 부(47세): 초등학교 1학년 때 사고로 사망
2) 모(45세): 서비스직. 친밀한 관계
3) 형(18세): 고등학생. 소원한 관계

04 내담자 호소문제

1) 불량한 수업태도(재미없는 시간에 엎드려 잠을 자고 친구와 수다를 떨거나 장난을 쳐 수업방해)
2) 의뢰자(교사): 교사를 대하는 불손한 태도

05 내담자의 이해

내담자는 불량한 수업태도와 교사를 대하는 태도에 문제를 가지고 상담을 시작하였다. 내담자의 문제는 초등학교 1학년 때 사고로 아버지가 돌아가시고 생계유지를 위해 엄마가 일을 시작하면서 엄마로부터 충분한 돌봄을 받을 수 없는 가정환경과 내담자가 형과 함께 보내는 시간 이외는 혼자 컴퓨터 게임을 하면서 보내는 시간이 많다보니 사회적 및 정서적 지지를 받지 못한 요인으로 인해 발생한 것으로 보인다. 그리고 현재 이 문제는 주의집중력 부족과 학업능률 저하로 수업태도의 어려움과 대인관계 기술부족으로 인한 교사를 대하는 태도의 어려움을 주고 있으며, 이러한 어려움은 성적 저하와 불안을 가져오며 이에 대한 부모나 교사로부터의 질책은 스트레스를 더욱 증가시키는 요인으로 보인다. 문제가 생길 때 내담자는 잠시 행동을 멈추는 방법으로 대처하고 있는데, 이런 대처 방법은 일시적인 효과가 있지만 동시에 금방 재발되는 단점이 있다. 따라서 다시 재발되는 부분에 도움을 주면 좋을 것 같다.

06 상담목표 및 전략

1) 상담목표

(1) 수업시간 10분간 친구와 잡담하지 않고 참아 본다.
(2) 선생님들께 '예, 아니오'로 답을 한다('예, 아니오'로 답하는 이유는 내담자가 평소 욕을 먼저 사용하여 혼이 많이 나는 편임).

2) 상담전략

(1) 수업시간에 친구와 잡담을 하는 시간을 줄여가는 행동수정과 격려, 지지로 수업태도 변화가 습관이 되도록 돕는다.
(2) 선생님들께 공손한 태도를 보일 때 칭찬으로 지지와 격려를 통하여 자존감을 높여준다.

07 상담진행 및 상담의 효과

1) 상담진행

10회기의 상담이 진행되었고 1회기~3회기는 상담구조화 및 상담관계 형성, 가족 탐색과 호소문제 탐색, 경청, 지지와 격려, 4회기~7회기는 현재 문제가 되고 있는 내담자의 행동패턴 및 대인관계 유형 자각을 통한 자기 탐색, 새로운 변화 실천, 8회기~10회기는 목표 달성 정도와 변화 확인 및 추수상담 안내 후 종결을 하였다.

심리검사는 JTCI, HTP, SCT를 실시하였고 심리검사 결과는 낯선 사람을 위해 위험을 무릅쓰고 행동을 할 정도로 대담하고 인정이 많고 낯선 사람들과의 관계에서도 주도적으로 행동을 하며 다른 사람의 감정을 이해할 수 있지만 때로는 자신만의 이익을 추구하는 방식의 행동을 보일 수 있고 자신의 약점에 대해 때로는 방어적인 모습과 그로부터 벗어나고자 하는 행동을 보이는 것으로 나타났다. HTP검사 결과 그림의 왜곡된 부분은 없었고 여자 그림을 그릴 때 시간이 지체되고 고민을 많이 하는 모습을 보였고, 내담자의 욕구가 표현되었다.

2) 상담의 효과

수업시간의 수업태도는 교과 선생님들의 칭찬을 들을 정도로 변화가 많았으나 특정 선생님에 대한 태도는 여전히 변화가 미약하여 아쉬움이 크다.

---

08 축어록

상1: ○○이 부른 이유가 궁금하지?

내1: 예.

상2: ○○이 생각에는 선생님한테 왜 상담을 온 것 같아?

내2: 어! 모르겠는데!

상3: 모르겠어! ○○이가 곰곰이 생각해봐! 왜 불렀을까?

내3: 누가 추천한 거 아닌가요?

상4: ○○이 생각엔 누가 추천한 것 같아! 그러면 그 추천한 사람이 왜 추천을 했을 것 같아?

내4: 모르겠어요!

상5: 모르겠어! 그러면 지금부터 ○○이 부른 것에 대해서 얘기를 해 줄게! 그전에 평소에 수업 시간에 ○○이가 생각하는 수업태도는 어떤 것 같아?

내5: 전 그냥 졸리면 자고, 그냥 공부하기 싫으면 안하는데! 친구랑 떠들다 걸린 적도 있고 수업에 집중을 안 해요!

상6: 공부하기 싫으면 안하고! 1교시부터 6교시까지 전체 시간을 ○○이가 말한 것처럼 졸리면 자고 하기 싫으면 안하고~

내6: 예! 선생님이 자도 혼내지 않아서!

상7: 그래! 선생님이 ○○이를 부른 이유는 ○○이를 상담을 해 봤으면 하는 선생님들이 상당히 많으셨어!

　외부에서 들어오신 선생님들과 학교 안에 교과 선생님들께서 ○○이 '상담을 좀 했으면 좋겠다.'라고 의뢰가 많이 들어왔어! 그래서 불렀어! ○○이가 현재 본인이 수업시간에 엎드려 자고 하기 싫을 때는 수업을 안 해서 그런 것 같다고 했잖아! 엎드려 자는 것을 허용하시는 선생님들은 어느 정도 허용하는데 하기 싫을 때 어떤 행동들을 보이는지? 그걸 한 번 얘기를 해보자!

내7: 예!

Theory and Practice of School Counselling

고등학생 상담의 실제

13 고등학생 상담의 실제

사례 1 : "친구가 필요해요"

01 내담자 인적 사항

1) 고등학교 2학년(여, 만 16세)
2) 상담을 시작하게 된 경위: 교실에서 늘 혼자 있고 수업시작 후에 교실에 들어
   오는 행동으로 담임교사 상담 의뢰

02 내담자의 행동관찰

키 163cm에 통통한 체형으로 짧은 앞머리(처피뱅 헤어스타일)에 평범한 외모를
보인다. 어깨가 처져 있고 시선은 늘 아래로 향해 있으며 침울하고 깊은 우울감이 있
는 어두운 표정으로 전체적으로 지쳐 보인다. 내담자는 눈 맞춤이 잘 이루어지지 않
고 자기중심적인 생각과 행동이 많으며 어머니와의 관계에서 유아처럼 반응하는 모
습이 있다. 쉬는 시간이 되면 혼자서 화장실이나 빈 교실을 배회하다 수업 시작 후 교
실에 입실한다고 한다.

03 가족관계

1) 부(48세): 자영업. 자녀의 학교적응 문제에 대하여 관여하지 않고 일반적으로 경험하는 것으로 인식하며 느긋하고 규칙이나 절차를 중요하게 생각하지 않음.
2) 모(48세): 사무원. 자녀의 학교적응에 대하여 불안과 걱정이 많고 조용하고 순응적이며 비주장적인 성격으로 우울감이 높음.

04 내담자 호소문제

1) 학생: 점심 같이 먹고 이동수업 함께 할 친구가 있었으면 좋겠어요. 학교 다니기 싫어요.
2) 담임(의뢰자): 친구관계를 맺을 수 있고 대인관계를 잘 해나갔으면 좋겠어요.
3) 엄마: 친구관계를 맺을 수 있고 대인관계를 잘 해나갔으면 좋겠어요.

05 내담자의 이해

내담자는 또래관계의 어려움을 가지고 상담을 시작하였다. 내담자의 문제는 부모의 맞벌이로 혼자 지내는 시간이 많았고, 허용적이고 과관여적인 부모의 양육태도가 내담자의 자율성과 독립성을 저해하여 사회성 부족과 낮은 자아강도로 초등 고학년부터 친구관계에서 따돌림과 부정적 감정을 경험하며 관계의 어려움을 경험하여 왔던 것으로 보인다. 그리고 현재 이 문제는 정서적 불편감과 피해의식으로 스스로 고립을 선택하며 학교적응 전반에 부정적인 영향을 미치고 있다. 이러한 스스로 선택한 고립은 친구들과 교류할 수 있는 기회를 차단하고 있어 고립에 대한 통찰과 관계증진 기술 훈련을 통하여 원만한 친구관계에 도움을 주면 좋을 것 같다.

06 상담목표 및 전략

1) 상담목표

(1) 친구들 관계에서 관계불편지수를 10점에서 8점 정도로 낮춘다.
(2) 친구관계의 어려운 원인을 찾고 해결방법을 찾아본다.

2) 상담전략

(1) 내담자의 이야기를 적극적으로 듣고, 공감·반영mirroring을 통해 관계에서 자신의 모습을 바라보고 감정을 표현할 수 있도록 담아주기를 한다.
(2) 불안하고 두려운 감정들을 표현해 보도록 돕는다.
(3) 자신의 진정한 욕구를 알아차리고 표현하도록 돕는다.

07 상담진행 및 상담의 효과

1) 심리검사 및 상담진행

MMPI-A, SCT

내담자의 경우 스스로 호소하는 정서적 어려움은 시사되지 않는다. 다만 MMPI-A상에서 척도 6, 7의 상승과 SCT상으로 미루어 볼 때 자신의 능력과 관계에 부정적 감정을 경험하고 있으며 비난이나 비판받는 것을 염려하여 다른 사람에게 흠잡힐 수 있는 감정은 억누르는 경향으로 걱정, 불안, 두려운 정서로 실패의 두려움과 피해의식이 두드러지는 바 일상에서 위축되고 감정을 표현하지 못하고 합리화 된 분노의 내재화로 관계의 어려움을 지니고 있다.

내담자의 또래관계 회복을 위하여 10회기 진행을 하였다. 충분히 담아주기와 진정한 욕구 탐색, 현재 하고 있는 행동 탐색, 내담자가 할 수 있는 행동을 계획하고 실천하고 행동할 수 있도록 조력하였다. 또한 만족스러운 삶을 위하여 변화에 대해 불안하고 두려운 감정들을 표현할 수 있도록 돕고 타인의 생각과 행동에 대하여 자신과 다름에 대하여 수용할 수 있도록 도왔다.

2) 상담의 효과

학교 다니기 싫다는 말은 더 이상 하지 않으며 친구관계 단절이 스스로 선택, 고립되어 있음을 알게 되었으며 혼자라는 두려움과 우울한 자신의 감정과 만나고 표현을 할 수 있었으며 쉬는 시간에 교실에서 견디며 한 명의 친구와 관계를 시작하였다.

---

08 축어록

상1: 일주일 동안 새로운 변화가 있었나요?

내1: 미술시간에 힘들었지만 용기를 내서 캐리커쳐 그린 것을 친구들에게 보여줬는데 친구들이 매우 잘 그렸다고 이야기 해 주었어요. 정말 즐겁고 행복했는데 친구와 이야기하기 위해 화제를 계속 찾아야 할 것 같은데 힘들고 못했어요.

상2: 계속 이야기를 하기 위해 화젯거리를 찾느라 힘들었겠네. 그렇지만 용기를 내서 친구들에게 그림을 보여주었다니 큰 용기를 내었네요. 대단하네요.

내2: (엷은 미소)

상3: 친구들은 요즘 어떤 이야기를 하나요?

내2: 쓸데없는 이야기를 해요. 노래, 연예인, 일상의 생활, 쓸데없어요.

상3: 나혼자는 어떤 이야기가 흥미 있나요?

내3: 발라드, ost, 애니가 좋아요.

상4: 그럼 나혼자가 좋아하는 이야기를 최근에 친구와 해본 적 있나요?

내4: 중학교 친구인데 나와 성격이 정말 반대예요. 쉬는 시간 날아다니고 친구들과 이야기하느라 정신없다가 수업시간에는 자요. 그래도 애니 좋아하고 셜록홈즈 책을 읽어요. 애니, 책 좋아하는 것 코드 맞고 그래서 애니 이야기를 했는데 즐거웠어요.

상5: 최근 친구들에게 그림도 보여주고 서로 좋아하는 애니 이야기도 나눠 보며 행복감을 느꼈던 것 같은데 전에는 그러지 못하던 행동을 나혼자 해 보았는데 어땠나요?

내5: (웃으며) 좋았어요. 앞으로 친구들에게 좀 더 이야기 해 볼 수 있을 것 같아요.

Theory and Practice of School Counselling

대학생 상담의 실제

14 대학생 상담의 실제

사례 1 : "4수하고 싶어요!"

01 내담자 인적 사항

1) 대학교 1학년(여, 만 21살)
2) 상담을 시작하게 된 경위: 학과 공부가 안 맞고, 자퇴하고 4수 준비를 하고 싶어 상담 의뢰

02 내담자의 행동관찰

155cm 정도의 키에 단발 반곱슬 스타일이다. 개그콘서트에 자주 나오는 파란색 운동복 세트를 입고 왔으며 얼굴 양볼에 잔여드름이 나있다. 몸이 마른 편이며, 말이 많고 빠른 편이다. 자신의 처한 상황에 대한 이야기를 헛웃음과 박장대소를 하며, 재미있게 상담자를 웃기면서 이야기한다. 손 제스처를 내담자 자신의 어깨보다 더 넓고 크게 사용하며, 언뜻 보면 음악가가 지휘하는 모습처럼 보인다.

03 가족관계

1) 아버지(56): 대졸. 공무원. 중학교 시절까지 공부를 못했으나 나중에 잘하게 되었음. 자녀들에게도 자신의 일화를 거울삼아 이야기 함. 현재 내담자의 순조롭지 못한 대학진학 및 3수 이상의 재도전에 지친 상태. 내담자의 자퇴를 만류함.
2) 어머니(53세): 고졸. 공무원. 현재 심신 안정에 집중하는 명상 등을 하며 지냄. 내담자와 관계가 좋으며, 자퇴를 만류함.
3) 언니(29세): 회사원. 동생과 7살 차이남. 내담자에게 허황된 꿈을 갖지 말 것과 현실을 직시하고 열심히 살 것을 충고. 자신의 경험담을 거울삼아 현재 학교생활에서 뭔가 길을 찾아보길 권유. 내담자의 자퇴를 만류함.

04 내담자 호소문제

학과 공부가 너무 안맞아요, 자퇴하고 4수하고 싶어요.

05 내담자의 이해

내담자는 유년시절부터 뚱뚱한 외모로 집단놀림, 따돌림을 많이 받았고 이로 인한 열등감의 문제를 갖고 있다. 이러한 어려움은 아버지가 공부 성공신화를 자녀에게 조건화하여 공부에 대한 기대치를 실현가능성보다 크게 세운 데서 온 것으로 보인다. 반면 내담자는 어려서부터 낮은 학업성취로 인해 자의나 타의로 공부에 대한 열등감이 깊이 뿌리내린 것으로 파악된다. 공부에 대한 열등감은 공부로 성공해야만 해소될 수 있다는 강한 신념을 갖고 있다. 하지만, 그 신념에 비해 공상을 통해 성공할 뿐, 현실 세계 속에서는 실현을 하고 있지 않은 것이 내담자의 가장 큰 문제점으로 보이고 여기에 중점을 두고 상담을 진행하고자 한다.

06 상담목표 및 전략

1) 상담목표

(1) 현재 자신의 수준을 직시하고 깨달을 수 있다.
(2) 자퇴 결정을 연기하고, 새로운 진로 대안을 찾을 수 있다.

2) 상담전략

(1) 어떤 삶을 살아가고 싶은지 자신을 이해하고 직업을 이해하는 과정을 탐색해
    보도록 돕는다.
(2) 효과적인 진로선택을 위해 자신의 현실적인 능력을 점검해보도록 돕는다.

07 상담진행 및 상담의 효과

1) 상담진행

SCT, MMPI – 2 검사를 실시한 결과에 대한 상담자의 견해로는 사춘기를 지나면 이성적인 감성으로 변화하는 보편적인 발달과업과는 달리 아직까지 이상세계에 대한 기대 등 유아적 감성을 유지하고 있으며, 그 안에서 벗어나지 않으려는 경향이 있다. 비현실적인 성취욕구와 야망이 크며, 어떤 삶을 살아가고 싶은 것인지 자신의 삶의 목표에 대해서 구체적인 탐색 등 자신에 대한 이해가 부족한 상태이므로 자신의 현실적 탐색에 도움을 주어야 할 것으로 보인다.

본 상담은 총 6회기 상담을 진행하였다. 1회기에서는 상담구조화 및 내담자의 발달사를 탐색하였고 2회기에서는 현재 자신이 갖고 있는 학업수준에 비해 너무 높은 학업성공 기대치(의대, 약대)를 갖고 있는 것에 대해 계속 상담을 하였다. 3회기에서는 실현가능한 진로와 현실직시를 하게 하였다. 4회기~5회기에서는 그동안의 시험에서 범한 오류와 동일한 패턴을 점검하였으며 그동안의 삶이 진정 노력과 정열의 삶이었는지 살펴보는 시간을 가졌다. 또한 사람들은 속을 보지 못하고, 학벌이라는 포장지만 보듯 자신이 겉모습에 집착하고 진로시각도 허황됨을 확인하게 되었다. in서울만

들어가도 학벌에 대한 이미지가 높아질 것 같고, 이미지를 중요하게 생각해 온 자신의 생각이 비합리적임을 깨닫게 되었다. 6회기에서는 방학동안 관공서 아르바이트를 할 경우 편안하게 돈을 벌 수 있다는 이점 등 내담자의 생각에 대해 편협적이거나 비합리적인 건 없는지 점검하였으며 학습계획 등 불명확한 계획에 대해 명확한 계획수립이 이루어지도록 점검하였다.

2) 상담의 효과

자신에 대한 이해를 바탕으로 한 진로선택을 하지 못하다 보니 매번 선택할 때마다 혼란을 경험하게 되고 자신의 선택에 대한 자신감도 떨어지게 된 것에 대한 원인을 내담자가 이해하게 되었으며, 조금 더 현명한 진로선택으로 다가갈 수 있도록 도와주었다.

보다 효과적인 진로선택이 되기 위해서는 내담자 자신의 현실적인 능력을 점검해 보고 자신의 능력을 통해서 성취할 수 있는 것이 무엇인지 평가하였으며 필요하다면 진로선택 시 타협도 해야 하는 것을 인지시켰다.

---

08 축어록

상1: 4수하는데, 걸림돌은 없나요? 부모님이나 경제적인 부분에 대해서요.

내1: 부모님께 도와달라고 해야죠.

상2: 4수하는거 반대하고 있잖아요?

내2: 떼쓰면 해주니까요.

상3: 떼써도 안되는 것도 있었나요?

내3: 놀러가거나, 콘서트 갈 때요.

상4: 그럼 못 갔어요?

내4: 갔죠. 맞을 각오하고 나갔죠. 서울 콘서트에 3만원 갖고 갔는데, 내려올 때 차비가 없어서, 부모님이 서울까지 데리러 왔었어요.

상5: 그때 괜찮았어요?

내5: 손바닥 맞았어요.

상6: 그 이후에는 그런 일이 없었나요?

내6: 이후에 또 말도 없이 콘서트 갔어요.

상7: 그때는 어떻게 됐어요?

내7: 철저히 준비해서 갔죠. 4만원 들고 갔는데, 내려올 때 기차를 탔거든요. 깜빡하고, 정거장을 지난 거예요. 그래서 또 집에 전화했죠. 아빠가 데리러 오셨는데, 저를 보자마자 막 우시는 거예요.

상8: 그때 아버님이 너무 걱정되서 우셨나 보네? 아버님 눈물보고 마음이 어땠어요?

내8: 그럼 가지 말라고 하지 말고, 용돈 넉넉히 주고 보내주면 되잖아요.

상9: 아버님은 뭐라고 하시면서 콘서트를 반대하셨나요?

내9: 공부 안하는 사람은 콘서트 보러갈 자격이 없대요.

사례 2 : "억울해요!"

01 내담자 인적 사항

1) 중국 유학생 대학원 석사 4차(여, 만 24세)
2) 상담을 시작하게 된 경위: 한국기업 취업 합격 취소로 억울함을 느껴서 지도교수님이 연계함.

02 내담자의 행동관찰

170cm 정도의 키와 마른 체격이고 뾰족한 달걀형 얼굴에 화장을 하고 눈매가 예쁜 학생으로 자신의 이야기를 적극적으로 나타내는 편이며, 눈 맞춤도 적절하다. 자신의 상처받은 이야기를 할 때는 눈물을 닦는 손에 손 떨림이 있었으며, 부모 이야기를 할 때도 허공을 응시하는 눈빛과 눈물을 눈에서 삼키는 듯 조심스럽게 눈물을 흘리면서 이야기를 한다. 상담 오기 전에도 많이 울었다고 하고, 상담 내내 눈물을 흘려 에

너지가 많이 소진되어 보인다. 한국어 발음이 정확한 편이며, 상담자의 말에 대한 이해를 잘하는 등 의사소통이 원활한 편이다.

03 가족관계

1) 아버지(49세): 개인사업. 아내와의 관계가 매우 좋지 않음. 집에 친척이나 지인이 방문했을 때, 내담자의 표정이 어둡거나 무표정이면 손님이 간 후 크게 화를 냄. 항상 기분이 나빠도 기분이 좋은 척 반갑게 이야기를 많이 해야 한다고 가르침.
2) 어머니(49세): 교사. 자기주장이 엄청 강하고, 소리 지르고 화를 잘 냄.
3) 남동생(20세): 대학생. 부모의 인생 때문에 자신에게 피해오는 일이 없길 바람. 실리주의 냉소적 성격의 소유.

04 내담자 호소문제

1) 정신적으로 우울하고 불안감을 느끼고 자신감이 없어요.
2) 억울해요.

05 내담자의 이해

내담자는 유년 시절부터 현재까지 가정불화가 심한 편이며 심리적 불안감이 깔려 있다. 기숙학교 단체생활을 하면서, 여학생들과 함께 하는 시간이 길어지고 자신의 추구하는 바와 다른 상충되는 모습 속에 복잡한 감정관계를 가진 대상이라는 부정적인 생각을 갖게 된다.

부모의 불행한 결혼생활을 경험하면서 결혼생활에 대한 두려움을 느끼고 있으며 심리적 학대를 당했다고 볼 수 있다. 권위자에 대한 태도로 부모의 엄격한 훈육으로 항상 긴장되어 있으며, 부모보다 더 의지한 외할머니의 사망은 의지했던 기둥이 무너진 것처럼 허탈감을 느끼고 있으며, 작고할 때 지켜주지 못한 것에 대한 죄책감을 느끼고 있다. 늘 불안하고 부모를 찾았지만 부모에게서 돌봄을 제대로 받지 못하고 심리적 방치를 당했으며, 현재까지도 불안감을 느낌으로써 심리적 불균형을 시사하고 있다.

06 상담목표 및 전략

1) 상담목표

(1) 사람들과의 관계 속에서 진정한 나의 모습을 찾을 수 있다.
(2) 무기력에서 벗어나고, 삶의 긍정적 에너지를 찾을 수 있다.
(3) 가족과의 관계 개선을 위한 방법을 찾을 수 있다.

2) 상담전략

(1) 자신의 핵심감정을 알아차릴 수 있도록 돕는다.
(2) 친구관계에서 반복되는 잘못된 신념에 근거한 패턴을 찾도록 돕는다.
(3) 부모님과 불편한 관계 회복을 위하여 긍정기억과 감사 찾기를 돕는다.

07 상담진행 및 상담의 효과

1) 상담진행

SCT, MMPI-2 검사를 실시한 결과에 대한 상담자의 견해로는 권위자에 대한 태도인 부모의 엄격한 훈육으로 항상 긴장되어 있다. 늘 불안하고 그럴 때마다 부모를 찾았지만 부모에게서 돌봄을 제대로 받지 못하고 심리적 방치를 당했으며, 현재까지도 불안감을 느끼며 심리적 불균형을 시사하고 있다. 자신이 추구하는 바는 자유롭고 즐겁게 자신의 의지대로 능력을 펼치며 살고 싶은 막연한 미래를 희망하고 있다.

본 상담은 총 9회기 상담을 진행하였다. 1회기~4회기는 상담구조화 및 내담자의 발달사 탐색, 호소문제 탐색, 복용약물 확인, 핵심감정 탐색을 통하여 무의식적인 핵심감정을 살펴보고, 평생 유지되어 온 핵심감정을 살펴보았다. 3회기에서는 핵심감정 찾기 '억울함'이라는 유년시절부터 눌러버린 감정에 대해 다뤘으며, 4회기에서는 '억울함 감소시키기', '부정적 감정 덜어내기' 등의 전략을 세웠다. 5회기~6회기에서는 부모와의 관계, 남동생이 태어나기 전 외동딸로서 가장 행복했던 시기와 남동생의 존재가 생기면서 가족 내 심리적 서열의 변화로 인한 정체성 혼란 등 문제의 발단배경을 개념화 하는 시간을 가졌다. 7회기에서는 지금까지 갖게 된 책임감이라는 내용을 다뤘으며, 8회기에서는 부모님의 다른 표현 방식의 사랑을 처음 깨닫게 됨으로써 그동안 부모에 대해 오해를 하고 있었던 자신을 발견하게 되었다. 9회기에서는 마음이 편안해졌고 웃음이 많아지고 자신의 마음이 회복되는 느낌을 충분히 갖게 되었음을 알게 되었다.

전반적인 상담진행과정을 요약하자면 촉발요인은 한국기업의 취업 합격 취소로 억울함을 느끼는 듯 하였지만 상담을 진행하면서 억울함의 핵심감정보다는 부모와의 관계에서의 양가감정을 느끼고 혼란스러운 정서를 갖고 있음을 알게 되었다.

2) 상담의 효과

상담 초기 당시 이전의 눌러버린 정서들이 한꺼번에 폭발하는 감정상태였으며, 지지와 격려를 통해 성인으로서 해야 할 역할과 독립적인 의사결정을 할 수 있도록 노력하였다. 비합리적인 신념과 양가감정에 대해 탐색함으로써 조금씩 안정되는 모습을 보였다.

상1: 기분이 어때요?

내1: 충격에서 기분이 조금 풀린 거 같아요.

상2: 어떻게 풀린 거 같아요?

내2: 두 가지 일 취업취소 통보, 할머니 돌아가신 거 이 두 가지 일이 계기가 되어, 이전의 눌렸던 제 감정들이 폭발한 거 같아요. 지금은 누르기만 해도 물이 나오는 스펀지와 같아요.

상3: 더 이상 스며들지 못할 만큼 물이 흠뻑 젖어 있는 상태인가요?

내3: 네. 친구들한테 그렇게 제 상태를 얘기했어요.

상4: 현재 당신의 상태를 잘 비유한 적절한 표현이네요. 힘든 일 두 가지가 어떤 의미로 다가오나요?

내4: 첫 번째, 더 열심히 살면 되고, 두 번째는 수면제를 먹으면 꿈에 할머니가 나왔는데, 이제는 안 나와서 미안해지더라고요.

상5: 그 미안한 감정이 드는 건?

내5: 내가 할머니 생각을 안 하고, 돌아가실 때 내가 곁에 없어서 외할머니가 실망해서 안 나타나는 것 같아서요.

상6: 그건 아닐 거예요. 당신이 이제 편안한 마음을 가져도 된다는 의미로 안 나오는 걸 거예요. 그리고 좋은 곳에 가셨을 거예요.

내6: 네.

Theory and Practice of School Counselling

학부모 상담의 실제

15 학부모 상담의 실제

사례 1 : "항상 불안해요!"

01 내담자 인적 사항

1) 학부모(여, 만 46세, 주부)
2) 상담을 시작하게 된 경위: 아들이 본인처럼 대인관계가 불편할까 우려되기도 하고 안면홍조도 있는 것 같아 걱정이 되어 상담 의뢰

02 내담자의 행동관찰

단발머리에 안경을 착용하고 단아한 모습으로 말을 할 때 얼굴이 약간씩 붉어진다. 차분한 목소리로 말하고 본인이 전달하고자 하는 말을 정확하게 전달한다. 상대방 눈을 계속 응시하면서 경청하기도 한다.

03 가족관계

1) 남편(46세): 회사원. 남편과의 관계는 원만함
2) 아들(13세): 초등학교 6학년

04 내담자 호소문제

1) 자녀가 나처럼 될까 우려가 되어 항상 불안하고 걱정이 돼요.
2) 건강해지고 싶고 행복했으면 해요.
3) 병환으로 몇 개월이 될지 모르는 아버지에 대한 미움이 커요.

05 내담자의 이해

내담자는 '자녀가 본인처럼 대인관계에서 오는 불편한 감과 홍조현상이 있을까' 하는 우려와 내담자의 기존에 가지고 있는 가치관대로 되지 않아 상담을 시작하였다. 내담자의 문제는 어릴 때부터 아버지에 대한 두려움과 어머니가 경제활동을 하는 형제가 많은 집의 막내딸로 성장해 온 양육환경으로 부모보다는 언니에 대한 그리움과 기존의 불안과 좌절을 경험하면서 아버지가 술을 드시고 물건을 부수거나 던지는 등의 행동을 보면서 항상 벗어나고 싶은 욕구와 본인은 절대로 그러한 삶을 반복하지 않겠다는 자기만의 비합리적인 신념들이 현재 자녀를 양육하는 부모가 된 입장에서 자주 의견이 충돌하면서 나타나는 현상들로 인해 힘들어지는 것으로 보인다. 따라서 내담자가 갖고 있는 비합리적인 신념을 자녀에게 강요하지 않고 과거보다는 현재에 중점을 두고 내담자의 자녀에 대한 사랑을 다양한 방안으로 해석하여 도움을 주고 싶다.

06 상담목표 및 전략

1) 상담목표

지지자원을 찾도록 도와주고 소수의 사람들을 만나면서 편안함을 느낄 수 있도록 돕는다.

2) 상담전략

집단에 초대하여 다른 사람들의 생각과 행동에 대하여 듣고 보면서 자신의 생각과 다름을 수용하고 유연한 사고를 갖도록 돕는다.

07 상담진행 및 상담의 효과

1) 상담진행

12회기 동안 지지와 격려를 통하여 공감을 하는 상담을 진행하며 내담자의 혼란스러운 정서적 결과를 직접적으로 야기시키는 비합리적인 신념들을 변화시킬 수 있는 방법으로 상담을 진행한다. 심리검사 결과에서 내담자는 일반적으로 인지적·행동적 효율성이 떨어지고 정서적으로 불안정하고 우울과 내향성이 짙고 어릴 적 방임이나 심리적 외상 등으로 혼란스럽게 보인다. 강박이 높은 것으로 보아 만성적인 불안 걱정을 많이 하는 성격이고 완벽주의적 특징으로 긍정적이면 일의 완성도가 높은 장점도 지니고 있다.

2) 상담의 효과

내담자는 인지, 정서, 행동이 서로 영향을 주고 감정을 표현하기보다는 사고하고 행동하는 데 초점을 두어 자기 대화적, 자기 평가적, 자기 지지적인 방법으로 통찰할 수 있도록 한다.

08 축어록

상1: 현재와 과거의 감정은 많은 변화가 있었나요? 그리고 현재 생활에 어떤 영향을 주나요?

내1: 아버지에 대한 어릴 적 감정으로 인해 불안하고 현재 ○○이의 엄마로써 남편과의 의견충돌이 있을 때마다 ○○이의 어릴 적 감정으로 인해 현재 가정생활에서의 영향이 미칠텐데...

상2: 그렇군요.

내2: 저도 제 아버지처럼 욱하는 성격도 있고...

상3: 아들에 대한 ○○의 감정과 키우면서 가장 힘든 점은 무엇이었나요?

내3: ○○이를 키우면서 지난 날 나와 같은 성격처럼 대인관계를 못할까봐 두렵기도 하고 불안하기도 하고...

상4: 지난 날 ○○가 느꼈던 감정 중 가장 걱정되는 것은 무엇이었나요?

내4: 어릴 때 제가 날씬한 것은 아니어서 제가 지나가면 뚱뚱하다고 놀리는 건 아닌지 걱정도 되고 신경이 쓰였어요. 지나가면서 힐끗 보는 것 같고 예전에도 그랬고 지금도 그렇고 조금 그런 느낌이 있어요.

부 록: 심리검사

1 Glasser 욕구검사

2 Satir 의사소통유형검사

3 Rosenberg 자존감척도

4 Novaco 분노척도

5 BAI 불안척도

6 한국형 자아분화척도

7 MBTI 성격유형 간이검사

다음 각 문장을 읽고 현재 자신의 생각이나 느낌을 가장 잘 나타낸다고 생각되는 해당 항목에 √표를 해주십시오.

[1] 생존의 욕구	전혀 그렇지 않다	별로 그렇지 않다	때때로 그렇다	자주 그렇다	언제나 그렇다
1. 돈이나 물건을 절약한다.					
2. 돈으로 살 수 있는 것에 각별한 만족을 느낀다.					
3. 자신의 건강유지에 관심이 있다.					
4. 균형 잡힌 식생활을 하려고 노력한다.					
5. 성적인 관심이 많다.					
6. 매사에 보수적인 편이다.					
7. 안정된 미래를 위해 저축하거나 투자한다.					
8. 부득이한 경우가 아니면 모험을 피하고 싶다.					
9. 외모를 단정하게 가꾸는데 관심이 있다.					
10. 쓸 수 있는 물건은 버리지 않고 간직한다.					
평 균					

[2] 사랑과 소속의 욕구	전혀 그렇지 않다	별로 그렇지 않다	때때로 그렇다	자주 그렇다	언제나 그렇다
1. 나는 사랑과 친근감을 많이 필요로 한다.					
2. 다른 사람의 복지에 관심이 있다.					
3. 타인을 위한 일에 시간을 낸다.					
4. 장거리 여행 때 옆자리의 사람에게 말을 건다.					
5. 사람들과 함께 있는 것을 좋아한다.					
6. 아는 사람과 가깝고 친밀하게 지낸다.					
7. 배우자가 내게 관심을 가져주기 바란다.					
8. 다른 사람이 나를 좋아해주기 바란다.					
9. 다른 사람들에게 친절하게 대한다.					
10. 배우자가 나의 모든 것을 좋아해주기 바란다.					
평 균					

[3] 힘과 성취의 욕구	전혀 그렇지 않다	별로 그렇지 않다	때때로 그렇다	자주 그렇다	언제나 그렇다
1. 내가 하는 가사나 직업에 대해 사람들에게 인정 받고 싶다.					
2. 다른 사람에게 충고나 조언을 잘 한다.					
3. 다른 사람에게 무엇을 하라고 잘 지시하는 편 이다.					
4. 경제적으로 남보다 잘살고 싶다.					
5. 사람들에게 칭찬 듣는 것을 좋아한다.					
6. 내 밑에서 일하는 사람이 문제가 있을 때 쉽게 해고한다.					
7. 자기분야에서 탁월한 사람이 되고 싶다.					
8. 어떤 집단에서든 지도자가 되고 싶다.					
9. 자신을 가치 있는 사람이라고 느낀다.					
10. 내 성취와 재능을 자랑스럽게 여긴다.					
평 균					

[4] 자유의 욕구	전혀 그렇지 않다	별로 그렇지 않다	때때로 그렇다	자주 그렇다	언제나 그렇다
1. 사람들이 내게 어떻게 하라고 지시하는 것이 싫다.					
2. 내가 원하지 않는 일을 하라고 하면 참기 어렵다.					
3. 다른 사람에게 어떻게 살아야 한다고 강요하면 안 된다고 믿는다.					
4. 누구나 다 인생을 살고 싶은 대로 살 권리가 있다 고 믿는다.					
5. 인간의 자유로운 선택능력을 믿는다.					
6. 내가 하고 싶은 일을 하고 싶을 때 한다.					
7. 누가 무엇이라 해도 내 방식대로 살고 싶다.					
8. 인간은 모두 자유롭다고 믿는다.					
9. 배우자의 자유를 구속하고 싶은 생각이 있다.					
10. 나는 열린 마음을 지니고 있다고 믿는다.					
평 균					

[5] 즐거움의 욕구	전혀 그렇지 않다	별로 그렇지 않다	때때로 그렇다	자주 그렇다	언제나 그렇다
1. 큰 소리로 웃기 좋아한다.					
2. 유머를 사용하거나 듣는 것이 즐겁다.					
3. 나 자신에 대해서도 웃을 때가 있다.					
4. 뭐든지 유익하고 새로운 것을 배우는 것이 즐겁다.					
5. 흥미 있는 게임이나 놀이를 좋아한다.					
6. 여행하기를 좋아한다.					
7. 독서하기를 좋아한다.					
8. 영화구경 가기를 좋아한다.					
9. 음악감상 하기를 좋아한다.					
10. 새로운 방식으로 일하거나 생각해보는 것이 즐겁다.					
평 균					

1. 실시방법

① 문항에 해당하는 자신의 상태에 체크한다.

② 전혀 그렇지 않다 (1점) / 별로 그렇지 않다 (2점) / 때때로 그렇다 (3점) / 자주 그렇다 (4점) / 언제나 그렇다 (5점)

③ 5개의 욕구검사에 각각 체크를 하여 나온 점수를 더한 다음 10으로 나누어 평균을 내어 소수점이 나오면 반올림을 한다.

2. 해석방법

점수의 평균을 내보면, 대체로 내 욕구강도 프로파일을 알아볼 수 있다. Glasser 박사는 사람들이 대체로 3을 중심으로 2나 4의 프로파일을 보일 가능성이 많다고 보고 있다. 그는 자신의 프로파일을 3 − 4 − 4 − 4 − 5로 보고 있다.

1은 아주 낮음, 2는 평균 이하, 3은 평균, 4는 평균 이상, 5는 매우 높음을 나타낸다.

다음 각 문장을 읽고 현재 자신의 생각이나 느낌을 가장 잘 나타낸다고 생각되는 해당 항목에 √표를 해주십시오.

가 문항　(　　　　　　　　)

1. 나는 상대방이 불편하게 보이면 비위를 맞추려고 한다.
2. 나는 일이 잘못되었을 때 자주 상대방의 탓으로 돌린다.
3. 나는 무슨 일이든지 조목조목 따지는 편이다.
4. 나는 생각이 자주 바뀌고 동시에 여러 가지 행동을 하는 편이다.
5. 나는 타인의 평가에 구애받지 않고 내 의견을 말한다.

나 문항　(　　　　　　　　)

1. 나는 관계나 일이 잘못되었을 때 자주 내 탓으로 돌린다.
2. 나는 다른 사람들의 의견을 무시하고 내 의견을 주장하는 편이다.
3. 나는 이성적이고 차분하며 냉정하게 생각한다.
4. 나는 다른 사람들로부터 정신이 없거나 산만하다는 소리를 듣는다.
5. 나는 부정적인 감정도 솔직하게 표현한다.

다 문항　(　　　　　　　　)

1. 나는 지나치게 남을 의식해서 나의 생각이나 감정을 표현하는 것을 두려워한다.
2. 나는 내 의견이 받아들여지지 않으면 화가 나서 언성을 높인다.
3. 나는 나의 견해를 분명하게 표현하기 위해 객관적인 자료를 자주 인용한다.
4. 나는 상황에 적절하기 못한 말이나 행동을 자주 하고 딴전을 피우는 편이다.
5. 나는 다른 사람이 내게 부탁을 할 때 내가 원하지 않으면 거절한다.

라 문항　(　　　　　　　　)

1. 나는 사람들의 얼굴표정, 감정, 신경을 많이 쓴다.
2. 나는 타인의 결점이나 잘못을 잘 찾아내어 비판한다.
3. 나는 실수하지 않으려고 애를 쓰는 편이다.
4. 나는 곤란하거나 난처할 때는 농담이나 유머로 그 상황을 바꾸려 하는 편이다.
5. 나는 나 자신에 대해 편안하게 느낀다.

마 문항 　（　　　　　　　　）

1. 나는 타인을 배려하고 잘 돌보아 주는 편이다.
2. 나는 명령적이고 지시적인 말투로 상대가 공격받았다는 느낌을 줄 때가 있다.
3. 나는 불편한 상황을 그대로 넘기지 못하고 시시비비를 따지는 편이다.
4. 나는 불편한 상황에서는 안절부절못하거나 가만히 있지를 못한다.
5. 나는 모험하는 것을 두려워하지 않는다.

바 문항 　（　　　　　　　　）

1. 나는 다른 사람들이 나를 싫어할까 두려워서 위축되거나 불안을 느낄 때가 많다.
2. 나는 사소한 일에도 잘 흥분하거나 화를 낸다.
3. 나는 현명하고 침착하지만 냉정하다는 말을 자주 듣는다.
4. 나는 한 주제에 집중하기보다는 화제를 자주 바꾼다.
5. 나는 다양한 경험에 개방적이다.

사 문항 　（　　　　　　　　）

1. 나는 타인의 요청을 거절하지 못하는 편이다.
2. 나는 자주 근육이 긴장되고 목이 뻣뻣하며 혈압이 오르는 것을 느끼곤 한다.
3. 나는 나의 감정을 표현하는 것이 힘들고 혼자인 느낌이 들 때가 많다.
4. 나는 분위기가 침체되거나 지루해지면 분위기를 바꾸려 한다.
5. 나는 나만의 독특한 개성을 존중한다.

아 문항 　（　　　　　　　　）

1. 나는 내 자신이 가치가 없는 것 같아 우울하게 느껴질 때가 많다.
2. 나는 타인으로부터 비판적이거나 융통성이 없다는 말을 듣기도 한다.
3. 나는 목소리가 단조롭고 무표정하며 경직된 자세를 취하는 편이다.
4. 나는 불안하면 호흡이 고르지 못하고 머리가 어지러운 경험을 하기도 한다.
5. 나는 누가 나의 의견에 반대하여도 감정이 상하지 않는다.

1. 경험적 가족치료의 사티어(Satir)의 의사소통을 하는 유형 채점·해석

① 실시방법 및 채점

1. 가~아 8문항을 읽고 평소 자신과 비슷하거나 같다고 하는 번호에 체크를 한다.
2. 체크된 번호의 개수를 세어서 확인한다(1개에 1점씩).
3. 4~5점 이상 나온 번호의 유형이 자신의 의사소통유형이다.

② 해석 방법

1번이 4~5개 이상이면 회유형의사소통을 주로 하는 것으로 본다.

2번이 4~5개 이상이면 비난형을 주로 하는 것으로 본다.

3번이 4~5개 이상이면 초이성형을 주로 하는 것으로 본다.

4번이 4~5개 이상이면 산만형을 주로 하는 것으로 본다.

5번이 4~5개 이상이면 일치형을 주로 하는 것으로 본다.

회유형(눈치형): 자신, 타인, 상황 중 자신을 무시한다. 이 유형의 특징은 자신의 감정을 애써 무시하고 숨기며 되도록 상대방이 성내지 않도록 노력한다. 즉, 상대방의 기분을 무조건 맞추려고 애쓴다. 일종의 YES맨인 것이다. 심한 스트레스를 낳는다.

비난형(탓하기): 타인을 무시한다. 눈치형의 정반대 유형으로 힘이 있고 매우 공격적이다. 일이 잘못되면 되도록 남의 탓으로 돌리고 남의 잘못을 찾고 명령적이고 지시적이다. 자신을 보호하기 위하여 다른 사람이 자신을 힘이 있고 강한 사람으로 인식하게 하려고 노력하고 다른 사람을 인정하지 않는다. → 고혈압 등 신체결함

초이성형: 자신과 타인을 무시한다. 객관적으로 정확하며 이성적이다. 조용하며 냉정하고 차분한 자세를 보이며 어떤 감정도 내비치지 않는다. 대인관계에서 경직되어 있고 원칙적이고 논리적이다. 자존심과 지나친 책임감으로 남의 장점을 인정하지 않으며 외로움과 고립감을 느낀다.

산만형: 자신, 타인, 상황 모두 무시한다. 이성형과 정반대로 생각이 자주 바뀌고 동시에 여러 가지 행동을 한다. 뜻이 통하지 않는 말들을 반복하고 주제에 집중하지 못한다. 토론하고 있는 주제로부터 다른 사람들의 관심을 분산시키려고 하며, 자신과 상황 그리고 상대방을 모두 무시하는 것이 특징이다. 이야기에 요점이 없으며 계속해서 '그냥 놔두라'고 말한다. 균형이 깨져있으며 혼돈되어 있다.

일치형: 자신, 타인, 상황 모두 존중한다. 가장 바람직한 의사소통유형으로 말과 신체 자세, 목소리, 음조 표정이 자연스럽고 모순이 없다. 생기가 있고 창의적이며 적절한 행동을 한다. 자신의 독자성을 인정하고 변화에 대해 개방적이고 융통성이 있다. 자신과 다른 사람을 신뢰하며 언어와 감정이 일치되어 균형을 이룬다.

올바른 소통을 위해서는 먼저 자신을 냉정하게 돌아보고 마음을 비움과 자기성찰의 과정이 필요하다고 본다.

다음 각 문장을 읽고 현재 자신의 생각이나 느낌을 가장 잘 나타낸다고 생각되는 해당 항목에 √표를 해주십시오.

번호	문 항	① 전혀 그렇지 않다	② 그렇지 않다	③ 보통이다	④ 그렇다	⑤ 매우 그렇다
1	나는 내가 다른 사람들처럼 가치 있는 사람이라고 생각한다.	①	②	③	④	⑤
2	나는 좋은 성품을 가졌다고 생각한다.	①	②	③	④	⑤
3	나는 대체적으로 실패한 사람이라는 느낌이 든다.	①	②	③	④	⑤
4	나는 대부분의 다른 사람들과 같이 일을 잘 할 수가 있다.	①	②	③	④	⑤
5	나는 자랑할 것이 별로 없다.	①	②	③	④	⑤
6	나는 내 자신에 대하여 긍정적인 태도를 가지고 있다.	①	②	③	④	⑤
7	나는 내 자신에 대하여 대체로 만족한다.	①	②	③	④	⑤
8	나는 내 자신을 좀 더 존경할 수 있으면 좋겠다.	①	②	③	④	⑤
9	나는 가끔 내 자신이 쓸모 없는 사람이라는 느낌이 든다.	①	②	③	④	⑤
10	나는 때때로 내가 좋지 않은 사람이라고 생각한다.	①	②	③	④	⑤

　자존감을 측정하기 위해 Rosenberg(1965)가 개발한 자존감 척도를 이훈진, 원호택(1995)이 번안한 한국판 자존감 척도이다. 이 척도는 10문항으로 구성되어 있으며, 이 중 5문항은 긍정적인 문항이고 5문항은 부정적인 문항으로 구성되어 있다. 문항별 점수 항목은 1점 '전혀 그렇지 않다'에서 5점 '항상 그렇다' 사이에 산출을 하는 5점 척도(Likert scale)이며, 문항들 중에서 3번, 5번, 8번, 9번, 10번은 역채점 문항이다.

4 Novaco 분노척도(Novaco Anger Scale: NAS)

다음 각 문장을 읽고 현재 자신의 생각이나 느낌을 가장 잘 나타낸다고 생각되는 해당 항목에 √표를 해주십시오.

번호	문 항	① 전혀 그렇지 않다	② 그렇지 않다	③ 보통 이다	④ 그렇다	⑤ 항상 그렇다
1	나는 어떤 일에 대해서는 금방 짜증이 난다.	①	②	③	④	⑤
2	일단 어떤 일 때문에 화가 나면 계속 그 일에 대해 생각한다.	①	②	③	④	⑤
3	나는 매주 싫은 사람을 만나게 된다.	①	②	③	④	⑤
4	내가 없을 때 사람들이 나에 대해서 이야기 하는 것 같다.	①	②	③	④	⑤
5	나는 성미가 급하고 불같다.	①	②	③	④	⑤
6	누가 나한테 소리를 지르면, 나도 그 사람한테 소리를 지른다.	①	②	③	④	⑤
7	나를 괴롭히는 사람들한테 거칠게 대한 적이 있다.	①	②	③	④	⑤
8	물건을 마구 때려 부수고 싶다.	①	②	③	④	⑤
9	어떤 사람이 내게 언짢은 말을 하면 무시해 버린다.	①	②	③	④	⑤
10	무슨 잘못을 하고 나면 잠이 오질 않는다.	①	②	③	④	⑤
11	내가 싫어하는 사람이면 그 사람의 기분이 상해도 상관없다고 생각한다.	①	②	③	④	⑤
12	사람들은 대게 약속을 지킨다.	①	②	③	④	⑤
13	누가 나를 귀찮게 하면, 생각보다 행동이 앞선다.	①	②	③	④	⑤
14	나는 어떤 사람이 마음에 안 들면 그걸 말로 표현한다.	①	②	③	④	⑤
15	화가 나면 쉽게 다른 사람을 때린다.	①	②	③	④	⑤
16	화가 나면 물건을 던지거나 부순다.	①	②	③	④	⑤
17	어떤 사람이 불쾌한 행동을 하면 그 일이 머리에서 떠나지 않는다.	①	②	③	④	⑤
18	어떤 사람이 나를 화나게 하면 앙갚음을 할 생각을 한다.	①	②	③	④	⑤
19	누가 나를 속이면 후회하도록 만들 것이다.	①	②	③	④	⑤
20	사람들은 숨기는 것이 있으면서도 정직한 체 한다.	①	②	③	④	⑤

21	사소한 일들 중에도 나를 괴롭히는 것들이 많다.	①	②	③	④	⑤
22	어떤 사람들은 "꺼져버려!"라는 말을 들어도 싸다.	①	②	③	④	⑤
23	누가먼저 나를 때리면, 나도 되받아 때려준다.	①	②	③	④	⑤
24	어떤 사람에게 화가 나면, 나는 내 주위에 있는 아무한테나 화풀이를 한다.	①	②	③	④	⑤
25	일단 화가 나면, 어떤 일에 집중할 수가 없다.	①	②	③	④	⑤
26	나는 정당한 대접을 못 받는다는 느낌이 든다.	①	②	③	④	⑤
27	좋아하지 않는 사람에게는 친절할 필요가 없다.	①	②	③	④	⑤
28	누가 나한테 친절하게 해주면 왜 그러는지 의심이 간다.	①	②	③	④	⑤
29	화가 나면 차분히 생각하지 못하고 이성을 잃는다.	①	②	③	④	⑤
30	나는 누구랑 말다툼을 시작하면 상대편이 그만 둘 때까지 절대 물러나지 않는다.	①	②	③	④	⑤
31	어떤 사람은 맞아도 싸다.	①	②	③	④	⑤
32	누가 나를 화나게 하면 다른 사람한테 그 일에 대해 이야기 한다.	①	②	③	④	⑤

　　분노척도는 Novaco(1975)가 측정도구로서 제작한 것으로 남궁 희승(1997)의 연구에서 한국판으로 번안되어 사용된다. 이 척도는 분노가 일어나는 상황에 대한 반응을 측정하는 것으로 척도점수가 높을수록 분노 충동성이 높다.

5 BAI 불안척도(BAI)

번호	문 항	⓪ 전혀 느끼지 않는다	① 느끼지 않는다	② 느낀다	③ 심하게 느낀다
1	나는 가끔씩 몸이 저리고 쑤시며 감각이 마비된 느낌을 받는다.	⓪	①	②	③
2	나는 흥분된 느낌을 받는다.	⓪	①	②	③
3	나는 가끔씩 다리가 떨리곤 한다.	⓪	①	②	③
4	나는 편안하게 쉴 수가 없다.	⓪	①	②	③
5	매우 나쁜 일이 일어날 것 같은 두려움을 느낀다.	⓪	①	②	③
6	나는 어지러움(현기증)을 느낀다.	⓪	①	②	③
7	나는 가끔씩 심장이 두근거리고 빨리 뛴다.	⓪	①	②	③
8	나는 침착하지 못하다.	⓪	①	②	③
9	나는 자주 겁을 먹고 무서움을 느낀다.	⓪	①	②	③
10	나는 신경이 과민해 있다.	⓪	①	②	③
11	나는 가끔씩 숨이 막히고 질식할 것 같다.	⓪	①	②	③
12	나는 자주 손이 떨린다.	⓪	①	②	③
13	나는 안절부절 못해 한다.	⓪	①	②	③
14	나는 미칠 것 같은 두려움을 느낀다.	⓪	①	②	③
15	나는 가끔씩 숨쉬기가 곤란할 때가 있다.	⓪	①	②	③
16	나는 죽을 것 같은 두려움을 느낀다.	⓪	①	②	③
17	나는 불안한 상태에 있다.	⓪	①	②	③
18	나는 자주 소화가 잘 안되고 배 속이 불편하다.	⓪	①	②	③
19	나는 가끔씩 기절할 것 같다.	⓪	①	②	③
20	나는 자주 얼굴이 붉어지곤 한다.	⓪	①	②	③
21	나는 땀을 많이 흘린다(더위로 인한 경우는 제외).	⓪	①	②	③

불안척도는 불안의 정도를 측정하기 위해 개발한 자기보고식 측정도구(Beck, Epstein, Brown, Steer, 1988)인데 권석만(1992)이 한국판으로 번안하였고, 이중 일부 측정 문항을 한은정, 조용례(2003)의 연구에서 수정한 불안척도를 사용한다.

1. 해석지침

① 총점의 범위: 0점-63점

② 22점-26점: 불안상태(관찰과 개입을 요함)

③ 27점-31점: 심한 불안상태

④ 32점 이상: 극심한 불안상태

다음은 자신이나 다른 사람들과의 관계에 대한 귀하의 생각이나 느낌을 묻는 질문입니다. 당신의 생각이나 행동, 느낌에 가장 가깝다고 판단되는 번호에 표시해 주십시오.

번호	항 목	①	②	③	④	⑤
1	사람들은 내가 감정을 잘 통제하지 못하는 편이라고 말한다.					
2	배우자가 나를 비난하면 한동안 마음이 괴롭다.					
3	나는 결정을 내리도록 도와줄 사람이 옆에 없으면 종종 확신이 안 선다.					
4	누군가와 논쟁을 벌이는 와중에도 나는 감정에 치우치지 않고 내 입장을 분명히 할 수 있다.					
5	나는 감정이 격해졌을 때에는 제대로 생각하기가 어렵다.					
6	나는 살면서 만나는 대부분의 사람들에게 인정을 받고 싶어 한다.					
7	내 자존심은 다른 사람들이 나를 어떻게 생각하느냐에 따라 달라진다.					
8	나는 어떤 일이 일어나도 별로 흔들리지 않는다.					
9	배우자가 이해하지 못할까봐, 내 속마음을 솔직히 드러내지 못한다.					
10	때로는 나는 감정의 기복이 너무 심하다고 느낀다.					
11	다른 사람이 나를 비판하는 것에 대해 지나치게 민감하다.					
12	나는 뭔가 결정을 내릴 때 다른 사람들이 그것을 어떻게 생각할지 걱정이 된다.					
13	다른 사람이 뭐라 하던 개의치 않고 대부분 내생각대로 한다.					
14	배우자가 나한테 너무 많은 것을 바란다는 느낌이 들어 부담스러울 때가 있다.					
15	나는 스트레스가 오래 계속되면 이성보다 감정에 따라 행동하게 된다.					
16	누군가에게 화가 나면 쉽게 그것을 풀지 못한다.					
17	큰일을 시작할 때 나는 주변사람들로부터 많은 격려를 받아야 안심이 된다.					
18	스트레스를 받는 상황에서도 내 감정을 부인하지 않고 합리적으로 반응할 수 있다.					
19	배우자가 함께 있을 때, 때로 나는 가슴이 답답하거나 숨이 막힐 것 같은 때가 있다.					
20	나는 중요한 결정을 내려야 할 때도 즉흥적으로 처리하는 일이 많다.					
21	나는 예민한 편이어서 다른 사람들로부터 상처를 잘 받는다.					
22	나는 사람들에게 말부터 해놓고 나중에 후회하는 일이 많다.					

23	아직도 나는 부모님이나 형제자매와 다투고 나면 기분이 엉망이 된다.					
24	나의 말이나 의견이 남에게 비판을 받으면 잘 바꾸는 편이다.					
25	대부분의 경우 내 감정이나 생각 따위로 고민하지 않고 단호하게 행동할 수 있다.					
26	배우자가 나를 너무 구속하지 않으면 우리 부부 관계는 더욱 좋아질 것이다.					
27	나는 화가 나면 물불을 가리지 않고 행동하는 편이다.					
28	배우자를 포함한 가까운 사람과 말다툼을 하고나면 하루 종일 그 일을 생각한다.					
29	스트레스를 받아도 나는 별로 흔들리지 않는다.					
30	나는 대수롭지 않은 일에도 화를 잘 내는 편이다.					
31	나는 배우자가 내 생각이나 기분을 인정해 주지 않으면 마음이 불편하다.					
32	나는 화가 나면 혼자 해결하지 못하고 누군가가 해결해 주기를 바란다.					
33	누군가가 압력을 가해도 내 감정과 신념을 분명히 드러낼 수 있다.					
34	나는 자라면서 집을 나가고 싶은 충동을 자주 느꼈다.					
35	나는 차근차근 따져 생각하기보다 느낌과 감정에 따라 행동한다.					
36	나는 누군가에게 무시를 당하면 자존심이 상한다.					
37	내 의견이 배우자나 주위 사람과 비슷해야 안심이 된다.					
38	나는 자기주장이 강하고 지배적인 사람을 대할 때에도 분명한 사고와 편안한 마음을 유지할 수 있다.					
점수의 총합 (총 자기분화)						

1. 한국형 자기분화척도의 해석

자기분화차원	하위요인	문항 수	문항
심리내적 차원	정서적 반응	9	1*, 5*, 10*, 20*, 22*, 27*, 30*, 35*
	자기입장	8	4, 8, 13, 18, 25, 29, 33, 38
대인관계 차원	타인과의 융합	7	3*, 7*, 12*, 17*, 24*, 32*, 37*
	정서적 단절	5	9*, 14*, 19*, 26*, 34*
심리내적+대인관계 차원	정서적 융합	9	2*, 6*, 11*, 16*, 21*, 23*, 28*, 31*, 36*
총 자기분화		38	위 문항 전체

① 숫자 옆에 표시(*)가 있는 문항은 역점처리 문항임.

  (회색 배경의 문항을 제외한 모든 문항을 역점처리해야 함)

    예) 역점처리하는 방법

      5점→1점, 4점→2점, 3점→3점, 2점→4점, 1점→5점으로 계산함.

      만약 문항 1번에 답을 조금 그렇다(4점)에 체크하였다면 실제 점수는 2점으로

      계산해야 함.

② 점수가 높을수록 총 자기분화 수준은 높으며, 정서적 반응, 타인과의 반응, 정서적

  단절, 정서적 융합은 낮은 반면, 자기입장은 높다.

③ 일반적으로 평균을 사용할 수 있으며, 보웬의 제안에 따라 자기분화수준을 0~100점

  사이의 백분위 점수로 환산하기 위한 계산방법이다.

  ⇨ 백분위 점수＝원점수(범위 0~190)×100/190

    (예: 원점수의 총점이 110점으로 나온 경우: 110×100/190＝57.9점)

출처: 정혜정, 조은경(2007). 한국형 자기분화척도 개발과 타당성에 관한 연구. 한국

    치료학회지, 15(1)

1. 성격검사의 목적

모든 사람의 얼굴과 발가락의 형태가 다르듯이 우리의 개성도 각자 다릅니다. 우리가 사람들의 각각 다른 얼굴에 대해 가치판단을 할 수 없듯이 우리의 개성도 옳거나 그르다는 가치판단을 할 수 없습니다. 이 설문지를 작성하는 목적은 여러분 자신의 성격유형에 대한 윤곽을 여러분에게 제공하자는 것이며, 그것이 다른 사람의 것과 다를 수 있다는 것을 이해하기 바랍니다.

∀ 성격검사 할 때의 유의사항

다음 항목들은 a와 b의 짝으로 배열되어 있고 각 쌍 중에서 어느 한 항목이 여러분이 좋아하거나 그렇지 못한 것입니다. 여러분의 선호도를 0~5까지 점수를 주어 나타내 주십시오.

0점은 그 항목에 부정적이거나 반대 항목에 강한 선호도를 나타내는 것을 말하며, 5점은 그 항목을 아주 좋아하거나 반대항목을 싫어할 때입니다. 두 항목에 대한 점수의 합은 반드시 5점이 되어야 합니다(예: 0과 5, 1과 4, 2와 3 등).

반드시 선생님의 지시에 따라 진행하되 공란으로 비워두는 일은 없어야 합니다. 만약 시간이 모자라 배점을 못하는 항목이 있다면 체크를 한 후 나중에 점수를 기록해 주기 바랍니다.

지시가 있기 전까지 다음 장으로 넘기지 마십시오.

반드시 선생님의 지시에 따라 진행하십시오.
1. 다음 문항은 모두 32개의 항목으로 구성되어 있습니다.
2. 잘 이해가 안 되는 항목이 있더라도 직감으로 느껴지는 대로 점수를 배분해 주십시오. 각 문항의 a, b 항목에 0~5까지를 점수를 부여하되, 반드시 두 점수의 합이 반드시 5점이 되어야 합니다.

1a _____ 나는 행동에 집착하고 활동과 행동을 지향한다.

1b _____ 나는 생각에 집착하고 사고와 생각들을 지향한다.

2a _____ 일반적인 개념을 통해 새로운 것을 배운다.

2b _____ 모방과 관찰을 통해 새로운 사실을 배운다.

3a _____ 나는 진실을 목표로 삼는다. 나의 이성으로 더 결정을 내린다.

3b _____ 나는 조화를 목표로 삼는다. 나의 감정으로 더 결정을 내린다.

4a _____ 나의 인생에 적응할 수 있기를 원하며 어떤 경험이든 하길 원한다.

4b _____ 나의 인생이 결정되어 있고 인생에 나의 의지를 반영하는 것을 선호한다.

5a _____ 쉽게 주의가 산만해진다.

5b _____ 집중을 잘 한다.

6a _____ 전통적인 것과 이미 친숙한 것들의 진가를 인정하며 즐긴다.

6b _____ 새로운 것과 남다른 경험들의 진가를 인정하며 즐긴다.

7a _____ 비합리적인 논리를 금방 알아낸다.

7b _____ 사람들이 언제 도움을 필요로 하는지 금방 알아낸다.

8a _____ 나는 그 어떤 것도 놓치지 않도록 나의 삶을 가능한 한 융통성 있게 유지한다.

8b _____ 나는 계획된 순서대로 정착된 삶을 위하여 일한다.

9a _____ 혼자 있을 수 있는 사적인 영역을 즐긴다.

9b _____ 많은 일들이 생기는 대중적인 영역을 즐긴다.

10a _____ 상상력이 풍부한 행동을 한다.

10b _____ 실제적으로 행동한다.

11a _____ 논리적인 원칙에 따라 세상만사가 이루어지기를 기대한다.

11b _____ 세상이 개인차를 인정해 주기를 기대한다.

12a _____ 참을성이 있으며 적응능력이 있다.

12b _____ 나 자신을 통제하며 결단성이 있고 엄하다.

13a _____ 외부의 사건이나 질문에 대응하기 전에 생각할 시간을 갖는다.

13b _____ 외부의 사건이나 질문에 대하여 신속하게 대응한다.

14a _____ 자료가 제시하고 있는 도전과 미래의 기회들을 알고 싶어 한다.

14b _____ 자료의 실제적이고 현실적인 적용을 알고 싶어 한다.

15a _____ 사교적이고 친근감이 있고 또한 때로는 시간 보내기형의 이야기를 나눈다.

15b _____ 짧고 요약된 의사소통을 선호한다.

16a _____ 변화의 가능성을 생각하면서 입장을 임시적인 것으로 간주한다.

16b _____ 명확하게 언급하면서 입장과 결정에 대해 단언을 내린다.

17a _____ 말로 혹은 얼굴을 맞대고 의사소통하기보다는 글로 하는 것을 더 선호한다.

17b ____ 글로 의사를 전달하기보다는 얼굴을 맞대고 말로 하는 것을 더 선호한다.

18a ____ 우선적으로 나의 통찰과 개념, 생각들을 제시한다.

18b ____ 우선적으로 내가 지닌 증거, 사실, 세부사항 그리고 사례들을 제시한다.

19a ____ 다른 사람들의 약점을 본다.

19b ____ 다른 사람들의 장점을 본다.

20a ____ 결과와 성취지향적인 의사소통을 한다.

20b ____ 선택성과 우연성을 지향하는 의사소통을 한다.

21a ____ 개인적인 정보들을 쉽게 말한다.

21b ____ 개인적인 정보들을 이야기하기를 망설인다.

22a ____ 자유롭게 은유와 유추를 사용한다.

22b ____ 세부적인 서술을 빈번하게 사용한다.

23a ____ 논리적이고 객관적인 토론을 생각해야 할 자료로 인식한다.

23b ____ 사람들의 감정과 정서들을 생각해야 할 자료로 인식한다.

24a ____ 모임에서 빗나가는 토론을 좋아하지 않는다.

24b ____ 모임에서 토론이 옆길로 새는 것에 대해 마음을 두지 않는다.

25a ____ 새로운 인간관계를 시작할 때 조심성을 보인다.

25b ____ 새로운 인간관계를 쉽게 시작하며 조심성을 많이 보이지 않는다.

26a ____ 나의 인간관계에 대해 절대적인 것으로써 예견 가능성을 추구한다.

26b ___ 나의 인간관계에 있어서 변화란 절대적인 중요성을 가지는 것으로 평가한다.

27a ____ 인간관계에 대해 논리적인 이유를 규명한다.

27b ____ 인간관계에 대해 나의 개인적인 이유를 규명한다.

28a ____ 두 사람간의 관계에서 문제가 일어날 때에 문제를 다룬다.

28b ___ 두 사람간의 관계에 대한 문제를 다루기 위해 시기를 정해 놓기를 원한다.

29a ____ 나는 많은 친구들과 우정을 나누는 것을 좋아한다.

29b ____ 적은 수의 친구들과 깊은 관계를 맺기를 좋아한다.

30a ____ "이상적인 관계"에 대해 백일몽을 꾸며 현실을 간과한다.

30b ____ 백일몽을 꾸기는 하나, 관계에서 나타나는 현실은 알고 있다.

31a ____ 나의 관심을 나의 개인적인 말과 행동을 통해 표현한다.

31b ____ 나의 관심을 보다 감정을 배제한 상태로 표현한다.

32a ____ 사교적인 모임의 일정에 따르는 활동들을 해야 할 당위성을 느낀다.

32b ____ 사교적인 모임의 일정에 따르는 활동들에 관심을 덜 느낀다.

33a ____ 나의 개인적인 공간과 시간을 쉽게 다른 사람들과 나눈다.

33b ____ 나의 개인적인 공간과 많은 사적인 시간을 필요로 한다.

34a _____ 관계에 있어서 명확한 역할과 기대를 지니고 있다.

34b _____ 역할이나 기대 등은 언제나 타협이 가능한 것으로 믿는다.

35a _____ 나의 인간관계를 손상시킬 수도 있는 부정적인 면들로부터 회피한다.

35b _____ 나의 인간관계에 도움이 될 만한 섬세한 감정들을 무시한다.

36a _____ 함께 일함으로써 나의 인간관계를 구축한다고 간주한다.

36b _____ 업무는 나의 인간관계를 침범하는 것으로 간주한다.

37a _____ 집중할 수 있는 조용함을 추구한다.

37b _____ 행동 지향적인 다양한 업무를 추구한다.

38a _____ 이전에 내가 얻은 작업경험이 나타내는 것보다는 좀 다르게 일을 한다.

38b _____ 이전에 내가 습득한 작업 경험을 활용한다.

39a _____ 나의 업무의 기본으로 논리와 분석을 사용한다.

39b _____ 업무의 기본으로 개인의 가치기준들과 더불어 다른 사람의 견해도 포함시킨다.

40a _____ 불시에 생시는 업무를 처리할 수 있을 때에 최선을 다한다.

40b _____ 나의 일을 계획할 수 있고 계획하는 일을 할 수 있을 때에 최선을 다한다.

41a _____ 심사숙고를 통해 나의 생각을 발전시킨다.

41b _____ 토의를 통해 나의 생각을 발전시킨다.

42a _____ 새로운 기술을 배우려고 하기보다는 이미 알고 있는 기존의 기술을 적용한다.

42b _____ 도전이나 혁신과 관련되는 새로운 기술을 배우는 것을 즐긴다.

43a _____ 다른 사람들을 엄격하게 다루며 관리한다.

43b _____ 다른 사람들과 동감하면서 그들과 관리하고 관여한다.

44a _____ 더 많은 정보를 수집하기 위해 결정에 얽매이는 것을 거부한다.

44b _____ 가능성을 희박하게 보며, 일단 결정을 내리면 만족한다.

45a _____ 일의 진행에 종종 변화가 필요하며 외부 사건들을 찾아다닌다.

45b _____ 나의 일에 집중하고 외부 사건들은 안중에 없다.

46a _____ 사물들을 구체적으로 언급하는 것을 좋아한다.

46b _____ 사물을 일반적으로 언급하는 것을 좋아한다.

47a _____ 업무를 최대한 효과적으로 해내기 위해 조화를 필요로 한다.

47b _____ 조화롭지 않아도 잘 지낼 수 있으며 여전히 업무를 효율적으로 잘 해 낸다.

48a _____ 신속하게 결정하고 마감하려 한다.

48b _____ 결정을 미루며 가능성을 찾는다.

출처: 심혜숙·임승환 역, 성격유형과 삶의 양식.

3. 성격유형 진단 채점표

아래의 해당되는 칸의 각 항목에 대해 당신이 적은 점수를 옮겨 적으십시오. 당신의 점수를 올바른 위치에 옮겨 적었는지 a, b를 다시 체크해 보고 점수를 합쳐 합계란에 기록해 주십시오.

범주 1				범주 2			

E		I		S		N	
문항	점수	문항	점수	문항	점수	문항	점수
1a	( )	1b	( )	2b	( )	2a	( )
5b	( )	5a	( )	6a	( )	6b	( )
9b	( )	9a	( )	10b	( )	10a	( )
13b	( )	13a	( )	14b	( )	14a	( )
17b	( )	17a	( )	18b	( )	18a	( )
21a	( )	21b	( )	22b	( )	22a	( )
25b	( )	25a	( )	26a	( )	26b	( )
29a	( )	29b	( )	30b	( )	30a	( )
33a	( )	33b	( )	34a	( )	34b	( )
37b	( )	37a	( )	39b	( )	38a	( )
41b	( )	41a	( )	42a	( )	42b	( )
45a	( )	45b	( )	46a	( )	46b	( )
합계점수	( )	합계점수	( )	합계점수	( )	합계점수	( )

범주 3				범주 4			

T		F		J		P	
문항	점수	문항	점수	문항	점수	문항	점수
3a	( )	3b	( )	4b	( )	4a	( )
7a	( )	7b	( )	8b	( )	8a	( )
11a	( )	11b	( )	12b	( )	12a	( )
15b	( )	15a	( )	16b	( )	16a	( )
19b	( )	19a	( )	20a	( )	20b	( )
23b	( )	23a	( )	24a	( )	24b	( )
27a	( )	27b	( )	28b	( )	28a	( )
31b	( )	31a	( )	32a	( )	32b	( )
35b	( )	35a	( )	36a	( )	36b	( )
39a	( )	39b	( )	40b	( )	40a	( )
43a	( )	43b	( )	44b	( )	44a	( )
47b	( )	47a	( )	48a	( )	48b	( )
합계점수	( )	합계점수	( )	합계점수	( )	합계점수	( )

4. 성격유형에 대한 해설

그러면 이제 아래의 표에 당신의 각 항목별 합계 점수를 옮겨 적으십시오.

범주1		범주2		범주3		범주4	
E	I	S	N	T	F	J	P

※ 채점표에 나타난 약자(대문자)는 다음을 나타냅니다.

E : 외향적(extroversion)	I : 내향적(introversion)
S : 감각적(sensing)	N : 직관적(intuition)
T : 이성적(thinking)	F : 감성적(feeling)
J : 판단 지향적(judging)	P : 인식 지향적(perceiving)

- 외향적(E)인 사람은 인간과 사물의 외면적인 세계를 지향하는 반면,
  내향적(I)인 사람은 생각과 감정의 내면적 세계를 지향한다.
- 감각적(S)인 사람은 세부사항을 면밀히 조사해 보는 반면,
  직관적(N인 사람은 큰 문제에 집중하기를 좋아하는 경향이 있다.
- 사고적(T)인 사람은 어떤 일을 논리적이고 객관적으로 판단하기를 원하는 반면,
  감정적(F)인 사람은 보다 주관적인 바탕 위에서 어떤 결정을 내리기를 선호한다.
- 판단 지향적(J)인 사람은 단호하고 확실한 목표를 정한 일을 추진하기를 좋아하며,
  인식 지향적(P)인 사람은 융통성이 있고, 보다 많은 정보를 얻고자 하는 경향이 있다.

※ 4가지 선호지향

출처: 한국 MBTI연구소(http://www.mbti.co.kr)

찾아보기

본 QR코드를 스캔하시면,
'학교생활 적응을 위한 학교상담의 이론과 실제'의 참고문헌을
참고하실 수 있습니다.

공저자 약력

정 정 애
가톨릭관동대학교 교육학 박사(교육심리 전공)
현) 가톨릭관동대학교 학생상담센터 교수

윤 명 강
가톨릭관동대학교 교육학 박사(상담심리 전공)
현) 공립유치원 교사

김 명 희
가톨릭관동대학교 교육학 박사(상담심리 전공)
현) 교육지원청 Wee센터 전문상담사

임 안 숙
상담심리 석사
현) 도계전산정보고등학교 전문상담사

최 미 화
가톨릭관동대학교 교육학 박사(상담심리 전공)
현) 국립 강릉원주대학교 학생상담실 선임상담원

김 명 희
가톨릭관동대학교 교육학 박사(상담심리 전공)
현) 가톨릭관동대학교 교육대학원 외래강사
　　 가정폭력피해여성 보호시설 원장

김 명 숙
가톨릭관동대학교 교육학 박사(상담심리 전공)
현) 동해상업고등학교 전문상담사

이 현 주
가톨릭관동대학교 교육학 박사(상담심리 전공)
현) 교육사업 & 상담센터장

학교생활적응을 위한
학교상담의 이론과 실제

초판발행   2017년 9월 8일

지은이   정정애·윤명강·김명희·임안숙·최미화·김명희·김명숙·이현주
펴낸이   안상준

편 집   배근하
기획/마케팅   박세기
표지디자인   권효진
제 작   우인도·고철민

펴낸곳   ㈜ 피와이메이트
             서울특별시 마포구 월드컵북로 400, 5층 2호(상암동, 문화콘텐츠센터)
             등록 2014. 2. 12. 제2015-000165호
전 화   02)733-6771
f a x   02)736-4818
e-mail   pys@pybook.co.kr
homepage   www.pybook.co.kr
I S B N   979-11-88040-28-5   93180

박영스토리는 박영사와 함께하는 브랜드입니다.